여자들은

집을 찾기 위해

집을 떠난다

여자들은 집을 찾기 위해 집을 떠난다

이주한 1인가구 여성청년들이 살아가는 세계

초판 1쇄 인쇄 2021년 8월 20일
초판 1쇄 발행 2021년 8월 27일

지은이   장민지
펴낸이   이영선
책임편집   차소영

편집   이일규 김선정 김문정 김종훈 이민재 김영아 김연수 이현정 차소영
디자인   김회량 이보아
독자본부   김일신 정혜영 김민수 박정래 손미경 김동욱

펴낸곳 서해문집 | 출판등록 1989년 3월 16일(제406-2005-000047호)
주소 경기도 파주시 광인사길 217(파주출판도시)
전화 (031)955-7470 | 팩스 (031)955-7469
홈페이지 www.booksea.co.kr | 이메일 shmj21@hanmail.net

ISBN 979-11-90893-92-3 03300

이 연구는 아모레퍼시픽재단으로부터 연구 지원을 받았습니다.

여자들은 — 집을 찾기 위해 — 집을 떠난다

이주한
1인가구

여성청년들이
살아가는
세계

장민지 지음

서해문집

일러두기

이 책에 등장하는 모든 인명은 가명이며, 구체적인 지명 등 인터뷰 참여자들의
신상이 드러날 수 있는 부분들 역시 수정하거나 삭제했다.

사람들에게 집은 어떤 의미를 갖는가? 집은 인간의 출생과 성장이 이루어지는 생물학적 영역인 동시에, 사회적 규범과 질서를 익히고 외부 세계에 대해 알아가는 사회적 영역이자 모든 사적인 행위가 벌어지는 일상적 영역이기도 하다. 집은 그것을 바라보는 관점에 따라 다양한 의미를 갖는다. 예를 들어 노숙자나 집시처럼 거처가 불분명하고 정박되지 않은 삶을 사는 이들에게 집의 의미는 소유에 국한되지 않는다. 이들이 물리적 건축물로서의 집을 소유하지 않고 있다고 해서 집에 대한 정서적 경험까지 없다고 단정할 수 있을까?

집은 구체적인 건축물이라는 형태를 하고 있지만 다른 한편으로는 인간 삶에 필수적인 감정적 기반으로 존재한다. 집의 감정적 토대는 가족 구성원으로부터 생산된다. 혼자 살아갈 수 없는 사회적 동물로서 인간은 가족을 통해 사회적 규범과 질서를 배울 뿐만 아니라 집이라는 공간에서 가족 구성원들과 감정적으로 교류하기 때문이다. 따라서 개념적으로 집이라는 공간은 지리적 영역을 넘어 정서적 영역까지 포함한다. 그렇지만 이 말은 곧 집이라는 공간에 정상가족 이데올로기가 내재되어 있음을, 다시 말해 젠더 편향적인 성격이 있음을 의미하는 것이기도 하다. 전통적으로 집은 일 work이라는 공적 공간의 세계와는 대조적인 사적 공간으로 규정됐으며, 여성에게 적합한 공간으로 여겨져왔다. 페미니스트 연구자들은 이러한 사회적 인식이 여성을 억압한다고 비판했다. 남성은 공적 영역의 삶을, 여성은 사적 영역의 삶을 담당하는 이성애 중심적 가족 제도는 젠더 역할에 대한 이데올로기를 반영하고 가족생활을 통해 자녀들에게 지속적으로 각인되어, 전형적인 여성성을 집에서부터 재생산한다.

　이 책이 던지려는 질문은 여기서 출발했다. 여성청년에게 집은 어떠한 의미를 갖는가?

*

　최근 한국 청년들의 주거 문제를 지적하는 일부 대중 담론에서 공통적으로 나타나는 견해는 오늘날 한국 사회에서 집 본연의 가치가 위기에 처했다는 것이다. 이러한 담론 속에서 청년들은 대학 진학을 위해 혹은 구직을 위해 본래 주거지를 벗어나 수도권 일대로 이동하면서 하숙, 원룸, 고시원 등 열악한 주거 공간에 내몰린 사회적 약자로 묘사된다. 특히 고시원 같은 획일적인 공간으로 대표되는 청년 주거 공간에 대해 비판적인 목소리를 내는 이들은 그

원인으로 경제적 소득 불균등 및 세대 간 갈등을 지목하고 있기 때문에, 오늘날 집이라는 공간의 의미는 물리적 영역에서 크게 벗어나지 못하는 상황이다. 요컨대 청년 주거 공간에 대한 논의는 주로 청년층의 빈곤한 주거 환경을 신자유주의 논리로 읽어내려는 방식 안에서 이루어졌으며, 현 시대를 살아가는 청년들이 겪는 사회 구조적 문제를 집을 통해 드러내고자 하는 경향이 강했다. 하지만 '집'을 세대나 계급 문제로 치환할 때 이 공간에 얽힌 다양한 젠더 문제는 드러나지 않는다. 이 책은 신자유주의식 공간 재편의 논리 속에서 일률적으로 조직화되고 있는 '집'의 의미를 여성청년들, 그 중에서도 이주를 거쳐 혼자 살아가는 여성들의 일상을 통해 재구성해보고자 했다.

특히 이 책은 '여성청년의 이동'에 주목하고 있다. 여기서의 이동은 나고 자란 곳을 떠나 수도권으로 가족들과 떨어져 혼자 이주한, 20~30대 여성들의 경험담을 중심으로 서술된다. 이들을 인터뷰한 시점은 2013년에서 2014년 사이로, 지금과는 시차가 제법 있는 편이다. 이 경험들의 맥락을 따라가기 위해 우리는 당시 페미니즘 논의 및 청년 담론에 주의를 기울일 필요가 있다.

인터뷰를 진행했던 당시는 지금처럼 페미니즘 논의가 대중적으로 활발하게 이루어지기 전이다. 이 연구가 박사논문으로 나온 2015년 여름 한윤형, 박가분의 데이트 폭력이 수면 위에 떠올랐고, 여성들은 이전까지 '사적이고, 사적이어서 숨겨야 하는' 경험들을 털어놓으며 온라인으로 연대하기 시작했다. 청년, 무임노동, 불안정 고용 등에 대한 사회적 논의는 대중화되었지만 그 안에 다양한 형태로 숨어 있는 젠더적 경합은 학문적인 논의에 그칠 뿐,

일상적으로 언급될 만큼 가시화되지 않았다고 할 수 있다.

따라서 이 책은 당시에는 '조심스럽게 시작하는 이야기'였을지 몰라도 지금은 '누구나 한 번쯤 토로해본 적 있는' 여성의 사적 경험을 다루고 있다. 8년이라는 시간 동안 페미니즘은 실로 많은 것을 이루어냈고, 그중 하나가 바로 개념의 대중화일 것이다. 우리는 일상적으로 젠더 감수성을 이야기하며, 그것이 여전히 비어 있음에 불편함을 토로한다. 실제로 이 연구를 끝낸 뒤 나는 30대 후반의 직장인이 됐는데, 주변의 20, 30대 여성청년들로부터 접한 경험담을 통해 그들의 일과 결혼에 대한 태도, 이성애 중심적인 연애관 등이 많이 변화했음을 목도했다.

내가 이 연구를 진행하면서 군이 계급 이야기를 제외하고 젠더에 집중한 것은 이러한 연구 '시점'과도 맞물려 있다. 이전까지 계급은 젠더와 경합하면서 '생산의 사회적 관계'에서 논의의 우위를 점해왔다. 젠더는 늘 부차적인 측면에서 설명되었고, 그것은 계급과 젠더를 나누지 않고 뭉뚱그려 설명하거나, 암묵적인 위계를 설정하는 형태로 또 다른 침묵을 가져왔다는 점에서 한계가 있다고 생각했다. 예컨대 세대를 설명하는 다양한 용어들, 가령 'N포 세대', '디지털 네이티브', 'MZ 세대' 등은 전부 젠더를 수사하지 않는다. 따라서 이 연구는 과감하게 계급적 설명을 지우고 젠더적 측면만을 다루는 데서 시작한다. 이는 여성을 억압하는 가부장제적 이데올로기가 경제적 토대로부터 상대적인 자율성을 갖고 있음을 부각하기 위해서다.

*

나는 대학 진학을 위해 부산에서 서울로 이주했다. 이전까지 독립된 삶을 살아본 적이 없었던 나는 서울로 이주한 뒤 17년 동안 가족들과 떨어져 보냈고, 세 번 정도 이사했으며 직장 때문에 수도권에서 다른 도시로 이주했다. 현재는 이직하여 부모님이 계신 곳으로 돌아와 함께 살고 있다. 어찌 보면 다시 '본가'로 회귀한 셈이다. 서울로 이주하기 전까지 19년 동안 살았던 고향 집은 겉보기에 완벽한 정박의 장소였다. 부모님은 결혼과 동시에 주택을 구매했고, 그곳에서 단 한 번도 이사를 감행해본 적이 없다. 그곳은 전형적인 정주성을 보여주는 공간이었고, 내게는 당연히 돌아가야 하는 곳이자 가족과 함께 살아가는 공간이며 익숙하고 친밀한 영역이기도 했다.

하지만 가족 모두가 집에서 같은 안정감을 느낀 건 아니었다. 어머니는 여행을 좋아하는 편이었는데, 여행이 끝나 집으로 돌아가기 전이면 항상 불안함을 느낀다고 토로하곤 했다. 집으로 돌아가면 해야 할 일―구체적으로 가사노동―이 너무 많아서였다. 그때 나는 집의 의미가 가족 구성원들에게 제각기 다른 차원의 감각을 제공할 뿐만 아니라 이동을 통해 어떤 공간에 대한 특정한 감각이 변화할 수도 있다는 사실을 알게 되었다.

어릴 때부터 대학은 당연히 서울로 가야 한다고 생각했던 나는 고등학생 때 서울에 소재한 대학의 입시 자료를 받아보곤 했다. 처음 서울에 간 건 2003년 겨울, 수시 1차에 합격하면서였다. 대학에 합격해 기숙사에 살게 됐을 당시에도 이사 경험이 전혀 없었던 나는 서울 생활이 마치 '여행'처럼 느껴졌다. 3개월 동안의 여행이 끝나면 짐을 싸 본가가 있는 집으로 내려갔다. 한 달에 한 번씩 내려갔던 집이지만, 학기가 끝나면 이제 집에 돌아가 편히 쉴 수 있겠다는 생각을 했다. 그때까지 내게 서울은 친밀하기보다는 낯선 감각을 먼저 느끼게 되는 곳이었고, 때문에 나는 고향에서 더욱 강렬한 정박의 장소감을 느끼곤 했다.

하지만 시간이 지나면서 점점 기숙사로 돌아오는 길이 친밀해졌고, 학교 밖에서보다 기숙사 안에서 편안함을 느꼈다. 여전히 내게 '집'은 부산이었지만, 서울 내에서도 특정 공간에 대한 나만의 감각적 경험이 축적되고 있다는 사실을 어렴풋이 느낄 수 있었다. 서울역에서 택시를 타고 기숙사에 도착하면 기분이 묘했다. 기숙사에서의 일상이 친밀한 영역 안으로 밀려들어오는 느낌이었다. 나는 이 과정에서 또 다른 집을 만들어가고 있는 것이 아닌가 하는 생각이 문득 들었다.

기숙사 생활을 1년 6개월 정도 한 뒤 나는 기숙사에서 나와 창천동 근처 하숙집으로 옮겼다. 이 공간에 대한 기억은 많지 않다. 나는 하숙집이 거주하기에 별로 좋지 않은 곳이라고 생각했기에 대부분의 시간을 학교에서 보냈다. 그곳은 내게 잠만 자는 공간이었다. 그땐 집보다 학교가 더 좋았고, 더 친밀했고, 더 편안했다. 학교가 집이었다. 집에서 할 수 있는 모든 일, 이를테면 식사에서부터 미디어 사용, 친구들과의 만남 등은 전부 학교에서 할 수 있는 것이었다. 이런 경험은 내게 집의 장소적 요소가 분리되어 물리적 영역의 경계 밖에 놓일 수도 있다는 사실을 알려주었다.

이후 나는 친구와 함께 연희동에 위치한 오피스텔에 함께 살기 시작했다. 고등학교 때부터 친하게 지냈던 친구와 그곳에서 5년 가까이 살았다. 고시텔 수준의 작은 방에 한 층마다 공용 화장실

하나, 공용 거실 겸 주방 하나가 전부인 곳이었지만, 그 집은 내게 최초의 '서울 집'이 되었다. 평생 살 곳이라고는 생각지 않았지만 나름 편안했고, 친구와의 생활은 심리적 안정감을 주었다. 이 안정감은 집의 장소감과 유사했다. 완벽한 주거 환경은 아니었을지라도 내게 돌아올 곳이 있고, 같이 밥을 먹을 사람이 있다는 건 꽹장한 안정감을 제공하는 요소였다. 이는 내가 살았던 다른 주거 공간과는 좀 다른 차원의 장소성이었는데, 다른 공간보다 더욱 강렬한 형태로 집의 의미—특히 가족과 유사한 친밀성—를 생산해냈다.

그렇지만 이주를 경험한 주변 친구들은 대부분 외로움을 토로하며 힘들어해 나는 스스로를 끊임없이 단련해야 했다. 그리고 그때부터 같은 위치의 사람들(여성청년 이주민)을 만나 혼자 사는 것이 얼마나 공포스러운 일인지 이야기하곤 했다. 밤늦게 학교 앞을 지나던 친구 한 명이 성폭행을 당해 결국 학교를 그만두었다는 이야기는 끊임없이 회자되는 것들 중 하나였다. 또 다른 이야기 소재는 이주를 경험한 여성청년들의 우울증과 자살에 관련된 것이었다. 실제로 서울에 올라와 혼자 살던 친구가 원룸 옥상에서 스스로 떨어져 죽은 사건은 우리에게 큰 트라우마가 되었다.

이러한 두려움을 상쇄시켜주는 것 중 하나가 미디어 사용이었다. 내게는 두 개의 집이 있었다. 친구와 함께 사는 연희동의 작은 '집'과 내 필명으로 만들어진 '홈home'페이지가 바로 그것이었다. 나는 인터넷을 통해 친해진 사람들과 많은 것을 나누면서 정서적으로 안정된 생활을 할 수 있었다. 컴퓨터를 켜면 사람들이 있었고, 그들과 나는 언제든 연결될 수 있었다. 홈페이지라는 공간은 눈에 보이지 않지만 분명한 경계를 만들어냈고, 그 영역에 대한 특정한 의미와 감각 또한 생산해냈다. 이는 내게 공간에 대한 친밀감이 꼭 물리적인 영역에서만 일어나는 것은 아님을 알게 해주었다.

나는 이주 과정에서 정박과 이동, 그리고 그것이 반복되는 집 경험을 통해 과연 집이 어떻게 특정한 장소가 되는지, 즉 한 공간이 어떻게 개인적으로 특정한 의미를 갖게 되는지에 대해 강렬한 의문을 갖게 됐다. 이주하기 전의 집은 일상적인 경험을 통해 특별한 의미가 부여된 곳이었다. 그곳에서 함께 살아가는 가족들과의 관계뿐만 아니라 그 집이 갖고 있는 물리적 영역, 다시 말해 지리적 위치, 일정한 경계가 지어진 건축물 등과 같은 구체적인 공간에서 비롯된 것이었다. 하지만 이주 후의 집은 가족 이외의 사람과 함께 혹은 나 혼자 사는 장소였으며, 철저히 혼자가 되는 경험이었다. 특히 서울에서의 집은 물리적 영역으로서 항상 불안정한 요소를 지니고 있었다. 하숙집도 그랬고 고시텔도 그랬다. 그럼에도 불구하고 그곳들은 내게 집이 갖는 의미, 즉 밥을 먹고 잠을 자고 휴식을 취하는 곳, 그리고 돌아갈 곳이라는 공간적 감각을 분명히 전달하곤 했다.

그렇다면 돌아갈 곳이나 휴식을 취하는 곳, 개인적인 일을 편히 할 수 있는 곳으로서 집을 떠나 다른 곳으로 이주할 경우, 이전 집의 의미는 어떻게 변화할까? 새로운 곳에서의 집 경험이 또 다른 집의 의미, 즉 장소감을 생산할 수 있을까? 특히 내가 이주 후 거주했던 곳들, 특히 고시텔과 같은 공간은 이주 이전에 살았던 '집'의 기본적인 요소, 즉 화장실, 부엌과 같은 공간들을 갖추고 있지 않았다. 그럼에도 불구하고 어떤 공간이 집이라는 감각으로 전환될 수 있다면(다시 말해서 "아무런 의미 없던 텅 빈 공간이 자신의 경험을 통해 만들어진 의미를 가진 장소로 변화한다"면), 그것이 어떤 과정을 통해 이루어지는지 살펴보고 싶었다.

가족 중심의 집을 떠나 경험한 이주 후의 집들은, 집이라는 장소가 하나의 장소감만을 제공하지 않는다는 사실을 좀 더 복잡한 방식으로 깨닫게 해주었다. 특히 혼자 사는 집에서 느끼는 성범죄에 관한 공포는 내가 여성이기 때문에 더 예민하게 느낀다는 생각이 들었다. 혼자 사는 남성들이 성범죄 피해자가 되는 일은 극히 드물거나 가시화되지 않았다. 이런 공포감은 미디어를 통해 생산되거나 사라졌다. 텔레비전을 켜면 흘러나오는 성범죄 관련 뉴스는 두려움을 자아냈지만, SNS를 통한 친구들과의 대화는 안정감이나 친밀감을 안겨주었다. 이처럼 집 안에 배치된 다양한 미디어와 그곳에서 쏟아지는 정보의 흐름, 다른 공간/장소와의 연결은 내가 집에 머물러 있으면서도 이동의 감각을 느낄 수 있게 했고 또 한편으로는 이동하면서도 정박의 감각을 느낄 수 있게 했다.

내가 만난 여성청년 이주민들 역시 집에 관해 비슷한 고민을 하고 있었고, 이주한 집에서 정박과 이동의 감각이 교차하는 것을 느끼고 있었다. 나는 나와 유사한 경로로 이주를 경험한 여성청년들이 낯선 공간에서 집을 의미화하는 과정이 어떠했는지, 그 과정에서 젠더와 미디어가 정박 및 이동의 감각에 어떤 영향을 미쳤는지 궁금했다. 이주를 경험한 여성청년에게 집은 어떻게 친밀한 장소가 되는가? 내 문제의식은 여기서부터 시작됐다.

차례

이주민의 탄생

이 책에서 내가 구체적으로 탐구한 대상은 여성청년 일반이 아닌 좀 더 특수한 사회문화적 맥락 안에 놓여 있는 20~30대 여성청년, 그중에서도 서울로의 이주를 경험한 소수다. 이 문장은 다시 두 가지 설명을 필요로 한다. 하나는 '여성청년이 누구인가'이고, 다른 하나는 '왜 이주를 경험한 1인가구 여성청년인가'다.

여성청년은
누구인가

박상준씨(가명, 36세)는 같이 공부하는 후배가 "우리 취업 길이 막히
게 생겼다"라며 지난 4월 30일 국회를 통과한 '청년고용촉진특별
법 일부개정법률안'(청년고용촉진법) 내용을 알려줬을 때, 처음에는
믿지 않았다. 청년 고용 창출을 위해 공공기관과 지방 공기업에서
앞으로 3년 동안 매년 정원의 3% 이상씩 청년 미취업자를 고용하
도록 강제하는 법이니 당연히 자신 같은 청년 백수에게 도움이 될
것이라 예상했다. 하지만 청년고용촉진법 시행령을 읽고 나이 서
른을 훌쩍 넘긴 박씨는 다리에 힘이 풀렸다. 법이 정한 '청년'의 범
위는 15~29세였기 때문이다.

〈서른 즈음에… 또 취업이 멀어져간다〉, 《시사인》, 2013. 6. 13.

위 기사가 시사하는 바는 두 가지다. 하나는 청년 주체의 경계

가 언제든 변할 수 있는 독립적인 특성을 갖고 있다는 것이며, 또 하나는 '청년'이라는 범주를 부여하는 것이 청년 주체 자신이 아닌 정치적·사회적 규범이라는 것이다. 청년고용촉진법 시행령에서 규정한 청년은 만 15~29세지만 2012년 민주통합당에서 모집한 '청년 비례대표 국회의원' 자격은 만 25~35세였다. 한편 유엔에서 규정하는 청년youth은 15~24세이고, 청년노동조합 '청년 유니온' 의 조합원 자격은 만 15~39세다(변진경, 2013, 25).

한국에서 청년은 통상적으로 20대를 가리켰다. 교육이 끝나고 노동시장으로 진입하는 등 경제적 자립이 이루어지며, 사회적 자립을 의미하는 결혼을 하는 시기가 20대였기 때문이다. 그렇지만 이러한 자립 연령은 20대 후반에서 30대로 이전되고 있고(Baacke, 1999, 233: 전상진·정주훈, 2006, 264 재인용), '청년' 개념도 고정된 것이 아닌 변동 가능한 것으로 여겨야 한다는 논의가 이루어지고 있다.

근대 이후 등장한 청년이라는 단어는, 조선의 근대화 과정에서 미래를 선도하는 주체이자 집단을 근대화하는 계몽적 주체로 탄생한 역사를 갖는다(신현아, 2011). 1910년대에는 계몽 주체 청년이, 1930년대에는 파시즘적 청년 엘리트가, 해방기에는 건국 청년이 그러했고, 1960년대에는 4·19 청년이 '새로움'의 주체로 호명됐다. 하지만 신현아(2011, 30)는 이 과정에서 실제 청년 주체는 '동경 유학생', '건국 청년', '대학생' 등으로 한정되어 있었음을 지적한다. 요컨대 청년 안에 수많은 층위가 있음에도 불구하고 실제로 '청년' 이라 호명된 것은 20, 30대 남성 지식인 엘리트들이었다. 이는 그들이 가진 잠재력에 힘을 실어주려는 사회 구조적 힘이 존재했음을 보여준다. 이런 가운데서 부랑자나 여성청년 등은 건국 주체로서 부적절한 존재가 되어 사라졌다.

1960년대 청년 세대 담론을 잡지를 통해 살펴본 임지연(2006)은 청년의 구성 방식이 젠더화 및 계층화라는 특징을 갖는다고 주장한다. 그는 (비록 1960년대에 한정된 연구이기는 하나) 당시 청년이라는 용어가 20, 30대 남성들을 가리키는 것이었으며 "여성 또는 여성 지식인을 제도적으로 배제"하며 세대론이 분할됐음을 지적한다(임지연, 2006, 214). 예컨대 당시 청년 세대를 주로 다루었던 잡지 《사상계》는 4·19 혁명의 새로운 주체 세력으로 20, 30대 젊은이들을 호명하면서도 젊은 여성이나 여대생에 대해서는 거의 언급하지 않는다. 반면 당시 젊은 세대의 불안을 주로 다루었던 잡지 《여원》은 여성들을 재현하기는 하지만 '청춘 여성'의 존재 양식을 전형적인 여성성을 드러내는 형태로만 기술했다.

이후 X세대, N세대 등 다양한 이름으로 불리던 청년은 2000년대 말에 이르러 '88만원 세대'로 호명된다. 잘 알려져 있듯이 88만원은 비정규직 평균 월 임금인 119만원에 20대 평균 소득 비율 74%를 곱한 값으로, 88만원 세대는 비정규직 불안에 시달리는 20대를 가리키는 용어다. 이는 기존 청년 담론들이 그러했듯이 자발적이고 주체적인 성향을 가진 이들이 아닌, 사회적 구조하에 위치 지어진 청년들을 호명하고 설명하려는 경향을 갖는다. 청년 세대는 저항적인 면모를 갖고 사회 구조에 변화를 일으키는 투쟁의 주체로서가 아니라, 투쟁의 주체가 '되어야' 한다는 의무감이 부여된 형태로—가령 《88만원 세대》의 홍보 카피는 '20대여, 토플책을 덮고 바리케이드를 치고 짱돌을 들어라'였다—호명되는 것이다. 하지만 이러한 청년 세대 담론에서 젠더는 고려되지 않는다. 청년 실업 문제에서 여성들이 부딪히는 난관은 중요한 논의거리가 되지 못하며, 20대 비정규직 평균 임금을 88만원으로 산출할 때에도 성별 임금 격차는 반영되지 않았다.

역사적으로 여성청년을 호명하는 단어가 존재하지 않았던 것은 아니다―그들은 '신여성', '모던 걸', '여대생', '젊은 여성', '아가씨', '청춘 여성' 등으로 불렸다. 하지만 이러한 용어는 '여성'이라는 젠더 정체성에만 방점이 찍혀 있었다는 점에서 한계를 갖는다. '청년'이라는 용어가 가진 정치적 성향은 남성적인 것으로 구조화되었고, 때문에 여성청년들은 자신을 개인으로 자각하고 '청년'으로 서술하지 못하는 경향을 보인다.

이러한 역사적·사회적 '청년' 개념을 고찰하여 이 책에서는 20, 30대 여성들을 '여성청년'이라 부르고자 한다. 하지만 이 연령 범주는 느슨하다는 점을 밝혀둔다. 이는 유동적으로 경계 지어지는 생애주기를 반영한 것이다. 더불어 여기서 여성청년은 '여대생'이나 '여교수' 같은 단어에서처럼 '여성'이 다른 정체성을 수사하기 위해 비독립적으로 쓰이던 것과 달리 젠더적으로는 여성을, 세대적으로는 청년이라는 용어가 가진 사회적 정체성을 동시에 부각하고자 한다. 다시 말해 이 책에서의 여성청년은 '여성×청년' 개념에 가깝다.

청년을 젠더적으로 이분하는 것은 다분히 위험성을 갖는다. 그럼에도 여성청년의 존재를 가시화하는 것은 현재 청년 담론 생산에 유의미한 일이다. 청년을 설명하는 데 배제와 포섭이 동시에 이루어지는 경계 중 하나가 젠더이기 때문이다. 앞서 말했듯 청년을 정의할 때 포섭되지 못하거나 포섭되지 않는 여성청년이라는 존재는 분명 같은 사회 구조적인 맥락 아래에 놓여 있음에도 불구하고 가시화되지 못했다. 이는 청년 내부의 여성이라는 존재를 암묵적으로 승인하고 있으면서도 언제든 배제할 수 있음을 의미한다.

왜 이주를 경험한 1인가구
여성청년인가

이전까지 학계에서 서술되지 않거나 가시화되지 않았던 여성의 이동에 대한 담론은 페미니즘에 힘입어 양적으로 늘어났다. 하지만 여성의 이주나 이동이 서술되는 방식은 여전히 초국가적이고 성별분업적인 경향을 띤다. 특히 노동 및 결혼을 목적으로 한 국제 이주여성의 증가와 함께 많은 여성이 가사노동 부문에 진입하면서 국제 이주여성 가사노동자들에 주목하는 사회인류학적 논의가 늘어났는데, 이들 논의는 국가 간 이동에 주목한다는 점, 개별 이주여성 주체보다는 이주여성이 속한 가정, 즉 집단 이주 주체에 주목한다는 점에서 국가 내 이동이나 개별적 이동을 누락시킨다는 한계를 갖는다. 이러한 한계를 극복하기 위해 이 책은 여성의 이동에 대한 국내 논의를 언급하면서 여성, 이주, 집의 의미를 구체적으로 살펴보고자 한다. 이는 여성의 이동을 다룬 이전 논의들에서 누락됐던 '국가 내 이동'과 '결혼 제도 바깥의 여성들'을 전략적으로 강조하기 위해서다.

국내에서도 여성의 이주나 이동은 대부분 결혼 제도와 연관 지어 논의됐는데, 이러한 서술 방식은 여성의 정체성을 '가족'과 연관시켜 설명할 수밖에 없는 한계가 있다. 여성들은 성인이 되기 전까지 '아버지' 아래에서 독립되지 못하는 대상으로 존재했고, 독립하기 위해서는 결혼이라는 제도에 예속되어야 했다. 여성의 나이 듦이 이러한 가족 제도 안에서 서사화되는 것은 여성이 주체적으로 독립할 수 없거나 독립될 수 없음을 의미하는 것이었다.

산업화·도시화를 거치면서 사회에 커다란 변화가 일어 젠더 평등 의식이 많이 확대됐지만 한국 여성은 서구에서처럼 가족을 벗어나 철저히 개인화된 이주를 경험할 기회가 많지 않았던 것으로 평가된다. 한국 여성의 삶은 여전히 개인이 아닌 가족이 중심에 놓인 삶 속에서 구성되는 특징을 보이기 때문이다. 특히 결혼제도 안으로 포섭되지 않고, 새로운 가정을 꾸리지 않는 비혼 여성에 대한 사회적 비난은 여성에게 강력하게 적용되는 성별 역할에 대한 가부장적 이분법을 명백히 드러내는 것이라 할 수 있다(Penman & Stock, 1983).

이들 20, 30대 비혼 여성은 특히 섹슈얼리티를 둘러싼 이중 구조와 결합된다. 그들에게는 잠재적 결혼 대상자로서 정숙한 여성 ─ 가부장적 질서 아래 보호 받아야 할 존재로서 여성청년 ─ 이라는 수사와 성적 대상으로서 접근 가능한 여성이라는 수사가 따라 붙는다. 가부장적 질서 내의 젠더 규범은 자신의 아내, 딸, 어머니로 위치 지어지는 여성에게 성적 정숙함을 강요함과 동시에 보편적인 젊은 여성에 대해 끊임없이 성적 대상화를 수행한다.

동시에 20, 30대 비혼 여성들은 사회적으로 이중적인 경제적 시스템 아래에서 설명된다. 한편으로 그들의 생애주기는 여전히 경제적으로 독립하기 힘든 위치로 수사되며, 다른 한편으로 그들은 여성이기 때문에 노동자로서 젠더 불평등을 겪는다는 것이다. 한국 사회는 청년 실업 문제를 깊게 다루면서도 여성청년은 결혼을 통해 실업 문제를 해결하리라는 막연한 사회적 기대를 갖고 있다. 이런 기대는 간접적인 형태로 담론화되곤 한다. '취집'이라는 용어가 얼마나 대중적으로 쓰이는지를 떠올려보면 알 수 있듯이.

이러한 맥락에서 가족을 떠나 해체와 독립의 의지로 이주를 결심한 여성청년들의 경험을 그들 목소리로 서사화하는 작업은 그들을 기존 질서나 경계 짓기의 메커니즘에서 벗어나 설명할 가능성을 갖는다. 이는 여성이 이전과는 달리 적극적인 형태로 자신을 위치 짓는다는 점에서 의미가 있으며, 무엇보다 가족 관계에서 벗어나 이주를 통해 형성된 여성청년 정체성의 전이성*은 기존의 억압과 그에 따른 저항 가능성을 동시에 볼 수 있다는 점에서 새롭고 다른 무언가를 생산한다.

국내 이주의 역사에서도 여성들은 대부분 배제되거나, 가정에 종속된 존재로 서술된다. 이주 여성들은 대개 가장을 따라 이주했다. 이런 가부장 중심적인 이주가 표면적으로 변화하기 시작한 건 산업자본주의가 등장한 시점과 일치한다. 일제 강점기를 지나면서 식민국가의 수탈 구조와 가부장적인 억압 기제가 융합되어 미혼 여성이 홀로 도시로 이주할 수밖에 없는 원인이 생산되기 시작했다(유숙란, 2004, 66쪽). 유숙란은 일제의 자본주의적 착취 구조가 방직업 등 공장 일자리에 "값싸고 나이 어린 미혼 여성의 노동력"

---

* 활동 및 조건이 매우 불안정하고 불확실한 특성을 보이는 임계적·주변적 위치를 말한다(Gennep, 1960).

을 선호했다고 말한다. 여기에 일본인 가정의 가사도우미를 비롯해 접객 업종에서의 여성 노동력 수요가 있었고, 이는 부채로 점철된 농촌 가계의 생계를 위해 1930년대 미혼 여성이 도시로 이주하기를 부추겼다. 실제로 1930년대 여성 노동력을 업종별로 살펴보면 공업에 종사하는 여성노동자 절반 이상이 방직공업에 몰려 있었고, 방직공업에서 여성 비율은 80%가 넘었다(조은 외, 1986, 104쪽). 이는 1960년대 이후까지 지속된다. 수출 주도 산업화 시기에 제조업 생산직 다수가 여성 노동력으로 채워졌기 때문이다. 제조업 생산직 여성노동자에 대한 연구 다수는 이들 대부분이 농촌 출신으로, "수출 주도형 산업화 정착" 및 "농촌 경제의 몰락"과 깊은 연관이 있는 것으로 서술한다(조은, 김애실, 김문조, 김주숙, 1986, 114쪽). 전혜진(2003)은 여성들이 자발적인 이주 의지를 갖고 이농을 한 것처럼 보이지만 실제로는 가족을 부양하기 위한 이주였음을 지적한다. 이들이 도시에서 벌어들인 소득 대부분은 농촌 가계를 이어나가는 데, 즉 부모를 부양하고 동생들의 학비를 지원하는 데 쓰였다는 것이다. 이는 여성의 이주가 여전히 독립적이지 못함을 지적하는 것이다.

한국전쟁 이후 군사 정권의 주도 아래 한국 사회가 겪은 압축적인 산업화는 노동 집약적인 경공업을 중심으로 기반을 다졌다. 젊은이들은 고향을 떠나 공장이 밀집된 도시로 향했고, 물론 여성노동자들의 이주 또한 크게 증가했다. 1970년대에 비혼 여성청년들의 이주는 도시에서 홀로 지내는 여성들의 섹슈얼리티를 위협하는 것으로 간주되었다. 김춘수(2005)는 이주를 겪은 여성청년들에게 집이 더 이상 '보호'와 '사회적 재생산'의 기능을 하지 못하는 공간으로 경험된다고 지적한다. 집을 떠나온 여성청년들에 대한 사회적 담론은 그들이 결혼하지 않음을 문제 삼으며, 그들에게 일탈적이고 성적인 이미지를 부여함으로써 이를 구체화한다. 요컨대 사회는 가출, 문란한 성생활, 동거 등에 대한 담론을 통해 여성청년을 보호받을 자격이 없는 대상으로 묘사하기 시작한 것이다.

이러한 여성청년의 표상은 1970년대에 이동한 여성청년을 바라보는 사회적 시선을 분석한 손영님(2017)의 〈1970년대 한국영화의 '무작정 상경'한 여성 표상〉을 통해 살펴볼 수 있다. 이 연구는 1970년대 홀로 이주한 젊은 여성들이 '무작정 상경'한 이로 정형화되는 경향을 보인다고 분석하면서, 이들에 대한 예방/우려 담론이나 범죄 피해, 특히 강간을 거쳐 성매매 종사자가 되는 피해에 관한 기사가 많았음을 지적한다. 당시 신문들은 상경 여성들을 "유인하여 성매매를 강요하거나 인신매매를 한 업주가 구속된 사례"(손영님, 2017, 332)를 구체적으로 다루며 이런 서사를 뒷받침했다. 하지만 이들 담론은 인터뷰 내지 소설 형식을 띠고 있었으며, 화자가 불분명하여 실제로 일어난 일인지 확인할 수 없었다. 다만 이러한 담론들은 가족으로부터 독립하여 이주를 감행, 혼자 사는 여성청년들에 대한 사회적 시선이 섹슈얼리티 측면에서 부정적이었음을 단적으로 보여준다. 이는 다시 여성청년들로 하여금 결혼제도에 자발적으로 편입하게 만드는 기제가 되었다.

하지만 1990년대 들어 한국 사회는 이전과 다른 청년 세대 이미지를 생산해냈다. 현재 청년 세대를 관통하는 정서적 구조는 90년대라는 중요한 결절점을 거쳐 형성됐다. 이전까지의 청년 문화는 억압적 정치 상황에 저항하는 의미를 담고 있었던 반면, 90년대 초에는 경제 호황을 바탕으로 청년들이 문화 상품을 적극적으로 소비하면서 대중의 주체성과 능동성, 대중문화의 다양성과 가능성을 내포한 세대 이미지가 탄생한 것이다. 동시에 '나'라는 개별적 주체가 주목받게 됐고, 획일화된 가치관을 거부하는 청년 문화가 형성되기 시작했다. 이러한 담론들은 정치 및 경제 영역에서의 변화뿐만 아니라 대중의 등장과 정체성 부여의 문제를 전면적으로 다루면서 인터넷과 영상 미디어의 등장*을 부각시켰다. 또한 1997년에 불어닥친 외환위기는 경제 성장의 거품을 드러냄으로써 한국 사회의 허약한 경제적 토대에 대한 대중의 자각을 불러일으켰다. 대량 해고, 이를 통한 실업자 양산은 개인들의 삶에 위기를 안겼다. 하지만 이런 자각은 근원적이고 반성적인 성격이 아닌 신자유주의에 대한 적극적인 수용을 통해 위기를 모면하고자 했다(김숙현 외, 2013)는 점에서 기형적인 측면을 갖는다. 이러한 흐름 속에서 한편으로는 다양하고 풍요로운 문화 콘텐츠를 접한 문화적 소비 주체가, 다른 한편으로는 1997년 외환위기 이후 불안과 소외를 겪어야만 했던 88만원 세대가 탄생했다.

대가족이 아닌 핵가족에서 자라난 '딸'들은 이전 여성청년 이주민과 확연히 다른 정서적 구조를 갖는다. 외환위기 이후 평생직장

---

* 이 책이 여성청년의 이동 및 주거에서 미디어와의 접합 지점을 찾으려 노력하는 이유가 여기에 있다. 당시 소비문화 주체의 탄생 배경에는 정보화와 디지털 문화, 영상 매체 확장이 있다. 가정에서 시청할 수 있는 방송 프로그램의 수가 늘어났고, PC통신이 보급됨에 따라 온라인 문화가 형성됐다. 디지털 네이티브digital native(태어날 때부터 인터넷 등 다양한 디지털 미디어에 둘러싸인 채 성장한 세대)라고 부를 만한 세대가 탄생한 것도 이 시기다.

이라는 개념이 희미해지고 남성 생계부양자 모델이 무너짐에 따라 여성들은 생계 문제를 해결하기 위해 노동시장에 진입했다. 불확실한 시대가 도래하면서 남녀 모두 노동시장 진입을 위해 자기계발에 몰두하게 된 것이다.

한국 사회는 개인의 인적 자원에 대한 대중 담론—중산층 가족의 사회 이동 전략으로서 자녀들의 인적 자원 가치를 높이는(Anagnost, 2004, 192) 형태—을 통해 가족들이 자녀 교육을 지원하고 관리하게 만들 뿐만 아니라 그들의 학업적 성취와 경쟁력을 높이고자 하는 욕망을 추동시킨다(Park, 2007). 이러한 욕망은 행정, 경제, 교육 등의 중심지인 수도권으로의 개별적 인구 이동이 일어나는 요인이 되었다(권상철, 2010, 16). 경제적으로 이주가 가능한 중산층 자녀들은 자기계발을 위해 가족을 떠나 수도권으로 이동하게 된 것이다. 이 같은 이동을 경험한 개인은 가족 중심의 집에서 벗어나 새로운 집의 형태를 경험할 기회를 갖게 된다.

역사적으로 남성에 비해 여성에게 이주는 개별적 차원에서 일어나기 힘든 경험이었다. 그러나 신자유주의 시대의 가치는 인적 자원 계발을 위한 투자, 이를 위한 이동의 가능성을 높였고, 그에 따라 이주에서의 젠더 격차를 줄였다. 이러한 배경은 여성들로 하여금 개별적 혹은 가족 이외의 형태의 거주를 경험할 수 있게 했다. 특히 청년이라는 특정한 시기는 결혼을 통해 또 다른 가족으로 진입하기 이전 시기와 겹쳐지면서 개별적인 집 경험을 가능케 했다. 이 시기 가족 중심에서 벗어난 집 경험은 여성들에게 단기, 어쩌면 장기로까지 이어질 수 있는 개별 거주의 기회를 제공하기도 한다.

특히 교통수단 발달은 물리적 정착과 이동, 심리적 거리감에 커다란 영향을 미쳤다. 1970년대 경부고속도로를 시작으로 고속국도 건설이 본격적으로 이루어짐에 따라 전국 1일 생활권이 확립됐고, 2000년대에는 KTX 개통으로 중장거리를 빠르게 이동할 수 있는 철도 교통이 대중화됐다. 항공편 또한 대중화되면서 국내 이동에서의 고속화 및 대형화가 급속히 이루어졌다. 이 같은 대중교통 발달로 인간과 화물 수송이 용이해짐에 따라 이동의 사회적 관념이 변화하기 시작했다. 이전까지 인간 삶에서 이주가 생존을 위한 것이었다면, 새로운 운송수단의 발달은 이동의 생활화를 통한 새로운 목적의 생산과 이를 위한 물리적 이동을 가능케 했다.

그렇지만 90년대 여성청년들의 개별적 정체성 변화와는 달리, 복지나 사회적 안전망이 거의 없었던 한국 사회는 금융위기를 개개인이 속한 가족의 강한 결속력으로 극복하고자 했다. 경제적 위기를 극복하는 데 가족의 역할을 강조하는 다양한 사회적·대중적 담론이 확산된 것이다. 예를 들어 "이혼의 증가, 가출하는 실업 가장, 가족 동반자살"과 같은 현상이 IMF 경제 위기와 연관되어 있다는 담론들이 부상하기 시작한 것이다(김혜경, 2012, 179쪽). 이는 경제위기와 가족 해체가 직접적으로 연관되어 있다는 사회적 인식을 생산해내고, 결과적으로 이성애 중심의 가족 형태를 공고히 해야만 경제적 위기를 타파할 수 있을 것이라는 사회적 결론에 도달한다. 이후 한국은 출산 장려 정책뿐만 아니라 가족 해체를 막기 위한 〈건강가정기본법〉(2004)을 제정하기에 이른다(임인숙, 1998; 윤택림, 2001). 이러한 담론은 "고정된 성별분업에 기반을 둔 가부장적 가족의 가치를 옹호하려는 보수적인 정치성"(조은 2008; 박소진, 2009,

24 재인용)을 띠면서 한국 사회의 중심 가치로 자리 잡았다.

이렇듯 개인과 가족이 지향하는 상이한 사회문화적 목표 안에서 여성청년들은 개별적으로 자기계발을 수행하면서 "서구의 핵가족 이론으로 충분히 설명될 수 없는 특유의 가족 경험"(이재경, 1999, 57)을 하게 된다. 다시 말해 한국에서 가족은 가부장적인 성별분업을 강화하는 방식으로 존재하면서, 가족 개인에게는 자기계발 의지를 강화하는 전략을 행사하며 복합적인 신자유주의적 주체를 생산하고 있는 것이다.

한국에서 '집'은 이러한 가족들이 함께 모여 사는 공간/장소다. 강한 가족 중심주의 전통을 가진 한국에서는 가족이 중심이 되어 만들어가는 집의 의미를 매우 중요하게 여긴다. 집은 정서적 대상일 뿐 아니라 물리적인 형태(건축물)로 존재해야 하며, (대개는 가장이) 경제적으로 소유해야 하는 것으로 인식된다. 이러한 집의 의미는 집을 살 수 없기 때문에 결혼을 포기한다는 담론*을 통해 가시화되곤 한다. 즉, 새로운 가족은 결혼이라는 제도를 통해 생산되어야 하며, 이때 집은 필수로 요청되는 것이다.

결론적으로 집은 가족 구성원에게 전통적인 남성 중심적 가치관을 재생산하는 공간이자 그들이 자기계발의 주체로 성장할 수 있게 보조하는 장소가 된다. 이는 단순히 가족이라는 집단에서 비롯되는 것이 아니라 집에서 일어나는 다양한 형태의 일상적 경험

---

* 〈"집·결혼 포기하니 행복해요"… 미래보다 현재에 집중하는 2030〉, 《아시아경제》, 2018. 8. 28. 이 기사에서 볼 수 있듯이 청년층이 결혼하지 않거나 결혼을 미루는 주된 요인 중 하나는 '주거비'다. 이러한 사회적 담론은 결혼(가족 만들기)에 집이 필수적으로 요구됨을 보여준다.

을 통해 형성되는 것이다. 이 일상적 경험들(예를 들면 가족과의 대화, 식사, 공간의 배치, 미디어 사용 등)은 가족들로 하여금 어떤 사회적 가치를 관습적으로 수용하게 만드는데, 이 모든 경험은 매우 개별적인 것처럼 보이지만 사회문화적인 구조로부터 영향을 받는다. 요컨대 현재 한국 사회에서 일어나는 여성청년의 '이주'는—이전까지 역사적으로 서술되었던 여성 이주와는 달리—사회 구조적인 힘과 개별적인 경험이 복합적으로 경합하고 있다. 이동의 주체가 집단에서 개별 청년으로 옮겨 가고, 이로 인해 여성청년은 사회 구조적인 힘 혹은 개인적인 욕망에 따라 비/자발적으로 전통적인 가족의 틀을 벗어나 독립적인 이주 주체성을 얻게 됐다. 하지만 이러한 맥락은 이동/이주하는 여성청년들이 전통적인 관계 정착에 대한 바람을 버렸음을 의미하지 않는다. 그들이 가족으로 대표되는 가부장적 이데올로기의 억압에서 벗어났음을 의미하지도 않는다. 이러한 상황 및 현상을 포착하기 위해 우리는 이동/이주하는 여성청년을 가시화할 수 있어야 한다. 즉 그들의 일상생활, 공간, 경험 등을 그들 자신의 목소리로 서술할 필요가 있다.

인터뷰 과정

세계 여러 나라에서는 공통적으로 젊을수록, 학력이 높을수록, 또 비혼자들이 기혼자들에 비해 높은 이동 성향을 보인다. 한국에서 서울을 포함한 수도권은 청년 세대의 이주가 가장 활발히 이루어지는 도시 공간으로, 이들이 수도권에 진입하는 주된 목적은 학업, 취업 등이다(정민우·이나영, 2011). 대학가만이 아니라 노동시장까지 수도권에 몰려 있기 때문이다. 이러한 이유로 인터뷰 참여자 범위를 만 19세에서 만 34세 사이이자 가족을 떠나 이주를 경험한 여성청년 중에서도 서울-경기 지역에 거주하는 이들로 좁게 설정했다. 일반적으로 청년 세대의 이주 후 주거 공간은 우울하고 부정적인 장소로 묘사되거나 청년이라는 주체를 하나로 묶어 경제적 측면, 즉 88만원 세대라는 호명에서도 볼 수 있듯이 세대 간 착취의 형태로 서술되었다. 하지만 이주를 거친 여성청년들의 '집' 경험은 무척 다양하기 때문에 단편적으로 서술될 수 없다. 더불어 여성청년이 이 같은 이동성 및 장소성을 획득하거나 획득 불가능하게 하는 기제에 미디어 테크놀로지의 영향이 크게 작용한 것으로 보고, 그들의 미디어 사용에 집중했다.

가명	이동 횟수	이주 기간	거주 형태의 변화
지애	3회	12년	단독주택(친척 집)-공동주택-원룸
민영	2회	3년	원룸-오피스텔
영지	6회	10년	하숙집-기숙사(학교)-고시텔-오피스텔-원룸-오피스텔
미혜	7회	4년	하숙집-기숙사(학교)-기숙사(교환학생)-오피스텔-기숙사(학교)-하숙-원룸
지현	7회	15년	하숙-기숙사(학교)-빌라-원룸-아파트-아파트(유학)-원룸
현민	3회	3년	기숙사(학교)-하숙-하숙
명린	2회	2년	반지하(친구 집)-복층식 원룸
보라	3회	5년	아파트(친척 집)-사택-기숙사(회사)
리지	10회	10년	기숙사(대학)-친구집/고시원-원룸-원룸-아파트(어학연수)-원룸-원룸-기숙사(대학원)-원룸-오피스텔
혜령	6회	10년	기숙사(대학)-기숙사(어학연수)-하숙-공동생활관-투룸-빌라
유수	2회	7년	원룸-빌라
미연	3회	3년	기숙사(대학)-아파트(친척 집)-기숙사(대학)-고시텔

　　인터뷰 참여자는 총 열두 명으로, 위 표는 주거 공간을 지속적으로 옮겨 가며 생활해온 여성청년 이주민의 유동적 주거 행태를 이동 횟수와 공간 형태를 중심으로 기록한 것이다.[*]

　　인터뷰 참여자들의 이주 흔적을 좀 더 자세히 살펴보기 위해 이들의 이주 경험을 먼저 살펴보고자 한다.

[*]　　이 표에는 인터뷰 내용의 통일성을 위하여 인터뷰 당시 거주 상태만이 기재되어 있다. 인터뷰 이후 시간이 흘러 참여자들의 사회적 위치가 변화한 경우가 많았음을 밝혀둔다. 본문에는 당시 인터뷰를 그대로 담았지만, 인터뷰 내용을 분석하는 데 필요한 경우 인터뷰 이후 추적 상황을 부연 설명했다.

지애는 부산에서 대학 진학을 위해 서울로 이주했다. 첫 이주 후 6개월간은 친척(외삼촌) 집에 머물렀으나, 외삼촌의 경제적 상황으로 인해 대학 후문 쪽에 있는 주택으로 옮겨 갔다. 이 주택은 부엌과 거실을 공유하는 공동 거주 형태였는데, 치안이 좋지 않아 6개월 후 거주지를 다시 옮기게 됐다(다음 주거지는 풀 옵션 원룸이었다). 그녀는 이동에 대한 불안감 때문에 더 이상 이사를 감행하고 싶지 않다고 말했다.

민영은 울산에서 대학 진학을 위해 광주로 이주해 기숙사, 고시원, 고시텔에서 거주한 경험이 있는 간호사다. 인터뷰 당시에는 서울에 위치한 대학 병원에서 일하고 있었으며, 서울로 이주한 것도 근무지를 옮기면서였다. 그녀는 원룸에서 3년간 살다 인터뷰를 진행한 2013년에 분리형 원룸 형태인 주상 복합 오피스텔로 이사했다.

영지는 대학 진학을 위해 서울로 이주했는데, 첫 학기에 기숙사 추첨에서 떨어져 6개월간 하숙집에 살았다. 하숙집에서는 큰 방을 두 명이 공동으로 사용했고, 아침과 저녁이 제공됐다. 그녀는 여기서 '밥 먹고 자는 것 정도'*만 해결했다고 말했다. 다음 학기에는 기숙사에 들어가게 되어 그곳에서 2년 6개월가량을 살았다. 이후 서울에 소재한 다른 대학에 편입한 영지는 고시텔에서 4년간 살다 회사에 입사하면서 오피스텔로 옮겨 갔다. 그 뒤 행정고시를 준비

---

* "잠시 사는 곳? 빨리 공부 열심히 해가지고 기숙사 들어가야 되겠다(고 생각했어). 되게 낡았어. 옛날 하숙집이어가지고. 보통 하숙집 같은 데 보면, 거기 안에 그냥 컴퓨터 책상 같은 거 놔둔 정도? 공부도 거의 안 했지. 거기서 하는 일은 밥 먹고 자는 거 정도."

하기 위해 노량진에 있는 원룸에서 4개월 정도 머물렀고, 인터뷰 당시(2013년)에는 오피스텔에 거주하고 있었다.

미혜는 고등학생 때 이미 이주를 경험한(기숙사 고등학교) 인터뷰 참여자로, 대학 진학을 위해 서울로 이주했다. 그녀는 입학한 해에 기숙사 추첨에 떨어져 원룸형 하숙집에서 1년간 거주했고, 다음 해에는 기숙사에서 거주했다. 이어 3학년 1학기에는 외국에서 6개월간 교환학생 생활을 하며 기숙사에 머물렀다. 돌아온 뒤에는 오빠와 함께 주거용 오피스텔에서 6개월간 거주하다가 다시 기숙사로 들어가 한 학기(6개월) 동안 살았고, 대학원 진학을 계기로 하숙집으로 옮겨 갔다. 인터뷰를 진행한 2013년에는 원룸에서 자취를 하고 있었다.

인터뷰 당시(2013년)에 이미 이주한 지 15년차였던 지현은 빈번하게 옮겨 다닌 기억이 있는* 인터뷰 참여자로, 6개월간 하숙집 생활을 한 뒤 기숙사에서 6개월을 거주하다가 서울에 소재한 대학에 진학한 남동생과 함께 투룸 빌라에서 2년간 살았다. 남동생이 입대한 뒤 지현은 원룸에서 2년간 자취 생활을 했고, 남동생이 제대한 뒤에는 다시 아파트에서 4년간 살았다고 밝혔다. 이후 그녀는 2년간의 미국 유학 생활을 마치고 대학원에 진학해 인터뷰 당시(2013년)에는 원룸에 거주하고 있었다.

한편 인터뷰 당시(2014년) 이주 3년차였던 현민은 부산에서 대학 진학을 위해 서울로 이주하여 부모님의 강요로 기숙사를 신청

---

*   "와…… 진짜 이사 많이 다녔다. 엄청 다녔다. 20대 때 이사만 했구나."

하게 됐다.* 현민은 기숙사에서 1년을 지낸 뒤 고시원과 유사한 형태의 복도식 하숙집에서 1년간 살다가 환경적인 요인으로 인하여 근처의 다른 복도식 하숙집으로 옮겨 갔다. 인터뷰 당시 그녀가 살던 하숙집은 한 층에 하나의 화장실만 배정되어 있는 형태였다.

명린은 부산에서 대학을 졸업한 뒤 전주에서 직장 생활을 하다 근무지가 서울로 바뀌면서 거주지도 따라 옮긴 경우였다. 서울에 친척이 있어 원래부터 서울을 자주 오갔다고 말한 명린은 5개월간 전주에서 근무한 경험을 '여행과도 같았다'고 회상했다. 근무지가 갑자기 이전되면서 서울로 급히 이주한 그녀는 서울에 살고 있던 친구 집에서 1년간 생활비를 공동 부담하며 살다가, 친구가 결혼하자 복층 원룸으로 이사했다. 인터뷰 당시(2013년) 명린은 이곳에서 룸메이트와 살고 있었다.

열아홉 살 때부터 8년간 중국에서 유학한 경험이 있는 보라는 중국에서 학교를 다니며 다양한 이주 트랙을 경험했다. 유학 생활을 마친 뒤 그녀는 취업 문제로 고향인 부산으로 돌아가지 않고 서울에 있는 친척 집에서 5개월간 머물렀다. 이후 취직을 해 경기도로 이동, 회사 사택에서 거주하다가 인터뷰 당시(2014년)에는 2인 1실인 회사 기숙사에 살고 있었다.

인터뷰 참여자 다수와 마찬가지로 대학 진학을 위해 서울로 이주한 리지는 아버지의 강요로 기숙사에 들어가면서 이주 생활을 시작했다. 그녀는 7개월 정도 기숙사 생활을 하다가 생활 규칙 위

---

* "부모님이 [제가] 1학년이니까, 애를 통금으로 엮어두기 위해서 기숙사에 넣었어요. 그래서 1년 동안 기숙사에 있었어요."

반으로 쫓겨나 고시원에 짐을 넣어두고 집을 구하기까지 한 달간 친구 집에 얹혀 산 적이 있다고 말했다. 이후 10개월간 원룸에서 자취하다 계약이 만료된 후 다시 비슷한 동네에 원룸을 얻었고, 1년간 호주에 어학연수를 다녀와서는 학교 근처에 원룸을 얻었다. 원래 "집이라는 공간에 질려하는 게 너무 많아 대학 다니는 동안 일곱 번 정도 이사했다"고 말한 리지는 이후로도 자취방을 한 번 더 옮겼고, 대학원 진학을 목적으로 기숙사에서 1년간 거주했으며, 이듬해 다시 대학 근처에 원룸을 얻었다. 인터뷰 당시인 2014년에는 취직을 해 오피스텔에서 혼자 자취하고 있었다.

혜령은 서울에 있는 대학에 진학하려면 장학금과 기숙사 생활이 필수라는 아버지의 말에 따라 대학 진학과 동시에 기숙사 생활을 시작한* 인터뷰 참여자 중 한 명으로, 기숙사에서 지낸 3년 6개월간 방학과 종강을 기점으로 여덟 번 정도 방을 옮겨야 했다. 이후 하숙집에 1년간 거주했고, 그 후 다시 공동생활관(공동 화장실, 공동 부엌) 형태의 하숙집에 들어갔다가 투룸을 얻어 친구와 함께 2년간 거주했다. 인터뷰 당시(2014년)에는 남동생과 함께 투룸 빌라에 전세로 살고 있었다. 인터뷰 참여자들 중 이주 기간이 긴 편에 속했던 그녀는 자신을 "울타리가 좀 자주 바뀌는 스타일"이라고 표현했다. 이후 혜령은 서울에서 줄곧 거주하고 있다.

---

* "나는 무조건 '아빠 그러면, 내가 [대학] 가면은 무조건 장학금 받고 무조건 기숙사 살게' 하니까 아빠가 '내가 말하는 거를 무조건 니가 할 수 있다고만 나한테 얘기해주면 우선은 보내보겠다. 근데 만약에 니가 기숙사 못 살고 그렇게 된다면 바로 내려와야 된다'라고 얘기를 하셨지. 그래서 내가 알았다 그랬는데 어쨌든 운이 좋아서 1학기 때는 기숙사가 됐어. (중략) 근데 엄마, 아빠가 사실은 진짜 내가 먹고 죽을 돈이 없으

미혜와 마찬가지로 고등학생 때 기숙사 생활을 한 경험이 있는
유수는 대학 진학을 위해 서울로 이주했다. 추가 합격자로 입학한
그녀는 대학 근처에 하숙집이나 자취방을 구할 수 있는 여건이 안
됐고, 집을 구하기 전까지 모텔에서 지내다 가까스로 반지하 원룸
을 구할 수 있었다. 2년 6개월간 반지하 원룸에서 자취한 유수는
인터뷰 당시(2014년) 오빠와 함께 방 세 개가 갖춰진 빌라에 거주하
고 있었다.

미연 역시 대학 진학을 위해 서울로 이주했다. 미연은 부모님
의 권유로 기숙사에 입주해 3년을 살았고, 방학 동안 동아리 활동
을 위해 서울에 거주해야 했던 사정으로 잠시 친척 집에 머문 적도
있었지만 통금 등의 문제로 다시 기숙사 생활을 했다. 인터뷰 당시
(2014년)에는 학교 앞 고시텔에서 거주하고 있었다.

니 널 못 보낸다, 이건 아니었기 때문에. 보내면 약간 빠듯해질 것 같아서? 그렇지. 왜냐
면 내 밑에가 있잖아. 우림이(남동생) 보내려면 돈을 모아놔야 되는데."

집을
떠나며

⟁

공간, 장소, 장소화

일상생활에서 '공간'과 '장소'는 크게 구별되지 않고 같은 뜻으로
통용되는 것처럼 보인다. 하지만 언어를 통한 커뮤니케이션 경험
에 비추어보면, 공간은 '텅 빈 곳'이라는 느낌을 확연하게 주는 반
면 장소는 내게 어떠한 의미를 주는 곳, 다시 말해 내가 개입하거
나 경험한 곳을 의미함을 알 수 있다. 국어사전에서도 공간은 '아
무것도 없는 빈 곳', 장소는 '어떤 일이 이루어지거나 일어나는 곳'
이라 정의된다. 쉽게 말하자면 장소는 자신에게 각인되거나 의미
화되는 공간인 것이다.

　그렇다면 공간과 장소에 대한 학문적 접근은 어떨까. 놀랍게도
우리가 일상적으로 사용하는 용어와 학문적 용어는 별반 다르지

않다. 특히 지리학에서 사용되는 공간이라는 용어는 그 용법에 따라 새로운 의미를 담아낼 수 있기 때문에 다양한 학문 분야에 걸쳐 자주 쓰였다. 기본적으로 공간이란 비어 있고, 사이에 무엇이 들어설 수 있는 여지나 여백을 의미한다. 공간에는 절대적 공간, 상대적 공간이 있다. 물리적 공간이 있는가 하면 추상적 공간이 있다. 공적 공간과 사적 공간이 있고, 물리적인 실체가 없다고 여겨지는 사이버 공간도 존재한다. 반면 장소는 어떤 공간에 주체가 자신의 경험과 기억으로 감각을 채워나가는 것에 가깝다. 공간이 객관적 영역에 가깝다면 장소는 주체의 감각이나 가치가 부여된 주관적 영역이라 할 수 있다.

이 책에서는 이러한 공간/장소 개념을 분리하면서 인간이 낯선 공간에서 일상적이거나 반복적인 행위를 통해 안정감, 친밀감, 소속감 등을 만들어나가는 장소 생산 과정, 즉 '장소화'에 좀 더 집중하고자 한다. 공간과 장소가 비교적 명확한 의미로 정의되는 반면, 장소화는 공간이 장소로 변화하는 '과정'을 의미하기에 유동적이고 연속적인 개념이다. 다시 말해서 장소화란 고정적이고 폐쇄적이며 불변하는 개념으로 이해되었던 장소(감각이나 경험)를 변화하는 과정으로 이해하는 것이다. 장소화 과정에 집중하는 것은 장소가 고정적인 것이라는 일반적인 인식의 한계를 넘어 주어진 공간에서의 일상생활 행위와 그러한 행위를 통해 새로운 공간에서 또 다른 형태의 장소를 형성할 가능성, 그리고 그 장소가 불러일으킬 수 있는 감각의 문제를 함께 논의할 수 있기 때문이다.

단순히 공간과 장소를 구별하여 이해하지 않고 장소화라는 개념을 가져오는 것은 인간 사이에서 발생하는 일련의 감각과 경험의 스펙트럼을 서술할 수 있다는 장점을 갖는다. 다시 말해 공간과 장소는 본질적인 것이 아니라 인간 경험에 부착된 형태로 더 넓고 발전적인 방식으로 이해될 수 있다. 투안이 언급했듯, "인간의 삶은 보금자리와 모험, 애착과 자유 사이의 변증법적인 운동"(Tuan, 1977/2011, 94)이다.

이처럼 지속적으로 공간과 장소 사이를 운동하는 장소화 개념은 장소를 만들어가는 과정, 혹은 공간을 (장소로) 변화시키는 과정을 의미하므로 완벽하게 닫힌 형태로 존재하지 않는다. 이는 한 장소가 아무리 고정되어 있고 견고하다고 해도, 그 정체성과 의미는 계속 새롭게 발생하기 때문에 새로운 장소성이 생산될 가능성이 항상 열려 있다는 것을 의미한다. 이것이 장소화가 궁극적으로 지향하고자 하는 장소의 운동적인 속성, 즉 장소와 공간의 지속적인 공존인 것이다.

남성적 장소로서의 집

현대의 삶은 이동을 지향하면서도 정주성을 포기하지 못하는 모순을 갖고 있다. 정주, 즉 머물러 사는 삶에는 일상성이 존재하며, 정주는 이러한 일상에 영속적인 가치를 부여한다. 집은 수많은 경험이 축적되며, 의미 있는 기억으로 가득하다는 점에서 정주성을 가진 대표적인 장소라고 할 수 있다.

집을 소유한 개인들은 집이라는 장소에서 일상적으로 거주하게 된다. '거주한다'는 말은 사람이 단순히 집 안에 놓인 어떤 사물처럼 공간을 점유하고 있는 것이 아니라, 거기 살아가면서 삶을 구현하며 근원적으로 삶을 체험하고 있음을 의미한다(강학순, 2007). 집은 거주라는 행위를 통해 물리적인 실체이자 사회적 현상이 된다. 거주는 구체적이고 물리적인 실체이지만 거주를 실천하는 가구 및 가정의 개념은 사회적이기 때문이다(Pain, et al, 2001/2008, 261). 바크Michael Barke는 집과 사회의 관계가 매우 복합적이고 상호 의존적(Pain, et al, 2001/2008, 261)임을 언급하면서 여러 사회적인 방식을 통해 서로에게 영향을 미친다고 주장한다. 집과 주거 환경은 사회로부터 영향을 받을 뿐만 아니라 그 공간 안에 사는 주체에게 영향을 미친다. 요컨대 사회, 집, 거주 주체는 서로 관계를 맺으며 상호작용한다고 할 수 있다.

인간은 집과의 상호작용을 통해 특별한 감각과 정서를 배양하게 된다. 연속적이고 지속적인 장소(집)와의 관계는 집에서만 느낄 수 있는 독특한 장소감을 생산한다. 이러한 장소감은 크게 친밀한 인간관계에서 비롯되는 것과 집이라는 장소 자체에서 느낄 수 있는 애착으로 나뉜다. 집 안에서 인간은 사적 공동체를 처음 마주하며, 이를 통해 사회적 관계를 배워나간다. 또한 우리는 집 안에 가득한 일상적인 사물들을 사용함으로써 그것을 알게 되며 활용할 수 있게 된다.

이처럼 집은 인간에게 보편적으로나 개별적으로나 매우 중요한 장소로 구체화된다. 그러나 이러한 집의 장소적 의미는 사회라는 큰 구조 안에서 이데올로기적으로 생산(Valentine, 2001/2014, 91)되고 있음을 간과해서는 안 된다. 전통적으로 일이라는 공적 공간과 대조적인 사적 공간으로 규정돼온 집은 안전하고 사랑스러우며 긍정적인 공간으로 간주되는 경향이 있다(Valentine, 2001/2014, 91). 하지만 집은 사적 공간일 뿐만 아니라 인간이 사적 공동체를 처음 마주하는 장소이자 최초의 이동이 일어나는 기준점이다. '사적 공동체'라는 용어에서 드러나듯 집은 사적 공간과 공적 공간이 공존하는 장소이며(예를 들어 침실처럼 개별적인 공간이 존재하는 동시에 거실처럼 상대적으로 공적인 공간이 존재한다), 인간에게 사적 공동체를 경험하게 함으로써 사회적 관습을 학습시키는 장소, 개별적인 정체성을 배양하는 장소다. 다시 말해 집은 사회적 의미와 개별적 의미를 동시에 갖는다.

따라서 집에 대한 경험은 집의 사회적 의미와 언제나 일치할 수 없다. 발렌타인은 "집이 어떻게 경험되는가는 집이라는 공간과 그 내부에서의 사회관계를 결정할 수 있는 권력이 누구에게 있는가에 달려 있다"(Valentine, 2001/2014, 119)고 말한다. 집의 의미는 이상과 현실 사이에서 가변성을 가지며, 주택 소유 여부나 연령, 젠더에 따라 상이하게 재생산되고 경험된다. 집은 개인의 정체성을 표현하는 매개물이 될 수 있으나, 이는 가족 구성원이 체현한 사회적 관습으로부터 구조화되기 때문에 한계를 갖는다.

페미니스트 연구자들은 집을 여성들에게 적합한 것으로 상정하는 사회적 인식이 여성을 억압한다고 비판해왔다. 이러한 인식에 따라 여성은 가족을 양육하고 집을 유지하는 데 필요한 감성적 자질을 가졌다고 인식됐으며, 어머니와 아내는 가정생활이 건강하게 유지되는 데 필수적이라는 관념이 사회적 규준이 되었다(England, 1991)는 것이다. 남성은 공적 영역의 삶을, 여성은 사적 영역의 삶을 담당하는 이성애 중심적 가족 제도는 젠더 역할에 대한 이데올로기를 반영하고 가족생활을 통해 자녀들에게도 지속적으로 각인되어, 전형적인 여성성을 집에서부터 재생산한다.

인터뷰에 참여한 여성청년 이주민들이 이주 전에 겪었던 집 역시 매우 남성적인 장소였다. 이들은 집에서 아버지—혹은 가부장적 질서를 내면화한 다른 가족 구성원—의 감시 및 관리 아래서 전형적인 여성성을 교육받았다. 이러한 훈육 과정은 여성청년에게 억압적이고 남성 중심적인 장소를 형성한다. 그들은 인터뷰를 통해 이주 전에 겪었던 집이 어떠했는지, 나아가 가족 구성원들이 자신을 어떻게 억압하고 관리했는지 말하며 이주 열망을 드러냈다.

지현　[부모님은] 엄청 고지식하고, 특히 저는 할머니 할아버지하고 같이 [살아서] 대가족이었고. 또 아빠는 좀 심하게 엄하고, 나는 좀 튀는 아이였고, 그러니까 아빠는 나를 항상 누르려고 해가지고. 그러면은 항상 [아빠에게] 눌림을 당하지 않고 맞짱을 뜨고….

민영　아빠가 딱 전형적인 경상도 남자 스타일이고, 근데 엄마도 되게 무뚝뚝하셔서가지고. (중략) 그냥 되게 다 보수적이긴 했어요. 보수적이어가지고, 처음에는 조금만 늦게 와도 맨날 혼나고. 어렸을 때부터 되게 많이 맞았어요. 많이 맞고 자랐어요. (웃음)

지애　우리 아빠가 되게 고지식하신 분이어서, 뭐랄까 말만 해도 싸움이 났어요.

리지　아빠한테서 독립하려고. 아빠가 보수적이라, 답답하니까 혼자 살아야겠다[고 생각했어]. 극단적인 예를 들면 고등학교 때, 6~7시부터 30분 단위로 어디냐 체크하고. 핸드폰 있었으니까 그때. 그리고 뭐 옷차림이나 이런 것까지 하나하나 다 엄청 뭐라 하고. 염색 이런 거, 귀 뚫는 것부터 시작해가지고 바지 끌고 다니는 거 엄청 뭐. 아빠랑 중고등학교 때 사이가 되게 안 좋았어, 그런 거 때문에. 이제 그러니까 우리 친오빠가 나한테 와서 "너 아빠랑 살기 싫지?" 내가 "응" 이러니까 "그러면 한 가지 방법밖에 없다. 공부를 해서 서울로 가라" 이런 거였지.

지현, 민영, 지애는 이주 전에 아버지로 대표되는 부모와의 마찰이 빈번했음을 언급했다.* 그들은 자신의 부모를 '보수적', '고지식'이라는 단어로 수사하며 독립을 원한 가장 큰 이유 중 하나로 그들과의 충돌을 꼽았다. 특히 대학에 들어가서도 아버지의 강요로 기숙사에 들어갔다고 답한 리지의 경우, 고등학생 때 휴대폰으로 항상 통제하고 감시하는 아버지 때문에 '서울로 대학을 가겠다'고 생각하여 공부를 시작했다고 털어놓았다. 이러한 대립은 표면적으로 봤을 때 단순히 사춘기 시절 반항심으로 해석될 여지도 있으나 인터뷰 참여자들은 자신에게 부여된 전형적 여성성을 언급하면서 남성 중심적 젠더 규범에서 벗어나고자 하는 특성을 보였다. 특히 남자 형제가 있는 경우, 그들과 자신에게 부여된 가족들

---

*   집을 보수적이고 가부장적인 장소로 표현한 인터뷰 참여자 중 다수가 경상도 출신이었다. 이러한 결과는 지역적 특수성(가부장적 특성)이 집 경험에 영향을 미칠 가능성이 있음을 보여준다.

의 차별적인 시선을 의식하며 반항과는 다른 차원의 마찰을 언급
했다.

영지　가족한테서 떨어져 있어보고 싶었어. 아빠가 너무 나를 힘들
게 하셔가지고. 사람을 옭아맨다고 해야 되나. **집착?** 어, 그런 것도
있고. 아빠가 막… 모르겠어, 뭐가 다 마음에 안 드나 봐 자식들이.
우리는 되게 잘 컸다고 생각하는데, 아빠는 뭔가 다 막 그렇게 안
보이나 봐. 항상 뭐라고 해. 진짜. 남동생한테는 또 안 그래. 민규(남
동생)는 확실하게 자기 의견이나 이런 걸 말을 해. 근데 우리는 답답
해 보이나 봐. 얼버무리고, 말 잘 안 하고, 아예 말 안 섞으려고 하니
까 아빠랑.

혜령　우리 집은 워낙 남아 선호가 강했었고, 나는 우리 집에서 거
의 그냥 듣보잡 수준으로 자랐기 때문에. 왜냐면 출중한 동생을 둔
덕분에 나는 묻혔거든 항상. 엄마는 [나한테] 별로 기대도 안 했고.
(중략) 엄마 아빠가 나한테 돈을 먼저 안 주는 것도, 나는 항상 누구
한테 물려 입어야 하는 것도, 얘는 가지고 싶은 거 다 가지고 얘기
해도, 나는 집안을 생각하고, 뭘 생각하고, '우리 집안은 어려우니
까' 이런 생각하게 되고, 말 못 하고, 계속 그렇게 살아왔었던 게 있
었지.

　삼남매 중 맏딸로 태어난 영지는 지금도 아버지와 사이가 좋지
않다면서, 아버지가 자신과 여동생을 대하는 태도는 늘 훈육적이
었던 데 반해 남동생을 대하는 태도는 달랐음을 언급했다. 그녀는

아버지가 자신을 '옭아매는' 방식이 싫어 집에서 벗어나고 싶었다고 말했다. 특히 우리, 즉 영지 자신과 여동생을 '답답하다'고 표현하는 반면 남동생은 '확실하게 자기 의견을 말하는' 등으로 묘사하는 것은 아버지가 그들에게 각기 다른 가치를 부여했음을, 그것이 그녀에게 어떻게 내면화되어 있는지를 보여준다.

마찬가지로 남동생을 둔 맏딸이었던 혜령 역시 가족에게서 벗어나고 싶다는 욕망이 매우 컸음을 밝혔다. 그녀의 집은 할머니까지 3대가 함께 살았는데, 남아 선호가 강한 분위기였다. 이러한 남성 중심적 장소로서의 집은 그녀가 스스로를 남동생과 비교하고 평가하게 만들었고, 이러한 가족의 평가 때문에 혜령은 가족을 벗어나 독립하고 싶다는 열망을 품게 되었다.

> **혜령** 할머니하고 아빠하고 성격이 너무 똑같으니까 자주 부딪혔어. 게다가 엄마 아빠가 맞벌이를 하는 상태여서 나는 자주 할머니하고만 지내는 상태가 됐는데, 할머니하고 같이 있는 게 불편했는데… 이것도 지속되니까 나도 너무 힘들었고 그런 거에서 되게 벗어나고 싶었지.

> **유수** 결혼은 되게 하고 싶은데, 못 할 거 같아요. 제가 아빠를 별로 안 좋아하는 이유 중에 하나가, 아빠가 서울 출장이 꽤 있는 편이었어요. 술 마시기만 하면 "난 너희 할머니 돌아가시면 이혼할 거다." 고등학교 때도, 엄마 늦게 들어오고 아빠가 술을 마시면 계속 "난 너네 엄마 사랑 안 하는데, 왜 사는지 모르겠다." 그런데 또 보면 사랑하는 거 같아요. 울 아빠 엄마랑 결혼한 거 7000일도 챙겼어요.

그러니까 나는 그 이중적인 모습이 이해가 안 가는 거예요. 이해도 안 가고 납득도 안 되고. 거기다 바람피우는 것도 봤지, 내가. (중략) 아빠가 오징어 물회 집에서 다른 여자랑 밥을 먹고 있는 거예요. 그걸 봤어요. (웃음)

미연 저는 아직까지 가족이 왜 엄청 중요한 가치가 돼야 하는지에 대해서는 잘… 마음 깊이 느끼지는 못하고 있는 것 같아요. 물론 나중에 성공을 하거나 나이가 들어서 부모님한테 용돈을 드리거나 이런 건 생각을 하고 있고, 지금도 약간 미안하거나 이런 것도 있기는 한데, 그냥 딱 거기까지밖에 생각이…

혜령은 수도권으로의 이주가 가족이라는 관계에서 자신의 위치, 함께 사는 동안의 갈등, 그로 인한 불편함 때문에 가족으로부터 탈주하고 싶은 욕망을 행동으로 옮긴 것이라고 말했다. 그녀에게 가족이란 내적으로 친밀하고 자연스러워야 한다는 사회적 인식과는 다른 개념이기도 했다. 이러한 복합적인 관계의 연쇄에서 벗어나기 위해 혜령은 성인이 되자 가족과 떨어져 개별적으로 이주했으며, 독립했다. 비혼주의자이자 양성애자인 유수는 다양한 이주 계기 중에서도 아버지와의 불화, 가족의 의미가 자신이 생각한 이상과 매우 달랐던 것이 가장 큰 부분을 차지했음을 밝혔다. 특히 그녀는 아버지와 사이가 좋지 않았던 이유가 아버지의 외도에 있었음을 고백했는데, 아버지가 다른 여성을 만나는 장면을 목도함으로써 결혼이라는 것, 가족을 만드는 것이 자연스럽기만 한 일이 아님을 인지한 것이다.

한편 미연은 혜령이나 유수와 달리 가족에 대한 특별한 부정적 경험이 없었음에도 가족의 사회적 의미나 가치에 대해 별 중요성을 두고 있지 않았다. 이는 사회에서 집이 갖는 가족 중심적 의미나 가치를 미연은 자연스럽다고 생각하지 않고 있었다.

개인에게 가족이라는 형태의 삶은 매우 친숙하기 때문에 자연스러운 것으로 여겨지기 쉽지만, 가족이라는 조직은 사회 구성원들에게 생활 영역을 중심으로 한 여러 가지 규범이나 가치 체계(제도) 중 하나에 가깝다. 결혼은 가족이라는 제도 안으로 유입되기 위한 또 다른 제도이며, 이러한 가족 제도―결혼을 중심으로 맺어진 혈연 집단, 즉 가족과의 동거―는 개인의 특성에 따라 긍정적일 수도, 부정적일 수도 있는 영향력을 갖는다(생애미혼율이 점점 더 높아지는 현상이나 동반자법 제정 운동 등이 이를 반증한다). 특히 인터뷰 참여자들이 이주를 상상하거나 결심한 데에는 이러한 전통적인 가족 제도에 대한 불만이 영향을 미쳤다. 권위적인 아버지에 대한 반발심, 구속이나 속박을 동반하는 전통적인 여성성의 강조, 가족과의 관계 맺음에서 발생하는 불편함 등이 이주에 대한 욕망으로 환원된 것이다.

앞서 말했듯 집은 안식과 안전, 즐거움의 장소로 여겨져왔지만 경험적 측면에서 집은 이러한 긍정적인 장소성 외에도 다양한 감각과 의미를 전달한다. 집의 의미는 획일적인 것이 아니라 개별 인간 주체의 주거 행위에 따라 달라지기 때문이다. 한편 가족은 아버지를 중심으로 하나의 질서를 이루며 구성되지만 언제든 해체 가능성이 있는 '제도'다. 집은 가족 제도를 유지하기 위해 부정적인 감정이나 정서는 쉽사리 비가시화한다. 이렇듯 가부장적-남성적 장소인 집을 벗어나고자 하는 욕망은 여성청년들로 하여금 이주를 위한 다양한 경로를 모색하게 만들며, 이주 생활을 상상케 함으로써 기존의 '집'을 떠날 수 있는 기반을 생성한다.

여성 주체적 '이동'의 상상

한국 사회가 구조적으로 변화함에 따라 여성청년에 대한 인식이 달라지고 있음에도 불구하고 이들은 일반적으로 결혼 전의 '젊은 여성'으로 표현된다. 성인이 되기 전까지는 '아버지' 아래에서 독립하지 못하는 주체로, 독립하기 위해서는 또 다른 가족 제도 안으로 예속되어야 하는 '가족 공간 내'의 여성으로 위치 지어지는 것이다.

마찬가지로, 인간의 다양한 권리 가운데 이동의 권리는 남성 편향적이었다. 이는 남성은 공적 공간을 이동하면서 생계를 유지하고, 여성은 정착 및 거주가 이루어지는 집(사적 공간)에 속박되어 가사노동을 해야 한다는 뿌리 깊은 이분법적-가부장적 사고에서 비롯된 것이었다.

이렇듯 역사적으로 이동 주체로서 가시화되지 못했던 여성청년들은 꾸준히 수도권으로 이주해왔다. 2011년 처음으로 순유출을 기록했던 수도권 인구는 2017년에 다시 순유입으로 전환되어 2020년까지 증가했는데, 청년층 중심의 인구 유입이 두드러진 것으로 보인다. 특히 20대는 수도권에서 최근 20년간(2000~2019년) 지속적으로 증가한 것으로 나타났다(통계청, 2020). 이처럼 수도권에서의 20, 30대 1인가구가 급증한 것은 청년 이주의 개인화를 의미한다. 개인 단위 이주는 흔히 더 나은 경제적 기회를 쫓는 행위로 이해된다. 이러한 이주에서의 젠더 차가 급속히 줄어든 것은 높아진 여성 대학 진학률 및 취업률과 관련이 있는데, 이는 기존의 여성 이주 역사와는 다른 형태의 이동이 발생했음을 의미한다. 다음 표에서 보듯 2009년 정점을 찍고 점차 낮아지는 대학 진학률 가운데서도 여성은 남성에 비해 높은 대학 진학률을 기록하고 있다. 대학이나 기업이 수도권에 몰려 있는 상황을 고려해볼 때, 남성에 비해 더 많은 여성청년들이 수도권으로 개별적인 이주를 거쳤으리라는 사실을 추측할 수 있다.

이주는 집을 벗어나고자 하는 욕망만으로 가능한 것이 아니다. 이주는 이주 주체가 이동하고자 하는 공간에 대한 정보를 수집하고, 물리적 거리감을 획득하며, 부모로부터 분리되어 독립하고자 하는 의지의 배양을 통해 이루어진다.

지애   더 넓은 세상. **서울이 왜 더 넓은 세상이라고 생각했어요?** 이를테면 부산은 대학이 별로 없잖아요. (중략) [서울에] 대학이 있고, 그러니까 가면 좋겠다고 생각한 거죠. 이를테면 국회의사당이니, 우리가 생각하는 공적인 시설들도 서울에 집중되어 있고 하니까. 문화적 혜택도⋯ 옛날에는 없었잖아요. 부산에도 지금은 많다지만 옛날에는 진짜 없었거든요, 사실. **그런 것들에 대한 혜택을 받고 있는 것 같아요? 서울에 살면서?** 그렇죠. 흔치 않은 공연들을 볼 수도 있고, 사람들을 만날 수도 있고.

성별 대학 진학률

	대학 진학률	여학생	남학생	성별 차이
2008	77	78.8	75.5	3.3
2009	77.8	79.4	76.3	3.1
2010	75.4	78	73	5
2011	72.5	75	70.2	4.8
2012	71.3	74.3	68.6	5.7
2013	70.7	74.5	67.4	7.1
2014	70.9	74.6	67.6	7
2015	70.8	74.6	67.3	7.3
2016	69.8	73.5	66.3	7.2
2017	68.9	72.7	65.3	7.4

통계로 보는 여성의 삶(통계청, 2018)

민영 옛날에는 서울에 대한 로망 같은 게 있어가지고. 그런 거 있 잖아요. 서울에 있는 직장을 다닌다, 이런 거. 그런 것도 있고. 일단 은 [서울에 있는] 대학병원에서 일하면, 뭐든지 다 할 수 있을 거 같 은 느낌? 여기가 제일 힘든 곳이니까. 그런 것도 있고. 서울에 문화 적으로도 누릴 수 있는 게 되게 많잖아요. 울산에는 연극 같은 것도 거의 없고, 콘서트나 뮤지컬 이런 것도 없거든요. 그런데 여기서는 많이 누릴 수 있으니까. 그런 거는 되게 좋은 것 같아요.

혜령 대학 진학을 서울로 하려고 했었던 거. 두 가지 이유였던 거 같아. 첫 번째는 그냥 집을 벗어나고 싶었던 게 되게 강했던 것 같 고. 그냥 집을 떠나고 싶었었고. 두 번째는 내가 하고 싶어하는 일.

전공을 살리기 위해서 막 약간 큰물로 가야 된다?

미연 더 많이 알고 싶고 배우고 싶은 그런 욕심이 컸던 거 같아요. 그러니까 무조건 대학은 서울로 가야지, 이런 생각이 있긴 있었어요. 서울에서 공부하던 선배가 좀 공부에 대한 자극을 막 주고. '대학은 서울로 가야 해.' 그런 것도 없지 않았던 거 같아요.

다른 지역에서 서울로 이주한 여성청년들은 어릴 적부터 서울이라는 도시를 열망했던 사실을 분명하게 드러냈다. 이들에게 수도권은 '더 넓은 세상'이자 자신의 문화적·사회적 욕구 충족이 가능한 공간이었다. 울산에서 대학 진학을 위해 광주로 이주했던 민영은 서울에서 직장을 구하려고 했던 이유에 대해 "좀 더 큰 곳에서 [일을] 해보고 경력을 좀 쌓고 싶은 마음"이 있었다고 말했다. 민영은 서울에 대해 '큰 곳' 혹은 '위'라는 상승과 확장의 공간적 감각을 갖고 있었는데, 서울에서 일하면서 친구들에게 '서울에 있는 병원에 다닌다'라고 말할 수 있는 자신감을 갖게 됐다고 언급했다. 대학 진학을 위해 서울로 이주한 혜령 역시 자신의 전공을 살리기 위해서는 '큰물' 즉 수도권으로의 진입이 필수적이었다고 말했다.
　이뿐 아니라 민영, 지애, 미연은 수도권이 문화적·인적 자본이 집중된 곳이라는 이미지를 갖고 있었고, 이주 요인 중 하나로 이런 문화적 자본의 집중성을 꼽았다. 이는 학업 및 취업을 위한 자기계발적 진입과는 또 다른 차원의 것으로, 이들은 자신의 문화적 취향과 수도권이라는 공간적 이미지를 일치시키며 이주에 대한 열망을 구술했다.

지현　나는 무조건 서울로 간다는 주의였어. 유별날 정도일 수 있는데, [서울에 가는 게] 어떤 애들한테는 성적에 맞춘 결과이기도 하고 아니면 다양할 수 있는데, 나는 어렸을 때부터 문화 예술에 대한 욕구가 되게 센 사람이었고, 부산에서도 되게 적극적인 사람이었어. 그래서 부산에서도 이미 고등학교 그 시절에 클럽을 다녔었고, 대학에 행사 있으면 다 쫓아다녔어야 했고, 적극적인 성격이다 보니까. 부산에서 누릴 거는 이미 누렸어요. 그런데 그걸로는 부족했지. 잡지나 무슨 어떤 걸 보면 다 서울 이야기만 나오고. 가령《키노》만 봐도 개봉하는 영화가 질이 다른 거. 개봉 영화 질 다르지, 당첨자 행사부터 해서 모든 것들, 내가 잡지에서 본 모든 것들은 다 서울에서 벌어지는 일인 거야. 부산에서 하는 거는 겨우, 나 시절에만 해도 몇 개 있는 조그마한 클럽? 아니면 시민회관에서 메탈 공연을 봐야 되는 거는 웃기잖아? 시민회관. 너무 열악한 거지. (웃음) 우린 시민회관에서 뮤지컬도 하고 메탈도 하고 판소리도 하고 한꺼번에 다 했었잖아. KBS 홀이랑. 나중에 MBC 조금 생기고. 그거 말고는 없으니까. 난 무조건 서울로 간다. 홍대로 간다, 홍대에 있는 클럽들 다닌다, 클럽에 있는 오빠들 사귈 테야. 이게 나의 어렸을 때 목표, 주목적이었지.

명린　예전부터 서울에 왔다 갔다 많이 했었어요. 친척들도 많이 있었고, 그래서 1년에 한두 번씩 오는 곳이 서울이었는데, 이제 대학교 때 취미로 영화를 보기 시작하면서, 부산에 있는 예술영화관이라고 해야 하나 그런 게 많이 없거든요. 국도(국도영화관)나 이런 한두 군데밖에 없기 때문에. 주말마다, 평일에는 학교 다니고 아르

바이트하다가, 주말에는 그냥 다 올라와서 서울에서 영화 보고, 일요일 밤에 내려와서 학교 갈 준비하고, 이런 생활을 거의 1년 정도 했었어요. 그때는 약간 마음 맞는 사람들이 있었어요. 서울 대구 부산 이렇게 각지에 있으면 서울에서 만나자, 이래서 같이 영화관 다니고. 저한테는 GV(관객과의 대화)라는 게 새로운 문화 충격이었거든요. 그래서 영화제에서 자원봉사도 했었고, 스탭도 했었어요. 소통하는 게 좋았어요.

   고향에서 자신의 문화적 욕구를 채울 수 없었음을 토로하면서 반드시 서울이라는 공간으로 진입하여 문화적 특권을 누려보고자 했다고 답한 지현은 독립영화 감독이기도 하다. 그는 인터뷰 전반에 걸쳐 수도권으로의 이주를 통해 자신의 문화적 정체성을 구성할 수 있었음을 지속적으로 서사화했다. 부산에서 대학을 졸업한 뒤 전주에서 직장 생활을 하다 서울로 이주한 명린 또한 서울에서의 문화적 경험에 매료되어 주말마다 서울에 가 사람들을 만나고 그들과 문화적 경험을 함께했다고 이야기했다. 특히 명린은 이러한 서울에서의 문화적 경험과 인적 자본을 통해 영화에 관련된 일(영화 홍보사)을 하게 됐다고 설명했다.[*]

[*]   "서울독립영화제에 놀러갔다가 GV를 봤는데 너무 재밌더라구요. 영화는 감독이 만들어서 짠, 너네 봐라, 이렇게 하면 우리는 이렇게 보고, 끝이라는 생각을 많이 했는데, 영화 끝났는데 감독이랑 배우가 들어오는 거예요. 상영관에. 그리고 질문을 하고, 내가 궁금했던 거를 사람들이 질문을 하는데, 대답을 해줘요. 내가 생각한 의도가 맞았구나라는 생각도 들고. 대학교 1, 2학년인 저한테는 그게 되게 신세계였던 것 같아요.

　　지역 간 인구 이동을 설명하는 이론은 여러 가지가 있는데, 그 중에서도 인적 자본 인구 이동(Sjaastad, 1962; Kaluzny, 1975; 이은우, 2008, 50 재인용) 이론을 통해 여성청년의 이주 경향을 설명할 수 있다. 인적 자본 인구 이동이란 개인이 교육이나 훈련, 정보 등에서의 투자를 위해 이동하는 것을 가리킨다. 예컨대 인터뷰 참여자들이 가진 서울이라는 도시에 대한 지리적 상상(넓은 세계, 다양한 문화적 경험, 공적 기관 및 공인들과의 만남 등)은 학업, 취업 등을 위한 수도권 진입 열망을 부추긴다. 서울에 대한 지리적 이미지*와 상상은 그들이 광대한 도시권으로 진입하는 데 큰 원동력이며, 그들을 '이동인'**으로 만드는 가장 큰 요소 중 하나라 볼 수 있다. 이러한 서울에 대한 이미지는 다양한 미디어를 통해 형성되는 것으로 보인다.

　　유수　[미디어의 영향이] 없었다면 거짓말이겠죠. 비단 서울뿐만이 아니라 서울이 가진 이미지라는 게 있잖아요. 자유롭고, 어쨌든 부산보다 뭔가 빠르고. 궁금하죠. 어떻게 사나, 저 사람들은.

지금 생각해보면 정말 당연하거나 아무것도 아닌 걸 수도 있는데, 정말 ABC를 처음 안 학생처럼, 그런 식으로 약간 유레카를 외쳤던 것 같아요. 그래서 서울에 로망 같은 게 있었던 거죠. 어떻게 보면 제가 일하는 게, 제가 적성을 잘 맞춰서 온 것 같아요. 결과적으로는."

*　　박종준·윤현위·권혜정·정원욱·박종화(2012)에 따르면 서울에 대한 대중적 이미지는 "분주하고, 동적이며, 변화하는" 전형적인 도시로서의 요소를 갖고 있는 것으로 나타났다. 특히 서울은 600년 이상 수도로서의 기능을 수행하고 있으나 지속적인 개발로 인하여 '새로운' 도시로서의 이미지를 보인다.

**　　하름 데 블레이Harm de Blij의 용어. 블레이는 이동인들이 위험 감수자들로서, 새로운 환경에서 새로운 기회를 잡기 위해 기꺼이 친숙한 곳을 떠나는 이민자들이라고 설명한다(De Blij, 1988).

미연 . 전라도가 어쨌든 경상도보다 더 낙후되어 있고, 또 전주가 광주광역시보다 더 낙후되어 있었기 때문에 좀 떠나고 싶다는 생각을 강하게 했어요. 그리고 미디어에서 보는 서울은 항상 화려하거나, 뉴스가 나와도 항상 서울 중심으로 나오고 하니까. 막연한 동경이 있지 않았나 하는 생각이 들긴 들어요. 그러고 보면 서울로 가는 데 미디어가 많은 영향을 미쳤죠.

미혜 어떤 다큐를 봤는데 거기 보면 '내 꿈은 뭐야' 이러면서 되게 당당한 거야. 그거 보고 '어 나도 좀 저런 데 가고 싶다' 하면서 좀 늦게 준비하고 영어를 그때 좀 많이 했어요. **부모님과 떨어져 사는 게 두렵지 않았어?** 부모님이 고마운 게, 저는 그거에 대해서 불만도 있는 건데, 좀 놔주셨어요. 놔주셔서 저는 겁은 없었어요. 겁은 없었는데, 오히려 독립하고 싶었고. **왜 독립하고 싶었어?** 그런 게 좋았나 봐요, 저는. 혼자 자기 스스로 하는 게. 그 다큐에서도 어떻게 보면 자기 꿈을 위해서 열심히 살아가고 자기 스스로 일을 하잖아요. 애들이. 학생임에도 불구하고. 아침에 규칙적인 일과를 따르면서 어떤 목표를 위해 뭔가를 하는 그 자체가 되게 멋있어 보였나 봐요. 저한테는.

보라 한비야 때문이었던 거 같아. 왜냐면 중국 갈려고 생각을 하면서 중국에 관련된 책을 고등학교 때 많이 읽었는데, 그때 한비야 씨가 낸 중국 견문록이라는 책이 되게 히트를 쳤었어. 그래서 책을 읽었는데 너무 재밌는 거야. 그 여자가 하는 게 어떻게 보면 나의 워너비지. 중국 쪽에 가서도 잘하지, 자기 혼자 되게 꿋꿋하게 잘

다니잖아. 그러면서 자연스럽게, '어 근데 이 사람이 봉사 활동도 하
고 사회 이런 활동을 되게 많이 하네' [생각했어.] NGO 활동을 많
이 하는 거야. 내가 좋은 영향을 받았던 거야, 그걸 보면서. 그래서
나중에 나도 저런 여자처럼 살고 싶다는 생각을 많이 했어. 저게 성
숙된 삶이고, 그런 생각을 했어. 그냥 무의식적으로. 그 사람 강연
같은 데도 쫓아다녔어.

　미디어가 만들어낸 서울의 이미지에 영향을 받았다고 말한 유
수와 마찬가지로, 미연과 미혜 역시 이주에 가장 큰 영향을 미친
것이 미디어였다고 말했다. 미연은 미디어에서 재현되는 서울의
이미지가 화려하고 중심적이었다고 언급했는데, 이러한 이미지는
미연이 사는 공간('낙후')과 대비되면서 서울로 이동하고자 하는 욕
망을 부추겼다. 한편 기숙사 고등학교를 다녔던 미혜는 기숙사 생
활을 선택한 것이 어릴 적 봤던 다큐멘터리의 영향임을 밝히면서,
부모님을 떠나 이동과 이주를 경험하는 것이 '멋져' 보였다고 말했
다. 다양한 이주 경험을 가진 보라 또한 중국 유학을 결정하는 데
미디어가 끼친 영향력을 언급했다. 가장 고전적인 형태의 미디어
라 할 수 있는 '책'에 나타난 한 여성의 이주 경험은 보라에게 부모
로부터 벗어나 이주에 대한 상상을, '좀 더 큰 그릇'이 될 수 있지
않을까 하는 자기 성장에 대한 기대감을 갖게 했다.
　시각적 미디어가 발달하기 이전까지 도시에 대한 공간적 상상
은 대부분 소설(활자)로 이루어졌다. 서구에서 전통적인 가족 틀을
벗어나 스스로 생계를 책임지는 독신 여성 집단이 자신들의 독립
적 생활에 대한 방안을 찾기 위해 도시에서 혼자 사는 일의 즐거움

과 위험에 관련된 실험적 소설을 자주 읽었다(Klinenberg, 2012/2013, 59)는 사실이 이러한 상황을 반증한다. 이전까지 활자에서 비롯된 상상력—상대적으로 현실보다는 환상에 가까운—에 의존한 도시 이미지는 시각 미디어를 통해 점차 현실적인 것으로 변화하면서 도시적 삶에 대한 구체적인 정보를 제공하기 시작했다. 특히 대표적인 시각 미디어이자 보편화된 미디어 중 하나인 텔레비전은 가정에 일상적인 배경으로 자리 잡았다. 어리(Urry, 2000/2012)는 일상적으로 '상상의 여행'을 낳는 텔레비전의 교류(소통) 능력에 주목한다. 텔레비전은 사물일 뿐만 아니라 미디어이며, 이를 통해 문화를 생산하는 삼중 기능을 갖고 있다는 것이다(117).

　소설, 신문, 텔레비전, 인터넷 등 일상적인 미디어는 그것을 수용하는 주체에게 다양한 어퍼던스affordance *를 제공한다. 집집이 놓여 있던 텔레비전은 여성청년들에게 수도권에 대한 구체적인 정보를 집이라는 공간으로 전달하는 역할을 했다. 이러한 정보를 바탕으로 여성청년들은 서울에 대한 다양한 이미지, 도시적 삶만이 아니라 이주 행위, 도시적 삶으로의 진입을 상상해낸다. 이는 서울이라는 물리적 공간이 갖는 이미지를 상상하는 것을 넘어 이주라는 구체적인 행위에 대한 상상이라는 점에서 의미를 갖는다.

　　미연 [서울에 올라오기 위한 준비 과정은] 대체로 인터넷 이용.

---

* 　미국의 심리학자 깁슨J. J. Gibson의 지각 이론에서 나온 개념이다. afford(제공하다)의 명사형으로, 어떤 환경에서 주체가 살아갈 때 환경은 주체가 활동할 가능성을 제공하는데 이 환경의 기능을 어퍼던스라고 한다(Urry, 2000/2012, 97).

그게 제일 컸던 거 같아요. 일단 서울에 있는 사람들의 이야기를 들어봐야 하니까?

인터뷰 참여자들은 80년대에 태어나 정보화, 디지털 문화, 영상 매체 확장 등을 직접 경험한 세대다. 1999년 PC 보급률은 1990년(인구 100명당 3.7대)에 비해 다섯 배 가까이 늘었고(18.2대), 같은 해 인터넷 이용자는 5년 전인 1994년에 비해 130배 증가했으며, 이동전화 가입자는 1990년 대비 250배 증가했다(주은우, 2010, 328). 요컨대 인터뷰에 참여한 여성청년들은 90년대 디지털 문화의 대중화를 선도했거나 대중화된 이후 세대로 상정된다. 가정에서 시청할 수 있는 방송 프로그램 채널이 다양했으며, 인터넷 문화를 일상적으로 접할 수 있었던 이들에게 미디어 테크놀로지의 지배력은 매우 강력한 것이었다.

특히 이들 여성청년은 미디어 테크놀로지와 일상이 결합된 다양한 사적 흔적을 접할 수 있는 환경에서 살아왔다. 사이버 공간 내에서의 개인적 공간 형성 — 다모임에서부터 싸이월드, 페이스북, 트위터, 인스타그램, 네이버 밴드 등 — 과 개인적 공간의 공적 개방은 많은 사람들로 하여금 다양한 사적 흔적을 접할 수 있게 했고, 이런 접촉은 이동이나 이주에서의 두려움, 공포 등을 없애고 낯선 공간에 대한 친밀성을 높이는 데 일조한다.

특히 통신과 관련된 미디어의 발달은 좁혀진 '거리감sense of distance'을 생성한다. 거리감은 거리distance처럼 물리적으로 경계 지어진 것이 아니라 거리와 관련된 심리적 감각을 뜻한다. 다시 말해 교통의 발달이 지역 간 물리적 이동시간의 단축을 가져왔다면,

통신의 발달은 소통에 필요한 시간적 간격을 줄임으로써 이주하고자 하는 공간과 자신이 속해 있는 공간 사이의 거리감을 좁힌다. 특히 디지털 테크놀로지가 만들어낸 가상적 연결성은 지리적으로 가깝지 않더라도 소통을 가능케 했다.

유수   [전화를] 자주 드리기도 하고, 자주 오기도 하고. 그건 지금도 마찬가지예요. 하루에 한 번은 엄마랑 전화하고 그래요.

혜령   부모님이랑 하루에 한 번? 엄마랑. 엄마 혹은 아빠랑 통화했지.

지애   [전화를] 엄마랑도 하고, 아빠랑도 하고. 매일매일. 지금도. 지금은 아빠랑 사이가 안 좋아서 못 하지만 어머니랑은 매일매일 통화해요. 그때는 아빠랑 한 번, 엄마랑 한 번, 하루에 두 번씩 부모님이랑 따로따로 했네요. 응. 왜냐면 그 정도로 아빠랑 사이가 좋았으니까.

명린   하루에 한 번 정도. 지금도 전화 안 하니까, 전화가 오네요(웃음).[*] 어제 전화를 안 드렸더니, 전화를 하시네요. 새벽 2시 이후에 퇴근하지 않는 이상 전화를 드리려고 노력은 하죠. 아빠한테는 요새는 일주일에 한 번? 아빠는 조금 더 멀어졌고. 엄마는 매일 하는 것 같아요.

*   인터뷰 도중 명린의 어머니로부터 전화가 왔다.

디지털 미디어의 개인화 및 이동화가 이루어지면서 사람들은 움직이는 순간에도 다른 사람들과 접속할 수 있게 됐다. 특히 이러한 미디어들 가운데 휴대전화는 가장 대중적이고 접근성이 높은 것 중 하나다. 인터뷰 참여자들 역시 현재 갖고 있는 미디어 중 가장 빈번히 사용하며 필수적인 것이 무엇인지 물었을 때, 전부 '스마트폰'이라고 응답했다. 이는 이동이나 이주를 수행하더라도 물리적으로 떨어져 있는 가족들과 접속할 가능성이 항상 존재함을 의미한다.

마이로위츠는 한때 소통과 여행(이동)이 동의어였다고 주장한다. 물리적 공간 내에서 소통할 수 있는 길은 도보 여행이 가능한 도로였고, 수로였으며, 철로, 항로였다. 요컨대 소통의 속도는 인간의 이동 속도에 의해 한계 지워졌다. 하지만 전화의 발명 — 나아가 PC 통신, 스마트폰에 이르기까지 — 은 이러한 공간과 정보의 관계를 완전히 무너뜨렸다. 그는 학생들이 집에서 멀리 떨어진 대학에 진학하는 것을 이전보다 덜 두려워한다고 주장하는데, 전화 한 통이면 집과 연결될 수 있기 때문이다. 또한 사회적 장벽으로서 물리적 거리는 소통의 거리가 축소됨에 따라 점차 비가시화되었다 (Meyrowitz, 1985).

휴대전화는 타인에게 감정적인 정보 전달을 가능케 한다. 특히 일상에서 다른 공간에 있는 부모와 '통화가 언제든지 가능'(이는 가족에 대한 의무인 동시에 감시 역할을 한다)하다는 사실은 공간과 공간 사이의 거리감을 좁힐 뿐만 아니라 인간과 인간 사이의 거리감을 좁히는 데 일조한다. 가상적 연결은 동일한 타임라인에 존재하는 것만 같은 감각, 자신이 혼자가 아니라는 감각, 혹은 이동이나 이주에 있어서 항상 가족이 함께한다는 감각을 제공하며, 이런 친밀한 감각은 낯선 공간에 대한 인지 및 감정이 변화하는 데 도움을 준다. 여성청년 이주민들은 휴대전화 같은 통신 미디어를 통해 낯선 공간에 대한 두려움이나 공포, 이질감을 축소시키고 공간을 적극적으로 상상하게 된다.

주체적 장소 만들기의 가능성

역사적으로 집은 사회적 의미가 계속해서 달라졌으며, 집이라는 공간 내에서의 물리적 공간 분할 또한 세월이 흐르면서 점차 모양을 달리했다. 집단적 의미가 강했던 집에서의 공간 분할은, 경제적으로 성장하고 중산층이 두터워지면서 점차 성별에 상관없이 가족 구성원들이 개인 공간(방)을 소유하는 방향으로 바뀌었다. 이런 개인적 공간이 존재한다는 것은 가부장적 권력 안에서 부분적인 자율성을 획득할 수 있음을 의미한다.

　오늘날에는 개인 공간을 소유한다는 것이 매우 자연스러운 일처럼 느껴질 수 있지만 아이들이 자기 방을 갖고 그곳에서 자란 역사는 그리 길지 않다. 1970년대 이후, 특히 80년대 중반부터 90년대 급격한 경제 성장을 거친 한국에서 가족 형태가 대가족에서 핵가족으로 옮겨 감에 따라[*] 도시 주택에 사는 아이들은 자기만의 방

---

[*]　　"부부만 사는 1가구 가족의 비율은 80년 9.0%, 90년 12.0%, 95년 14.7% 등 90년대 이후 급증했다. 이뿐만 아니라 핵가족 비율 또한 80년에 이미 74%에 접어들어 세

연도별 1인가구 규모(2000~2019)

인구총조사(통계청, 2019)

□ 일반가구 ■ 1인가구 ○ 1인가구 비율

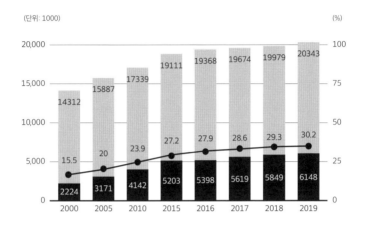

(단위: 1000)   (%)

을 갖기 시작했다. 이전까지 혼자만의 공간에 익숙하지 않았던 가족 구성원들, 특히 아이들은 자기 공간을 갖게 됨으로써 부분적인 독립을 경험하게 됐고, 이를 통해 독립을 욕망할 수 있는 주체로 자라났다. 실제로 1인가구 수는 1990년대 이후로 계속 늘어났으며, 2000년대 이후에는 급증했다. 1인가구 청년들 중 다수는 어릴 때 자기 방에서 자란 경험을 갖고 있다.

2019년 통계에 따르면 1970년 4.53명에 달했던 합계 출산율

대별 가족 구조가 핵가족화되었다고 볼 수 있다." 〈〈사회통계〉 혼자 사는 가구가 8가구 중 1가구〉, 《연합뉴스》, 1997. 12. 20.

(한 여성이 평생 동안 낳는 평균 자녀 수)은 꾸준히 감소하여 1980년에는 2.82명, 1985년 1.66명, 2006년에는 1.32명, 2012년에는 1.3명, 2019년에는 0.92명을 기록했다. 이처럼 출산율이 낮아지면서 한 가정당 평균 자녀 수가 감소한 데 비해 평균적인 주택 규모는 커졌다. 더불어 한국뿐만 아니라 전 세계적으로 중산층 가정에서는 아이들에게 사적 공간을 제공하는 것이 점차 부모의 의무가 되었다.

> **리지** 태어날 때부터 내 방이 계속 있었어. 내가 기억하는 거는 내가 항상 일상적으로 내 방에 있었어. 그런데 애기 때는 안 그랬겠지. 완전 세 살 막 이럴 때는? 그런데 어쨌든 내가, 유치원 다니고 이럴 때도 나는 방이 있었어.

> **지현** 나는 어렸을 때부터 내 방이 있었어. 아주 어렸을 때부터. 일곱 살 때부터. 남동생은 엄마 아빠랑 같이 자고. 나는 일곱 살 때부터 나 혼자 잤어. **왜 그렇게 일찍부터 혼자 잤는지?** 나는 좀 별난 아이였나 봐. 무섭기도 했어. 그런데 무서움을 즐겼어. (중략) 혼자만의 공간에서 혼자 책 보고. 어렸을 때 나 책 보는 거 진짜 좋아했거든. 독서왕이었어. 그때 책 보는 거나 누군가의 감시 안 받고 나 혼자만의 공간을 가진 걸 너무 너무 좋아했었어.

사적 공간에 대한 보편적 상상 중에는 사적 공간 내에서의 개인적 행위가 타인에게 공개되지 않으리라는 무의식적 믿음이 존재한다. 다시 말해 사적 공간은 '비밀을 품을 권리'(Perrot, 2009/2013, 141)가 있는 여러 형태 중 하나다. 방을 가질 권리는 감시를 벗어나 독립성과 자기 존중을 보장하며, 특히 자기 방을 소유할 수 있다는 것은 다양한 행위를 할 수 있음을 의미한다.

인터뷰 참여자 열두 명 중 혜령을 제외한 열한 명은 자기 방을 가진 경험이 있다고 응답했다. 리지는 자기 방을 가진 경험이 매우 일상적이었음을 이야기했고, 현민은 이사를 통해 좀 더 넓은 집으로 이동하면서 방들이 서로 분리된 경험과 사적 공간을 소유하게 된 경험을 말했다. 민영, 지현은 처음 사적 공간을 갖게 되면서 느꼈던 감각이나 감정 변화에 대해 이야기했는데, 둘 모두 처음에는 사적 공간에 혼자 있는 것에 두려움을 느꼈지만 점차 거기에 익숙해지면서 사적 공간에서의 행위에 대한 감각이 변화했다고 말했다. 특히 지현은 사적 공간에서 감시 받지 않고 행동할 수 있었기 때문에 일상적인 행위가 더욱 즐거웠음을 언급했다.

클라이넨버그(Klinenberg, 2012/2013)는 맞벌이 가정 아이들이 늘어나면서 그들이 자기 방을 갖는 것은 매우 자연스러운 일이 됐다고 주장한다. 또한 많은 경우에 가족 규모는 줄어들었지만 주택 및 아파트의 공간적 규모는 커졌다. 지금은 공적 공간 내에서도 디지털 미디어를 통해 사적 공간―혹은 사적 장소감―을 만들어낼 수 있지만, (예컨대 우리는 지하철이라는 공간에서 음악을 듣거나 유튜브를 보면서 공적 공간의 요소를 차단할 수 있게 됐다) 이러한 미디어가 대중적으로 보급되기 이전에는, 그들은 각자의 방을 소유하게 되면서 혼자 살아가는 방법을 배우고 간접적으로 경험할 수 있었으며(74~75), 방 안에서 그들 각자의 발전을 위해 노력을 기울였다.

그렇지만 동시에 그들은 집 안에서 자신의 방이 완벽한 사적 공간이 될 수 없는 한계 또한 지적했다.

지현 텔레비전이 내 방에 있었으면 좋겠는데, 텔레비전이 항상 할머니 할아버지 방, 엄마 아빠 방에만 있어. 근데 울 아빠는 텔레비전을 못 보게 하는 사람이니까 몰래 스윽 숨어 들어가서 할매 방에서 텔레비전을 보기도 했지. 근데 들키면 막 혼나고. **비디오도 많이 빌려봤어요?** 비디오도 많이 빌려봤지. 근데 울 아빠 없을 때만 봐야 하니까.

리지 내 방이 없어봐야지 독립적이고 자유로움을 느낄 텐데, 계속 내 방이 있었으니까. 그리고 우리 부모님은 시도 때도 없이 [내] 방에 들락거리시니깐. 이 공간은 나만의 공간이다 이런 건 없었던 거 같고. **그게 싫었던 거였을 수도 있겠네?** 뭐 사춘기 지날 때부터는 문 잠가놓고 이랬지? **뭐 했길래?** 아니 그냥, 누가 들어오는 게 싫었어. 아무것도 안 해도. 라디오를 듣거나 친구랑 통화를 하거나. **방에 전화기가 있었어?** 아니 무선 전화기. 혹은 내 핸드폰. 내가 중학교 때부터 핸드폰이 있어서, 그때부터 그냥 친구들이랑.

앞서 사적 공간을 소유하는 즐거움을 설명했던 지현은, 하지만 영화를 보기 위해서는 자신의 공간이 아닌 '아버지의 공간'—주요한 미디어가 위치해 있는—으로 이동해야 했고, 그럴 때마다 아버지의 감시를 벗어날 수 없다는 한계점을 느꼈다고 토로했다. 지현은 사적 공간은 소유할 수 있었지만 텔레비전이나 비디오 플레이어로 대표되는 미디어는 공동의 것이었으며 사용하는 데에도 한계를 느꼈던 것이다. 때문에 그녀는 더 많이 '밖으로', 즉 상대적으로 훨씬 더 공적인 공간으로 이동하여 미디어를 접했다고 이야기했다.[*](앞선 인터뷰에서 지현은 자신을 "문화 예술에 대한 욕구가 되게 센 사람"으로 묘사했으며, 서울로의 이주 역시 이러한 욕구에서 비롯됐다고 설명했다)

한편 리지는 어릴 적 자신의 방에 대해 '나 혼자만의 공간'이라는 감각을 갖지 못했다고 말했다. 언제든 자기 방을 침입할 수 있었던 부모님 때문이었는데, 이 때문에 리지는 사춘기가 지나면서부터 방문을 잠가놓기도 했다. 방 안에서 특별히 뭔가를 하지 않아도, 자신의 사적 공간이 침범당하는 것이 싫어 부모님이 들어올 수 없도록 차단한 것이다. 이와 반대로 보라는 '오해'를 받을까 봐 걱정되어 문을 잠가놓은 적이 없다고 응답했다.

> **보라** 문은 안 잠갔어. 오해 받을까 봐. 오해 받는 게 싫어. 나는 그런 게 있는 거 같아. 오해하기 전에 안 하게끔 미리 생각을 하는 거 같아. 자연스럽게 하는 게 아니라, 내가 이렇게 하면 사람이 오해할 수 있으니까 내가 처음부터 그런 행동 안 해야지, 그런 생각을 해. 의식적으로.

보라는 어릴 적 어머니로부터 받은 집착적인 감시[**]가 가족과 딸

---

[*] "아 맞어, 그러니까 우리 아빠가 비디오 보는 걸 허락을 안 하니까, 내가 스스로 찾아서 영화 보러 많이 다닌 것 같은데."

[**] "몇 번 말했지만, 엄마의 간섭이 굉장히 심했기 때문에 어렸을 때부터. 뭐, 8시 이후로 귀가하는 일이 있을 수 없었어. 학원 갔다가 와도 5분 정도 늦으면 엄마가 오해하고 나를. '너 어디서 놀다 왔냐, [같이] 있던 사람 연락처 알려달라, 친구 연락처 알려달라' 이랬어. 내 친구들은 엄마랑 통화해본 사람 많아. 너무 답답했어. 아빠가 항상 그러지 말라, 얘는 잘 하는 아이인데 왜 계속 가두냐 [그러고]. 나 아빠 앞에서 막 울고. **남동생은 간섭 안 받았어?** 응, 안 받았어. 별로. 그런데 나한테 이렇게 하니까 내가

어져 이주를 결심하게 된 가장 큰 이유였다고 응답했는데, 문을 잠가놓지 않은 것은 그녀가 자신의 사적 공간(방) 내에서조차 공적 감시를 느꼈음을 의미한다. 그녀는 가족의 감시에 대한 방어로 자신의 방 안에서도 오해받지 않을 만한 행동을 지속적으로 수행했다. 이러한 사례는 '자기만의 방'을 가졌으나 동시에 그 '방'이 가족의 감시망에서 벗어날 수 없는 공적 체계 안에 존재함을 반증한다.

> **현민** 저는 제 공간에 대한 욕구가 되게 심한 편인데, 근데 또 엄마 집에, 가족 집에 있어도 제가 원하는 대로 인테리어를 다 할 수 있는 건 아니잖아요. 중고등학교 때는 저한테 경제력이 없으니까 다 엄마가 사주거나, 하다못해… 도배도 되게 큰일인데 마음대로 못하니까. 집에 있는 제 방이 편하긴 했는데, 그래도 거기가 오래 머물 곳이라고 생각 안 했어요. 왜냐면 내가 나가서 따로 꾸밀 거니까. **고향 집이 자기 집이라고 생각 안 했던 거예요?** 으응. 혼자 사는 독립 여성을 꿈꿨어요. 혼자 내가 집 문 따고 들어가는? 근데 그게 너무나 힘든 일이란 걸 알았죠. 전 그게 쉬울 줄 알았어요.

현민은 더 나아가, 아무리 자신의 방을 점유하고 있다 하더라도 '엄마 집'에 있는 방은 결코 자신의 소유가 될 수 없음을 파악하고 있었다. 그녀는 가족과 함께 살았던 집에서의 자기 방이 '오래 머

좀 힘들어가지고 하다가, 복합적이었지. 그래서 집을 좀 나가고 싶다, 대학 가면은 꼭 집을 나가고 싶은데 무조건 부산에서 대학을 절대 안 갈 거다, 최대한 멀수록 좋다, 이런 생각을 했고."

물 곳'이 아니라고 표현했다. 다시 말해 그녀에게 사적 공간과 집은 엄연히 다른 개념인 것이다. 가족들과 함께 사는 집은 결코 완벽한 사적 공간이 될 수 없다는 것이 그녀의 생각이었다.

공적 공간과 사적 공간이라는 이분법은 단순한 이중성 이상의 복잡한 의미를 갖고 집 내부에서 구체화된다. 가족 구성원 개인은 집 안에서 자신의 방을 할당받으면서 가족과 분리된 사생활을 갖게 되지만, 가족 간 공동체 활동이나 친목 도모, 스케줄 조정(예컨대 화장실 사용이라거나 식사 시간, 귀가 시간 등) 등과 같은 압력으로 인해 사적 공간의 경계가 모호해질 때도 있다. 하지만 자기만의 방을 요청하고, 그 방에서 독립적인 생활을 경험하는 것은 인터뷰에 참여한 여성청년 이주민들에게 주체적 장소 생산의 가능성을 제시한다. 요컨대 각자의 방을 소유했던 경험은 이들에게 아버지 권력을 중심으로 형성된 '방'들이 모여 있는 '집'을 벗어나 자기만의 방을 갖고 싶다는 욕망을 생산해낸다.

인터뷰에 참여한 이들이 이주를 결정한 이유는 다양하지만, 이런 이유를 크게 두 가지로 나눠 분석해볼 수 있다. 하나는 당시 상황에 대한 불만으로 인한 탈출 욕구다. 기존의 집에서 탈출하고자 하는 욕망은 결국 가부장적 집으로부터 탈출하고자 하는 욕망이다. 가족의 보수적인 태도, 그로 인해 생겨나는 반발심, 가족 제도의 불합리함에 대한 실망 등은 여성청년들에게 이주 욕망을 불러일으킨다. 우리는 이들을 '남성 중심적 장소를 떠나는 여성 주체'로 해석할 수 있을 것이다.

다른 하나는 미디어가 제공하는 다양한 이미지 및 정보를 바탕으로 여성청년들이 만들어낸 '서울'에 대한 미래지향적 상상에서 비롯된 발전 욕망이다. 여성청년들은 사적 공간이자 남성 중심적 장소인 집에서 전형적 여성성을 강요받지만, 동시에 사회라는 공적 공간에서는 젠더 이분법에서 벗어나 발전해야 하는 주체로 호명된다. 그들은 자발적으로 이주에 대한 욕망을 갖기도 하지만, 비자발적으로 이주해야 한다는 의무감에 시달리기도 한다. 그들은 미디어를 통해 정보를 제공받고 서울에 대한 이미지를 수용하면서 점점 거리감을 좁혀나가며 이주를 상상하게 된다. 이 지점에서 여성청년들은 이상적 여성 주체를 욕망하는 존재가 된다.

여기서 자기만의 방을 갖는 경험은 불만이나 탈출 욕구, 상상이나 발전 욕망을 이어주는 매개로서의 장소가 된다. 여성청년들은 자신의 방을 남성적 장소인 집에서 여성 주체적 장소로 채워나가고자 노력하지만, 결론적으로 방은 매우 부분적인 여성 주체적 장소성을 지니고 있다. 결국 방은 집의 일부이며, 남성 중심적 질서가 내재화된 집의 감시망을 완전히 벗어날 수 없기 때문이다. 하지만 이 경험은 여성청년들에게 집을 떠나 자신의 집을 가질 수 있으리라는 가능성과 기대를 제공한다.

이주민과
도시

여성청년 이주민들이 처한 사회문화적 혹은 개별적 상황은 이주에 대한 열망을 비/자발적*으로 생산한다. 앞서 인터뷰에 참여한 여성청년 이주민들은 다양한 이유로 이주를 결심하고 집을 벗어나 '집으로서 자기만의 방'을 소유하고자 했다. 이 장에서는 이들이 수도권으로 진입하면서 겪는 다양한 공간적 경험을 살펴보고

---

* 　여성청년 이주민들은 다양한 형태의 욕망을 통해 이주를 결심했는데, 이러한 결심에는 자발적인 독립에 대한 의지뿐만 아니라 그것을 당연시하는 사회적 분위기가 미친 영향도 컸다. 이는 앞선 인터뷰에서 겉으로 드러나지는 않았지만 다양한 단어의 무의식적인 반복을 통해 언급됐다. 그들은 매우 독립적으로 부모에게서 떨어져 나가고 싶어했지만 동시에 자기계발이나 취업, 혹은 교육이라는 단어를 언급함으로써 이주라는 것이 매우 당연한 절차인 것처럼 말했다. 이 책에서는 이처럼 자발적이면서 사회적으로 체화되어 이주를 당연한 것으로 생각하는 비자발적인 이주민의 삶을 하나의 단어로 고정하지 않고 동시에 수사하고자 비/자발적이라는 용어를 사용하고자 한다.

자 한다.

기존의 가족으로부터 독립해 다른 곳에 집을 만들어가는 과정은 점점 더 많은 인구가 보편적으로 겪는 일이다. 이주를 하는 이들은 그들 각자의 경험을 통해 새롭게 이주한 도시 공간에 점차 익숙해진다. 나는 인터뷰 참여자들에게 이주하면서 서울이라는 공간에 대해 느꼈던 인상을 물었고, 이러한 감각이 시간이 흐르면서 어떻게 변화했는지 알아보고자 했다. 특히 새로운 물리적 환경 내에서 이주 공간을 경험하면서 장소감이 어떻게 점진적으로 발현됐는지(투안의 말에 따르자면, "낯선 마을이 점차 친근한 장소가 되었다") 알아보고자 했다.

더불어 이들에게 현재 살고 있는 집뿐만 아니라 어떻게 수도권으로 이주하여 어떤 과정을 거쳐 수도권에 거주하게 됐는지도 질문했는데, 고향을 떠나 수도권으로 이주하면서 집을 찾고 거주하는 경험이 반복될 경우 현재의 정주 감각이 자연스럽게 여겨질 수 있기 때문이다. 과거 경험을 토대로 자신의 이동 및 거주 역사를 되짚어보는 일은 현재 당연한 것처럼 느껴지는 감각을 낯설게 만든다는 점에서 중요하다.

여성청년 이주민들은 크게 세 단계를 거쳐 집의 장소화 과정을 밟아나간 것으로 보인다. 첫 번째 단계는 수도권으로 진입하여 낯선 공간에 대한 탐색을 시작하는 시기다. 이때 그들은 상상하던 이주를 실제로 수행하고 낯선 공간을 인지하기 시작한다. 가족을 떠나 처음으로 혼자 살게 되면서 공간에 대한 지식을 쌓고 정보를 습득하는 단계라 할 수 있다.

두 번째 단계는 낯선 집에 익숙해지기 전까지 다시 고향 집으로 회귀하면서 장소감을 회복하려 드는 것이다. 그들은 이 단계에서 집이 이전까지 겪었던 집과 또 다른 의미를 가질 수 있음을 이해해 나간다. 하지만 그들은 고향 집이 더 익숙하기 때문에 수도권에 있는 집과 분리하여 사고하고자 한다.

마지막 단계는 자신의 집을 장소화하고 자연스럽게 생활하는 것이다. 가족과 떨어져 살며 의미를 만들어낸 장소가 자신의 집이 되고, 그곳에서 일상을 보내는 것이 익숙해진 단계라 할 수 있다. 이처럼 각자 자신의 집을 만들어가는 과정을 1) 진입하기 2) 회귀하기 3) 정착하기로 나누어 살펴보았다.

1) 진입하기

앞서 우리는 여성청년 이주민들의 물리적인 이동, 그들이 이주를 결심하기까지의 사회문화적이고 역사적인 조건과 환경을 살펴보았다. 이러한 상황에는 교통 및 통신 발달, 핵가족화에 따른 사적 공간 소유의 용이함이라는 사회적 맥락뿐만 아니라 자신을 이주 행위에 적극적으로 위치시키고자 하는 그들의 개인적 욕망—서울에 대한 지리적 상상과 가부장적 가족 제도에서의 탈출—이 포함되어 있었다. 이처럼 적극적인 의지로 이주를 결심한 여성청년들이 이주 후 낯선 공간을 어떻게 인지했는지 알아보고, 이를 바탕으로 이동 및 거주에 관한 감각이 어떤 과정을 통해 변화하는지 살펴보기 위해 먼저 진입 초기에 수도권에서 받은 인상을 물었다.

지현 그 이전에는 서울에 한 번도 와본 적이 없어요. 그런데 입시를 하면서 서울에 오게 됐고, 집을 구하면서 서울로 완전히 올라왔지. 짐을 아빠 차에 다 싣고, 엄마랑 아빠랑 그 차를 타고 와서 내 짐을 올려다놓고, 엄마랑 헤어지면서 엉엉 운 기억이 있지.

지애 서글펐죠. 기차 타고 처음 올라오는 그 순간부터 되게 겁났는데. (중략) 되게 그냥 떨린 거죠. 낯선 곳이니까 떨렸고. 그냥 그 순간에 그때를 생각하면 딱 하나 기억에 남는 게, 음. 기차 타고 내려서 거기(서울역) 앞에 대우빌딩 있잖아요. 그 빌딩이랑, 되게 그 빌딩이 되게 압도적이었어. 아, 서울이 이렇게 압도적인가. 이런 느낌? 생각이 들었고. 나중에 삼촌 차를 타고 집으로 가는 길에 막, 언덕까지 빼곡하게 집이 차 있는 모습을 보면서 아 진짜 사람이 많겠다, 부산도 도시긴 하고 우리 동네도 산동네까지 집이 있긴 한데, 저렇게 집이 많은데 내 집은 없다 이런 생각도 했고.

미연 사람이 엄청 많다? 저는 아직도 전주 내려가면 너무 대비가 돼서. 일단 차? 차가 많이 없거든요. 사람도 많이 없고. 10시가 되면 차가 끊기고 이러니까. 그게 아직도 너무 낯설고 그런 거예요. 되게 느리게 가는 것 같고, 전주가. 시간적으로. 진짜로. 그래도 '여기서(서울에서) 살아야지', '살고 싶다'라는 생각하면서, '못 살면 어떡하지' 하는 복잡한 마음… 가끔은 지금도 익숙하지 않은 순간이 있긴 한데, [서울에서 못 살게 될까 봐] 엄청 답답해요.

현민 사람이 너무 많다. 사람이 없는 데가 없다. 그래서 스트레스를 많이 받았어요. 그니까 지금도 소리가 너무 시끄럽잖아요. 그렇게 알게 모르게 쌓이는 부담? 귀에도 부담이 생기고, 눈에도 부담이 생기고. 저 원래 좀 조용한 걸 좋아해서. 정신이 없고, 에너지가 소모되는 느낌을 많이 받았고.

인터뷰 참여자들이 서울이라는 도시에 처음 닿았을 때 느꼈던 가장 일반적인 감각은 '긴장감', '서러움', '공포', '낯섦' 등이었다. 이는 자신의 사적 공간(방)을 처음 가졌을 때의 감각과 유사한데, 물리적인 이동을 통한 새로운 공간으로의 접속—혹은 접촉—이 자발적 의지에 따른 것이라 하더라도 여전히 친밀한 공간과는 다른, 매끄럽지 못한 감각, 그로 인한 슬픔이나 두려움이 가장 많은 부분을 차지했다. 감각이나 감정은 매우 복합적인 층위를 가지며, 그중 압도적인 감정은 신체로 느끼기도 한다. (문화적 공간으로서 서울에 대해 강하게 매료됐고, 이주 욕구가 강했던) 지현이 부모가 떠나고 그 공간에 혼자 남게 됐을 때 "엉엉 운 기억"이 있다고 말했듯이 말이다.

지애는 처음 이주 당시 친척 집에 '얹혀살다'시피 했는데, 수많은 건물이 세워진 풍경에 서울에 대한 위압감을 느꼈다고 말한 그녀는 자신이 이주해 왔으나 정착할 곳은 없음을 지각하고 있었다. (그녀는 첫 이주 후 6개월간은 외삼촌 집에 머물렀으나, 외삼촌의 경제적 상황으로 인해 대학 근처로 다시 이주했다) 그녀는 정착하지 못하는 불안정한 상황을 서글픔과 소외의 감정으로 표현했다. 한편 서울에 대해 사람과 차가 너무 많다고 느꼈음을 말한 미연은 그것이 고향인 전주에서 느꼈던 시간적 흐름과 대비되었다고 언급했다. 현민은 지현과 마찬가지로 감정적인 부분을 몸의 변화로 인지했는데, 처음 낯선 공간을 인지하고 이주를 경험했을 때 "에너지가 소모되는 느낌"이었다고 말했다.

여성청년 이주민들이 인터뷰에서 언급한 낯섦과 소외의 감정은 그들이 새로운 환경에 자리 잡고 새로운 지리적 위치를 점유하면서, 공간의 변화를 인지하면서 생성된 것이다. 이러한 감각은 그들이 자발적으로 경험한 것이기도 하지만 새로운 공간이 부여한 감각이기도 하다. 수도권이라는 공간, 거기에 집중되어 있는 사람과 건물 등의 배치는 친밀한 공간에서 가졌던 안정감과 그로 인한 무감각함에 변화를 주면서 기존의 감각 체계를 변형시킨다.

보라 두려운 건 있었지. 처음 중국 갔을 때만큼은 아닌데, 나이가 또 있기 때문에, 그거는 아닌데, 교통이라던가 지리 이런 걸 내가 원래 잘 몰라가지고. 뭐 어디서 놀아야 할지 모르고, 뭐 해야 할지 모르고, 뭐가 맛있는지 모르니까 되게 그런 거에 대해서 트렌디해져야 하는데 그걸 모르면 되게 불안하잖아. 사람이. 그거 때문에 내가 좀 짜증났지.

리지 지하철이 복잡하다? 불편했지. 내가 대학을 딱 올 당시에는 [고향에] 지하철이 없었기 때문에, 그리고 내가 지하철이 있는 도시를 가더라도 이렇게 복잡한 지하철 노선은 아니었기 때문에. 항상 긴장하고 다녔던 기억이 있지. 1학년 때. 두려운 건 아닌데 긴장을 좀 하니까 약속 시간보다 좀 더 빨리 나간다든가, 이런.

명린 낯선 곳에 오면서 길을 모르면, 전 진짜 우울해져요. 무서워요. 처음에 서울에서 지하철 타는 것도 되게 무서웠는데, 너무 어려웠어요. 환승 이런 것도 너무 어려워가지고, 처음에는 정말 멘붕이 오다가. 그래서 항상 지하철 노선도 비치돼 있었던 거 있잖아요. 예전에 스마트폰 없을 때. 그거 맨날 보면서 막 정말 공부할 정도로. 끝과 끝, 1호선 끝과 끝 역이 뭔지 항상 알고 있었어요. 부산 사람인데도 불구하고. 도봉산 방향, 소요산 방향 이런 거 있잖아요. 그것 때문에 굉장히 공부 많이 했고, 그 이후로는 지도 앱을 보면서 목적지 찍고 가는 걸, 그걸 하기 때문에, 어떻게 보면 얘(스마트폰)의 가장 순기능은, 저한테는 지도라고 볼 수 있죠. 누구한테 연락 오고 그거는 크게 개의치 않는 것 같아요. **낯선 거리에 대한 불안감이 있다?** 네. 부산은 지금 어딜 가도 다, 익숙해요. 어느 동네를 가도.

투안은 지리적 지식이란 거의 방문한 적 없는 장소와의 공간적 관계를 의식적으로, 이론적으로 이해함을 의미한다고 주장한다 (Tuan, 1977/1995, 134). 투안이 개념화하고 있는 '지리적 지식'의 층위는 주체의 공간적 경험이 뒷받침되어 있지 않는 이상 매우 추상적이며 불안정하다. 미디어의 발달 덕분에 경험해보지 못한 공간에 대한 지리적 지식의 층위(유사-경험의 수위)가 높아졌을지라도 공간 내 경험적 정보가 축적되어 있지 않은 여성청년들은 낯선 공간에서의 이동을 두려워할 수밖에 없는 것이다.

이러한 두려움/불안감 등의 부정적인 정서는 여성청년 이주민들이 첫 이주를 경험한 직후의 즉각적 표현—혹은 반응—과 관련 있는 것으로 보인다. 특히 수도권이라는 공간에 대한 첫인상은 공간이 주는 수동적인 정서에 가까운 것으로 해석될 수 있다. 스피노자(Spinoza, 1977/2006)는 마음의 바탕인 감정affect이 정서emotion와 느낌feeling으로 나누어져 있다고 주장한다. 그는 감정을 이루고 있는 정서는 매우 수동적이라고 설명했다. 여성청년 이주민들이 수도권의 첫인상과 관련하여 두려움이나 불안감 등을 설명할 때는 상대적으로 구체적인 상황이 존재했고, 그러한 감정은 순간적인 기억에 각인되어 있는 경우가 많았다. 그러나 그들은 동시에 낯선 공간에 대해 부정적인 감정과 상반되는 감각을 갖고 있었는데, 이는 '새로움' 혹은 '설렘'과 같은 긍정적인 의지와 가까운 단어로 언급되었다.

영지 되게 뭔가 이제 긴장하지 않으면 코 베어갈 것 같은, 깍쟁이들의 뭔가, 그런 느낌이 있었지. 우리는 또 여기 연고가 없어가지고. 친척도 없고. 혼자라는 생각이 있었지. **무섭진 않았고?** 설렘이 더 컸던 것 같아. 뭔가 새로움이라는 설렘이.

미혜 서울요? 전체적인 그림은 안 그려지는… 처음 갔을 때는 롯데월드, 이런 거였거든요. 수학여행 가면. 아니면 서울에 그때 제일 기억나는 게, 모의 유엔(UN) 이런 거 가니까 서울 애들 날고 기는 애들 많네, 이런 생각이랑. 서울 애들 다 저러나 봐, 이런 생각하고. 낯설거나 하지 않았고. 어떻게 보면 저는 중학교 때 캠프를 먼저 갔거든요? 외국에 사이판? 이런 데. 영어 캠프 이런 데 가고. 외국 나갈 기회가 조금 있었거든요. 그걸 혼자 하다 보니까 별로 그런 낯선곳이나 좀 안 가본 거에 대해서 기대는 있지 두려움 같은 건 없었거든요. 원래 제가 좀 그런 거 같아요.

민영　서울로 올라왔을 땐 아무래도 처음에 광주에서 겪었던 게 있으니까. 마음이 그렇게 불편하지도 않고, 그것보다는 이제 새로운 직장을 잡는 거니까. 거기에 대해서 더 두려움이 많았지, 새로운 곳에 온다는 거에 대해서는 그렇게 두려움이 없었어요. 서울은 오고 싶었던 곳이니까.

앞서 이주에 대해 "가족한테서 떨어져 있어보고 싶었"음을 고백했던 영지는 수도권에 대한 전반적인 인상을 설명하면서 두려움보다는 설렘이 더욱 컸다고 말했다. 영어 캠프를 비롯해 기숙사 고등학교 등 이미 이주 경험이 있는 인터뷰 참여자이자 스스로에 대해 겁이 없고 "오히려 독립하고 싶었"다고 말한 미혜 역시 수도권으로 진입하는 데 두려움보다는 기대가 있었다고 기억했다. 이는 울산에서 대학 진학을 위해 광주로 이주한 경험이 있는 민영도 마찬가지였다. 그녀는 새로운 공간보다는 직장 생활(민영은 근무지를 옮기면서 서울로 이주했다)에 대한 두려움이 더 컸다고, 서울은 "오고 싶었던" 공간이었기 때문에 두려움이 없었다고 응답했다.

사실 정서는 신체 상태에 대한 즉각적 반응인 반면, 느낌은 어느 정도 능동적인 것으로 설명된다. 즉 새로운 공간에 대한 즉각적인 반응은 부정적인 감정 언어로 서술되는 경우가 많았으나 이주에 대한 의지나 행동에 대한 개인의 서사는 긍정적인 단어로 서술되는 경우가 많았다. 특히 이주 직후에는 "엄마랑 헤어지면서 엉엉 운 기억"이 있다고 말했던 지현은, 이주에 대한 전반적인 감정을 설명할 때는 자신이 매우 독립적인 성격이기 때문에 두려움보다는 '즐거움'이 컸음을 이야기해 공간에 대한 이중적인 정서의 층위를 드러냈다.

지현 어렸을 때부터 많이 독립적인 성격이어서 집 떠나는 걸 너무 좋아했네? 그래가지고 초등학교 5, 6학년 때도 캠프 이런 거 하면 무조건 가야 해. 집을 떠나면 다 좋아. 그래서 집 떠나는 거에 대한 두려움이나, 그런 거보다는 흥미진진했어. 그래서 그 옛날에 새마을호 타고 서울 오면 '꽃이 피네, 종이 울리네' 서울 찬가 그게 들리면 가슴이 두근두근하면서 드디어 새로운 세계구나 이런 느낌이었지, '아, 두려워, 내가 못하면 어떡하지' 이런 생각은 별로 없었어. 복잡하지만 뭔가 나는 너무 열망과 뭔가… 내가 뭔가… 할 수 있는 기회의 땅이면서 촌스럽긴 하지만 촌년이 서울로 입성했을 때 그 기쁨을 나는 엄청 누렸고, 즐겼어. 좀 두려워하거나 향수병 있는 친구들도 있었고 분명히. 우리 동생 같은 경우도 부산에서 엄청 잘 까불고 놀던 애다 보니까, 진짜 한 달에 한 번씩 [부산에] 내려갔었어. 거의 초반에는. 그리고 자기는 "내는 서울에서 안 살 끼다" 이런 멘트를 되게 많이 했었단 말이야. 그런데 나는 그런 생각을 단 한 번도 해본 적이 없었어.

혜령 나한테는 서울이라는 곳이 무섭고 이런 공간은 전혀 아니었고, 오히려 되게 생경한 뭔가. 신… 기하면서도 약간은 두렵지만, 그게 두려운 게 싫지 않은, 흥분되는, 그런 생경한 공간이었던 것 같아.

공간은 사람들과 문화, 다른 공간들과 관계를 맺으며 정체성이 형성되고 점차 장소가 된다. 사람들은 직/간접적으로 공간을 경험하면서 중요성을 부여하고, 각자 그들만의 장소를 만들어나간다. 이러한 장소성은 단순히 이성적 경험으로만 이루어지는 것이 아니라 상당 부분 정서적 경험으로도 구성된다. 그리고 장소에 대한 정서적 경험은 수동적인 차원과 능동적인 차원을 오가며 유동적으로 구성된다. 이는 장소가 단순히 주어진 것이 아니라 주체의 사회적 관계에 의해 인식되고 변화하기 때문이다.

수도권으로의 이주를 경험한 여성청년들은 낯선 공간과 마주하며 이주에 대한 복합적인 정서적 층위를 갖게 된다. 이는 공포나 위험, 불안감 등의 정서적 개념이 가지고 있는 실제와 가능성 간의 유동성 때문이다. 사실 이러한 불안감이나 두려움과 같은 정서적 개념은 긍정적 결과를 불러일으킬 수 있는 측면 또한 갖고 있다. 이주의 독립적인 행위 주체로서 여성청년 이주민들은 이러한 불안감이나 두려움이 독자적으로 존재하는 것이 아님을 알고, 이를 설렘이나 기대감으로 극복하고자 했다.

이처럼 이주를 통한 새로운 공간으로의 진입은 여성청년들로 하여금 다양한 감각을 불러일으킨다. 낯선 공간으로의 이동은 이전까지 너무나 당연하게 여겨졌던 주변의 공간 요소—거리, 교통, 건물, 사람 등—를 재인식하는 계기가 된다. 이로 인해 생겨나는 감정의 스펙트럼은 두려움이나 불안, 슬픔 등 부정적인 것만이 아니라 새로움, 설렘, 기대감 등 긍정적인 요소 또한 포함하고 있다. 이렇듯 다양한 감각 요소는 이주 후 여성청년 이주민들의 일상 행위와 장소감 형성에 복합적인 영향을 미치게 된다.

2) 회귀하기

집이란 방문하거나 거쳐가는 공간이기도 하지만 본질적으로 머무는 장소라는 특성을 갖는다. 사회에서 출산, 교육, 의식주, 안전, 건강, 돌봄을 담당하는 장소가 바로 집이다. 사람은 태어날 때부터 집에 거주하는 것을 매우 자연스럽게 받아들인다. 집은 그들에게 다양한 의미를 제공하는데, '가족'이라는 사람과의 관계, 집에 대한 '소유 의식', 돌아가야 할 곳이라는 '회귀'의 감정 등이 바로 그것이다. 이러한 의미를 익숙하게 집의 의미와 등치시키던 청년 주체에게 새로운 공간으로의 이주 및 정착은 이전까지의 집과 다른 의미의 주거 경험을 만들어낸다.

앞서 여성청년 이주민들이 넓은 스케일의 '도시 공간'을 인식하며 느꼈던 인상의 형태를 질문했다면, 여기서는 그들에게 이주 후 '정착의 장소'라 부를 수 있는 새로운 '집'이 그들에게 어떠한 감각을 부여했는지에 대해 물었다. 특히 이주하기 전 집의 장소성과 새로운 집의 장소성이 어떠한 관계를 맺고 있는지 알아보기 위해 인터뷰 참여자들에게 이주 직후 거주의 감각이 어떠했는지 질문한 뒤, 고향으로의 회귀를 통해 느꼈던 감각과의 연관성을 알아보고자 했다.

> **미혜** 음… 좀 불안도 불안이지만 눈치. 남의 집 밑에 있다는 그 눈치. 화장실 쓴다고 해도 뒷사람이 들어오니까 빨리 비켜줘야겠다? 이 생각도 들고. 하숙할 때는 하숙마다 다른데 거의 층별로 같이 쓰잖아요. 서너 방이 같이 쓰죠. 불편하고, 제가 아침형 인간이라서 빨

리빨리 하거나.

지현 그 당시 35만 원, 45만 원 사이면 밥 괜찮고 그런 집에 있을 수 있었는데, 대신 허름한 집에 걸리면… 하숙할 때 엄청 옮겨 다녔어. 내가 소심해가지고 세숫대야를 깨고 나면 너무 무섭고 미안하고, 그런 거야. 그걸 셰어하는 게 참 부담스럽더라구. 화장실을 같이 쓰는 게 너무 부담스럽고. 또 밥을 차려놓는데, 뭔가 왠지 모르게 빨리 먹고 도망가야 할 것 같은 그런 느낌을 주는… 그러니까 〈응답하라 1994〉는 말이 안 되는 거고. 다들 각자 사는데, 서로서로 피해 안 줘야지 이런 개인의식이 있다 보니까 그럼에도 불구하고 한 곳에 이렇게 모르는 사람이랑 사는 건 참 힘들긴 하더라구. 그래서 몇 개월 만에 계속해서 옮겨 다녔는데.

현민 그냥 전 좀 그 과 생활에 적응을 잘 못 했는데, 친구들은 지나치게 적응을 했던 거죠. 그래서 막 술, 오바이트, 방에 와서 자꾸 그런 뒤치다꺼리해야 돼서 너무 스트레스 받았어요. **룸메이트하고는 친했어요?** 아닌데, 그래도 어떻게 해요. 현관 앞에 와서 자고 있는데. 모르는 애여도 내가 챙겨야 되고. 싫었어요. **그럼 살면서 스트레스 많이 받았겠네요.** 그래서 '아, 혼자 살아야 된다' [생각했죠.] 진짜 마음 맞는 사람도 같이 살면 싸우는데, 내가 모르는 애들을 뒤치다꺼리해줄 수 없다.

유수 겁나거나 무섭다는 생각을 안 할 줄 알았는데, 그래서 이제 서울에 딱 와서 처음 이사하고 잔 다음에 부모님이 간다고 그랬잖아요. 그런데 되게 이상한 거예요. 부모님이 없다는 게, 부모님이라고 표현을 해서 그렇지 아는 사람이 한 명도 없다는 뜻이잖아요.

여성청년 이주민들에게 새로운 집은 처음에 기존 집과는 다른 방식으로 경험되는데, 이는 새로운 주거 구역에 따라 모든 것이 새롭게 분류되기 때문이다. 그들에게 이주 전에 살았던 집은 삶의 중심이었고, 단지 존재하거나 머무는 것 이상의 의미가 있었다. 고향집은 편안함과 만족감이라는 감정을 지속적으로 제공하기 위해 매우 단단히 정박되어 있었다. 그러나 새로운 공간에 정착하기 위한 거주지는 이전 공간에서 경험했던 집과는 달리 불안하고 임시적이다.

인터뷰를 통해 알 수 있듯이 인터뷰 참여자들은 첫 주거지에서 마주친 낯설거나 새로운 시스템(하숙, 기숙사, 고시원, 원룸 등 기존의 집과 유사하지만 다른 형태)에 적응하기 위한 감각 단계를 거쳐야 했다. 그들은 새로운 공간뿐만 아니라 새로운 사람과의 마주침, 식사와 같은 일상생활에서의 불안감, 같은 공간을 사용하는 사람과의 거리감, 주위에 아무도 없다는 적막감 등 기존 집에서와는 다른 감각을 부여받는다.

영지 1학년 1학기 때는 진짜 2주에 한 번씩 [고향에] 내려갔던 것 같애. 3, 4월은. 기차 타고. 무궁화 타고. 다섯 시간에서 다섯 시간 반 정도 걸려. **가서 부모님 보면 어떤 느낌이었어?** 눈물 났어. 처음에 완전 울었어. 처음에 새터를 갔다 와가지고, MT 가잖아. 제일 처음에, 입학 전에. 그때까지만 해도 아무 생각 없었는데, 이제 갔다 와서 하숙집에 딱 누워 있는데, 이 생활을 4년이나 해야 한다고 생각하니까 갑자기. 거기다가 부모님이랑 처음 떨어진 데다가 우리 집은 가족애가, 이게 좀, 심하게 강해, 내가 볼 땐. 다른 집보다는. 진짜. 남동생도 그때 초등학생이었거든. 막 눈에 넣어도 안 아플 우리 동생, 막 이렇게 하니까. 그래서 집에 가서 울었던 것 같아.

민영 처음에는 눈물 났어요. 울산에, 버스를 타고 맨날 왔다 갔다 하는 울산버스터미널인데 보자마자 눈물이 나더라구요. 엄마 아빠 보자마자 눈물도 나고. 그냥 너무 울산 그 자체가 감사하다고 해야 하나. 그때는 향수병 같은 게 있었던 거 같아요.

미혜 거의 한 달에 한 번? 아니면 두 달에 한 번. 서울에서는 확실히 그렇잖아요. 학교를 다니고, 과제를 하고, 그게 업業이 있으니까. 그거 한다고 시간 보내고. 애들 논다고 해도 놀고 와서 그냥 또 각자 루틴이 있으니까. [할 일이 정해져 있지 않은] 집에 내려가면 마음이 놓이는?

현민 서울에 왔는데 너무 너무 외로워서 돈이 없음에도 불구하고 한 달에 한 번씩 부산에 내려갔거든요? 한 달에 한 번씩 엄마 보러 막, 엄마가 그만 오라고 그럴 정도로? (웃음) 근데 그때 가면 또 무슨 혀에 모터를 단 것처럼 말이 잘 나오는 거예요. 공간에 따라서 내 성격이 이렇게 변하는구나 하는 생각을 많이 했어요.

특히 여성청년 이주민들은 이주 후 고향을 방문하는 과정을 통해 오랫동안 통용되어온 관습화된 '집'의 감각들을 다시금 느낄 기회를 갖게 된다. 이는 굉장히 모순적인 감각이기도 한데, 이전에 그들이 독립하고자 했던 억압적이고 가부장적인 집에서 오히려 그들은 자신의 중심으로서 보호와 안식을 제공했던 집의 장소감에 대한 '향수'를 소환해내고 있는 것이다. "낯선 세계의 조망에서 벗어나 어떤 위협도 받지 않을 수 있는 '친밀한 영역'"(Bollnow, 1989/2011)으로서 고향의 '집'은 이전의 통제와 감시, 혹은 벗어나고 싶었던 공간의 의미를 탈락시키고 이상화된 감정만 남아 있는 '장소'로 의미화된다.

인터뷰 참여자들은 이주 초반의 낯선 감정에 대해 자기 정체성을 잃은 것처럼 행동하기도 하고, 이를 고향에서 되찾기도 하며 가족들과의 유대감을 재확인하면서 거주의 관습적인 감정을 찾아내려고 노력한다. 이러한 감각의 회복은 새로운 거주의 감각과 비교되며 이주 초반의 결핍을 메워나간다. 이상화된 거주 감각은 고향으로 회귀하고자 하는 행위의 반복을 만들어낸다. 하지만 회귀 행위가 반복될수록 회복하고자 하는 거주 감각은 점차 사라지고 '행위'의 관행만 남게 되기도 한다. 그리고 회귀 행위는 어느 순간 하나의 '의례ritual'로 변화한다.

> **명린** 엄마를 한 달에 한 번 정도 만나면, 저는 맨날 엄마 옆에서 자요. 방에서 안 자고. 엄마 되게 보고 싶어하고, 그렇게 그리워하신 걸 아니까, 그냥 집에 가면 딸 노릇을 해요. 부산 가면 집에서 안 나가요. 집에만 있어요. 핸드폰은 많이 보죠, 많이 보는데, 친구를 잘 안 만나요. 부산에 가면 아직도 중학교 동창이나 부산에 남아 있는

친구들이 많은데, (중략) 안 나가요. 엄마랑만 놀아요. 자기만 하고, 엄마랑 마트 가고. 그게 제 역할이라는 생각이 어느 날 들었어요.

유수 명절에는 어쨌든 내려가고, 1년에 서너 번. 자주 내려갔죠. 어머니 생신 때도, 방학 때는 내려가 있고. 아예. 집을 비우고, 부산에서만 [있고]. **지금도 그래?** 지금은 안 그러죠. **몇 년까지 그랬던 거 같아?** 한 2년? 2년까지는.

혜령 대학교 1학년 때부터 4학년 때까지는 방학 때마다 부산에 내려왔지. 그니까 1년에 최소 두 번, 최대 서너 번. 그렇게 가는 거고. 대학교 졸업하고 이후 사회인 되고부터는 1년에 한 번. **명절 때 두 번 다 안 가?** 1년으로 따지면 명절은 두 번 가지. (중략) 1년에 딱 두 번 가나 보다. 구정 때 한 번, 추석 때 한 번.

민영 원래는 한 6개월에 한 번씩 내려갔었는데, 지금 안 내려간 지 1년 넘었어요. 1년 2개월 정도? 일 때문에 명절 때도 못 가요. 명절에 3일 동안 빨간 날이 있으면 그중에 하루나 이틀밖에 못 쉬기 때문에. **부모님은 아무 말 안 하시고?** 부모님도 쉬는 날에 내려와라 이렇게 얘기는 하는데, 점점 몸이 피곤하니까. 한 번 왔다 갔다 하는 것도 거의 여덟 시간 잡아먹잖아요. KTX를 탄다고 해도, KTX 역이 되게 멀거든요 집에서. 울산 집에서 되게 멀어가지고, 그게 너무 힘들다 보니까. 안 내려갔던 것 같아요. 돈도 너무 많이 들고. 갔다 오면.

뒤르켐은 개인이 자신이 속한 집단의 사고에 노출되고, 그 집단보다 넓은 사회적 질서 영향 아래 놓이면서 직간접적인 영향을 받아들이게 되는 하나의 방식을 '의례'(Durkheim, 1893/2012)라고 설명했다. 인터뷰에 참여한 여성청년 이주민들의 회귀에 관련된 실질적 행위와 정서적 반응은 초반에는 자연스러운 것이었다. 떠나온 고향에 되돌아가 집의 장소감과 마주침을 반복하는 동안 인터뷰 참여자들 중 몇몇은 그것을 '의무감'*으로 의식했다. 가령 명린은 가족에게서 떨어져 나간 딸의 의무감을 가족과 상호 대면하는 것으로 이해하고 고향에 내려갈 때마다 가족, 특히 어머니와 많은 시간을 보내려고 애쓴다. 이는 자발적인 행위이기도 하지만 반복을 통해 굳어진(비자발적인) 하나의 가족 의례 같은 것이기도 하다.

유수, 민영, 혜령도 마찬가지로 '가족들이 모이는 날'이라는 관습적 규범이 적용되는 명절에만 고향에 간다. 그것은 시간이 흐르면서 점차 자신이 머무는 공간에 대한 경험이 축적됨에 따라 이주 후 무언가 결핍되어 있거나 낯설게 느껴졌던 공간이 거주의 중심점으로 변화했기 때문이다. 개인의 존재 핵심에 뿌리가 되었던 장소(고향 '집')가 현재 자신이 거주하는 공간과 상호작용하며 감각의 변화를 생성해낸 것이다.

---

*   인터뷰 참여자들 중 몇몇은 집으로 돌아갈 때마다 어머니의 집안일을 도와야 한다는 의무감에 시달리고 있었다. 이는 여성청년 이주민들에게서 보이는 특징적인 점인데, 고향 집이 가지고 있는 장소감의 측면이 그들에게 그리움의 감정이나 안정감이라는 감각과 함께 가사노동의 재생산을 복합적으로 제공하고 있다는 사실을 알 수 있다.

3) 정착하기

여성청년 이주민들은 이주를 경험하면서 새로운 도시 공간에 대한 낯선 감정을 느끼고 고향으로 회귀하여 집의 장소성을 회복하기도 한다. 그러나 지속적인 회귀 과정은 또 다른 이름의 이동이 된다. 이러한 이동성은 '정주'의 감각을 불안하게 만드는 요소가 될 수 있다. 시간이 흐를수록 여성청년 이주민들은 부단히 움직이고 유동하면서 살아가기보다는 일상적 삶을 유지하기 위하여 거주의 중심점을 옮기게 되는데, 이 과정에서 낯선 공간에 대한 여성청년 이주민들의 적극적인 탐색과 정보 축적 시도의 노력들이 드러나게 된다.

민영 옛날부터 너무 차를 갖고 싶었던 거 때문에 무리인 건 알지만 차를 샀어요. 차가 없으니까 생활하는 것도 여기 주변밖에 못 가잖아요? 그래서 뭔가 좀 나만의 탈출구를 찾고 싶다는 그런 것도 많았고. 내가 가고 싶은 데도 마음대로 갈 수 있으니까 차가 있으면. 이동성 때문에. 이제 아무 데나 다 갈 수 있죠.

현민 지방 학우들의, 지방 친구들이랑 좀 친해졌는데 친구들이 각자 집에 놀러가잖아요. 다 똑같은 책이 있어. **무슨 책이요?** 무슨 서울 투어하는 책이죠. (웃음) 역시 지방 출신 애들은 못 숨긴다고 막. **진짜 다녀봤어요? 어디 어디 다녀봤어요?** 북촌, 인사동, 서촌. 이태원, 홍대, 합정, 건대입구, 뭐 이런 데? **거기서 뭐 해요, 애들이랑?** 그냥 뭐 맛집을 찾아다니거나, 맛집을 찾아다녔죠.

능동적 수준에서의 '경험'은 위험을 무릅쓰고 낯선 것에 뛰어드는 것을 의미하며, 알 수 없는 것과 불확실한 것을 극복하고자 하는 의지를 내포한다. 민영은 가까운 곳이 아니면 이동이 어렵고, 근무시간이 유동적인 직업(간호사) 특성상 대중교통 이용이 힘들어 승용차를 구매했다고 밝혔다. 그녀는 낯선 공간 내에서 정체되어 있기보다는 이동수단을 적극적으로 사유화함으로써 공간을 탐색하고자 하는 능동적인 이동인의 모습을 보여주었다.

한편 서울로 이주한 지 3년 된 현민은 이주 초기 비슷한 이주 과정에 있는 학우들과 함께 서울 투어를 했다고 말했는데, 이는 도시 공간 내에서의 이동이 특정한 주체들에게 사회적 상호작용을 형성할 가능성을 제시하는 것으로 해석할 수 있다. 다시 말해 한 공간 내에서의 특정 이동 경로가 특정 주체들의 공동 내러티브를 만들어낼 수 있는 것이다. 특히 그녀가 언급한 '북촌, 인사동, 서촌'이라는 특정 공간은 서울이라는 공간 내에서 수도권을 상징하는 지리적 텍스트로 이용된다.

> **미혜** 서울에 이것저것 보러 많이 다닌 거 같아요. (중략) 여행에 대한 두려움은 없는 편인데, 위험한 지역은 기피하죠. **혼자 돌아다니는 걸 좋아하는 편인지?** 좋아하는 거 같아요. 탐험가형.

> **지현** 내가 고등학교 동창들 롯데월드 데려가고 뭐 서울 구경 시켜주고. 친척들도 와가지고 서울 구경 시켜주고. **서울에 있다는 게 기점이 딱 돼서?** 응. 그리고 나는 해외로도 여행을 많이 나갔었기 때문에, 방학 때 내가 서울에 집이 비잖아. 그럼 그 친구들 와 있으

라고 해가지고 와 있기도 했어. 몇 명이나. **사적 공간인데 빌려주는데 어색하진 않았어요?** 난 별로 그런 거 없었어. 이 좋은 서울 생활을 너도 맛봐라, 이 생각으로.

리지 처음 1년은 익숙하고 뭐고가 아니라 새로운 맛에 막 찾아다녔던 거 같고. 두 번째 해부터는 볼 거 다 봤고, 이제 내가 직접 알고 갈 수 있는 상황이 됐으니까 그때부터 편안해진 거지. 처음에는 신나는 거 외에 긴장되는 것도 많지. 예를 들어 갑자기 친구들이 종로에서 보자, 강남에서 보자 그러면 거긴 또 어떻게 가는 건가, 강남에 가면 또 거기서는 어떻게 찾아가는 건가, 이랬는데 2년째부터는 어딜 가도 조금 지리를 아니까 그때부터는 내가 익숙해진 거지.

미혜는 서울 여행을 자주 다녔다고 말하면서 수도권 내에서 이동(단기 여행)의 즐거움을 언급했다. 그녀는 가끔 사진을 찍는다고도 말했는데, 이는 도시 공간 내에서 다양한 요소와 관점을 발견하고 이를 개인적인 기억 형태(사진)로 보관하거나 심상의 이미지(눈)로 남기고 있음을 의미한다. 지현은 낯선 공간에 대한 적극적인 탐색을 넘어 자신에게 주어진 낯선 공간의 정보를 재생산하는 모습을 보였다. 그녀는 친밀한 관계에 있는 다른 사람들에게 적극적으로 이주 공간을 소개함으로써 낯선 공간 내 풍경에서의 조각난 위치들을 인간관계로 메워나가는 형태를 보여주었다.
　리지를 포함한 셋의 인터뷰를 통해 알 수 있듯이 그들은 불안정한 감각 체계들을 다시 익숙한 것으로 만들고자 능동적으로 공간을 탐색하고 정보를 축적한다. 공간은 일정한 형태를 이룬 그것만의 정체성을 갖고 있기도 하지만 다른 사람들과 다른 문화 그리고 다른 공간들과 연관되어 그 정체성이 개발되기도 한다. 여성청년 이주민들은 이러한 공간을 적극적으로 탐색하고 자신과 다른 사람들과의 관계성을 경험하면서 다양한 경험을 축적시켜나갔다. 그리고 경험의 축적은 다시 그 공간에 투여되어 개인에게 '익숙한 곳'이 되는 것이다.

인간이 공간을 장소화하기 위해서는 시간과 그 공간에 대한 정보가 어느 정도 축적되어야 한다. 앞서 밝혔듯, 투안은 우리가 어떤 공간에 완전히 익숙해졌다고 느낄 때 공간은 장소가 된다고 주장한다(Tuan, 1977/1995, 124). 무차별적인 공간에서 출발하여 인간은 그 공간에 대한 지식을 획득하고 가치를 부여하게 된다. 그리하여 그 공간은 주체에게 장소가 될 수 있다.

이처럼 주체가 경험적 차원을 통해 공간의 일부가 장소성을 띠게 되면, 주체는 그 장소에서 감정적으로 특정한 귀속감을 느끼게 된다. 이러한 장소감은 장소가 제공하기도 하고, 인간 주체가 스스로 느끼기도 하는 것이다. 여성청년 이주민들은 자신이 살던 한 장소를 떠나 낯선 공간으로 이주하면서 이전까지의 장소성을 상실하게 된다. 즉, 주체가 기존에 살던 장소에 부여하던 의미들이나 그 장소들이 자신에게 주었던 의미들을 잃는 것이다. 불안감과 낯섦의 감정은 기존의 장소성 상실과 연결된 정서적 혹은 신체적 반응이라 할 수 있을 것이다. 그러나 인터뷰 참여자들은 장소성이 상실된 데 멈춰 있기보다는 낯선 공간에서 또 다른 장소감을 만들어내기 위해 자발적으로 노력한다. 그래서 그 공간만의 경험을 다양하게 쌓고자 시도하고 실천하는 것이다.

이러한 경험의 축적은 자신이 이주 전 살던 '집'과 이주 후 살고 있는 '집'의 장소감을 변화시키게 되는데, 이는 여성청년 이주민들이 회귀를 더 이상 장소감 회복의 실천 형태로 생각하지 않는다는 점에서 명백하게 드러난다.

지애 우리 동생이랑 우리 오빠는 내가 되게, 그냥 우리 오빠랑 보면 부산 집에 가서 좀 있을 때, 나를 엄청 부려먹는데, 그러니까 막, 라면 끓여와라, 밥 좀 차려와라, 그런데 같이 살 때만 해도, 고등학생 때, 이럴 때만 해도 우리 오빠가 심부름 시키면 그때는 막 우리 형제끼리 복닥거리면서 살기도 했고 하니까 엄청 짜증도 많이 내고, 그냥 니가 해 먹어라 이러고, 그때는 되게 더 주체적이었어요. 그때는. 여자가 해야 되냐, 이러고. 그리고 절대 안 해주고 이랬는데, 이제는 가면 다 해주거든요. 가면은. 말도 하기 전에 물도 갖다주고 다 차려주고 이러려고 하는데. **왜요?** 다 해주고 싶은 마음이 있고. 그리고 우리 오빠도 그렇게 말을 해요. "너 서울 가서 혼자 편하게 있다가 오는 건데, 엄마 좀 도와주고 그렇게 해"라고. 그래서 처음에는 장난처럼, 그래 그런가보다 했는데, 그냥 그랬는데 사실 짜증이 좀 나긴 하죠. 그런 말 들으면.

영지 이제는 이 집이 더 우리 집 같아. 아예 집에 내려갈 그게 없으니까, 이제는 여기가 내가 살 집이다 그런 생각이 들어. 불편한 건 아닌데, 이제 내 자리가 없지. 민수(남동생)랑 은미(여동생)가 방 하나씩 해가지고 내 방이 이제 없지. **니 방 사라졌어? 어. 물건은?** 내 물건도 거의 없어. 집에. 옛날에는 박스라도 부쳤는데 이제는 뭐,

엄마가 우리 집도 좁다고. 이제 없지.

지현 [고향 집에 있는 내 방은] 내 방 같지는 않고, 내 집 같지는 않지. 나는 거기를 '엄마 집'이라고 얘기해. 그러면 엄마는 되게 서운해하거든? 부산에 있다가도 우리 아빠가 나를 깔딱거리고 힘들게 만드니까 내가 "서울, 우리 집에 갈래, 내 집에 갈래, 내 방 갈래" 막 이러면 울 엄마가 되게 서운해하지.

그들은 고향으로 돌아가는 행위를 중지하지는 않지만 이전만큼 빈번하게 방문하지도 않고, 관습적인 '집'의 감각을 회복하려고도 하지 않는다. 이는 새로운 거주지에서 또 다른 장소감이 생겨나고 있음을 의미한다. 낯선 공간이 인간에게 의미 있는 장소로 전환되는 것은 인간과 환경이 상호작용하면서 일어나는 결과다. 도시에 진입하여 낯선 감각을 느끼던 여성청년 이주민은 그 공간 내에서 경험을 축적하고 의미 있는 기억을 만들면서 적극적으로 거주 감각을 만들어낸다. 이는 크게는 서울이라는 도시 공간에 대한 경험이기도 하며, 작게는 그 공간에 위치하고 있는 집에 대한 경험이기도 하다. 다음 장에서는 거주 감각이 발생하면서 여성청년 이주민들이 '집'을 어떻게 의미화하고 있는지 살펴보고자 한다.

나는 내가 가정이라 불렀던 공간을 떠나 경계를 넘어 이동해야 했다. 그렇지만 나는 또한 그곳으로 돌아갈 필요가 있었다. … 게다가 가정이 가진 의미는 탈식민화 및 급진화와 함께 변화했다. 때로 가정이란 어느 곳에도 존재하지 않는다.

벨 훅스, 1991, 145

유동적 공간

전통적으로 집은 근원적 장소라는 의미로 서술된다. 집은 인간의 정체성을 형성하는 데 중요한 요소 중 하나이며 대중사회에서 느끼는 소외감을 줄이는 데 기여하고 돌아갈 곳이 있다는 지리적 안정감을 제공한다. 특히 한국은 전형적인 농경사회 역사를 지니고 있는데, 농경사회는 가족을 중심으로 이주보다는 정착에 중점을 둔다. 예컨대 한국에서는 '역마살'을 사람을 해치는 모진 기운 중 하나로 여겼으며, 끊임없이 돌아다녀야 하는 운명을 천한 것으로 취급했다. 이처럼 정착에 중요한 의미를 부여하는 사회에서 이동이나 이주는 집의 특성과 경계를 위협한다고 간주된다.

　동시에 집은 일상을 영위하는 곳이자 다양한 젠더 구분이 이루어지는 곳이기도 하다. 일상의 공간/장소는 맥도웰이 밝혔듯이, "여성에게 특정한 형태의 여성성이 남성에게 특정한 형태의 남성성이 적절하다는 믿음"(McDowell, 2010, 37: 안숙영, 2012, 92 재인용)에 의해 젠더적으로 분리되거나 구분된다. 이는 물론 우리의 일상생활에서 중요한 부분을 차지하고 있는 집에도 적용된다. 역사적으로 집은 매우 '젠더화된 공간/장소' 중 하나였다.

특히 공적 공간과 사적 공간이 분리되면서 노동에 대한 남성 중심적 이해로 인해 사적 공간 내에서의 노동은 대부분 노동 가치가 없는 일로 간주되었다. 대표적인 사적 공간으로 일컬어지는 집에서의 노동―특히 가사와 관련된―은 여성의 의무로 단정된 역사가 있다. 여성청년들에게 가정 혹은 집은 가사노동, 즉 여성의 무급 노동이 자연스럽게 관철되는 공간으로 인식됐다. '쉼터, 혹은 안식처'로서의 집의 기능은 바깥에서 노동하고 돌아온 남성―특히 가족 구성원을 부양하는―의 것이었다.

집은 '거리의 여성'과 '정숙한 주부'를 나누는 공간적 경계로서 기능하기도 했다(김춘수, 2005, 144). 공적 시선은 집을 떠난 여성, 그중에서도 젊은 여성의 독립에 주목했으며 그녀들의 섹슈얼리티에 대해 끊임없이 감시와 통제를 수행했다. 수도권에 있는 대학에 진학할 경제적 자본 및 학력 자본이 뒷받침됨에도 불구하고 가족과 떨어져 사는 것을 성적 방종과 동일하게 생각하는 시선 때문에 고향에 있는 대학에 진학하는 여성청년은 여전히 존재한다. 집을 떠난 여성들이 사회의 섹슈얼리티 검열로부터 자유롭지 못한 역사는 '결혼'이나 '가족'으로의 편입이 아닌 독자적인 삶을 꾸려나가는 것에 대한 일종의 사회적 편견이 작동하고 있음을 보여주는 것이다.

이러한 맥락에서 여성청년 이주민은 수도권으로 진입하여 정착하기까지 자발적이든 비자발적이든 여기저기 떠돌아다니며 생활해야 하는 존재가 된다. 이는 사회가 규정하는 집의 전통성(정박)에 위배되는 방식의 삶이다. 그들은 집에 정박할 수 없거나, 정박하려 하지 않는다. 그들의 주거 공간은 집의 영토적 고정성을 부정하는 공간이기도 하다. 기존의 집을 떠나 개별적으로 이주를 감행한 여성청년 이주민들은 전통적인 집의 질서나 경계에서 벗어난 삶을 살게 된다. 이뿐만 아니라 여성청년 이주민들은 가부장적 질서의 감시를 탈주해 자신의 공간을 소유하거나 부여받은 존재들이다. 그들은 자율적으로 자신의 삶을 관리하고, 전통적으로 여성에게 부과되었던 가사노동에 대한 의무감을 점차 흐리며, 성적 주체성을 스스로 구성해나간다.

이 장에서는 이동과 정착이 순환되는 삶 속에서 여성청년 이주민들이 어떤 방식으로 집을 의미화하고 있는지 살펴보고, 이를 '공간'과 '장소' 사이의 차원에서 정리하고자 한다. 여성청년들이 집을 장소화해나가는 과정에서 공간의 차원으로 남아 있는 영역과 상호작용하며 그들의 구체적인 경험과 감각이 축적되는 '상태'를 강조하기 위해서다. 이렇게 하면 유동적 공간으로서 집의 의미와 가부장적 제도 밖의 주거 공간을 둘러싼 여성청년 이주민의 삶의 양상에 대해 복합적으로 설명할 수 있을 것이다.

여성청년 이주민들은 이주와 정착의 순환 과정을 다년간 겪으면서 정적인 동시에 동적인 '거주'를 경험하게 된다. 여기서 '정적이면서 동적static and dynamic'이라는 수사는 이들의 거주지가 하나의 고착된 의미나 고유성을 지닌 것이 아닌, 유동적이고 순간적인 형태로 점거되었다가 사라지는, 마치 이동 중이면서도 그 순간만을 점유하는 형태가 지속되는 듯한 거주 상황을 설명하기 위해 사용된 것이다. 여성청년들의 이주 흔적을 서사화하는 과정을 통해 우리는 정적이면서도 동적인 거주 경험이 이동의 축적을 통해 이루어진 결과라는 것을 알 수 있었다. 이처럼 이동의 축적을 가능하게 한 다양한 거주지 선택 요인을 본 절에서 크게 세 가지 정도로 유형화하여 이가 여성청년 이주민들에게 있어 집의 의미를 어떻게 변화시켰는지 구체적으로 살펴보고자 한다.

1) 경제적 요인에 의한 이동

> **미연** 제가 군이 서울로 왔어야 됐냐고 물으셨어요… **삼촌이?** 네. 약간 삼촌 분들이 다 장학생으로 학교를 다니셔서 장학금 못 받고 학교를 가고 이런 거나 네임밸류에도 신경을 쓰시구 괜히 엄청 집에서 너한테 후원을 해줄 만큼의 경제적 여건이 되는 게 아닌데 너무 부담을 가중시키는 게 아니냐, 그런 식으로 약간… 스트레스를 주셨죠.

> **혜령** 그냥… 그냥 처음에는 고모들은 [내가 서울로 대학 간다니까] 다 그냥 돈 든다고 반대했다고. 고모들은 돈이었고. 문제는 너네 아빠 힘들다, 경제적인 걸로 그랬던 거고.

미연은 서울 소재 대학에 진학할 때 친척들의 반대가 심했다고 말했다. 1년간의 재수를 거쳐 대학에 입학한 미연은 기숙사에서 3년간 살다가 친척들의 조언으로 경제적인 비용을 아끼기 위해 서울에 있는 친척 집에 들어가 방학 동안 거주한 경험이 있었다. 남동생을 둔 장녀였던 혜령은 남아 선호 사상이 심한 할머니와 아버지 밑에서 자랐다. 남동생에 비해 공부를 잘하는 편이 아니었던 그녀가 서울로 대학을 간다고 하자 집안에서 반대가 심했는데, 그녀는 아버지에게 4년 내내 장학금을 받고 기숙사 생활을 하겠다고 약속하고 나서야 서울에 있는 대학에 입학할 수 있었다.

혜령 **기숙사는 언제부터 언제까지 살았지?** 기숙사는 1학년 때부터 4학년 1학기 때까지 살았지. **원래 그렇게 안 되잖아.** 그렇지. 무조건 성적이 좋아야 돼. 성적이 좋아야, 거의 과에서 3등 안에 들어야 되는데. 그래서 거의 그랬어. 나한테는 공부가 하고 싶어서 했던 게 아니라, 진짜 대학을 포기하지 않고 내가 엄마 아빠한테 했던 말도 지키고, 내 그런 걸 하기 위해서 악착같이 막… 기숙사라는 게 더 중요했던 그런 것도 있었어. 엄마 아빠는 그거에 대해서 막 뭐라고 해서, 월세 내고 이런 거에 대해서 너무 푸시를 많이 했기 때문에.

혜령은 대학교 기숙사 내에서 1년에 두 번씩, 여덟 번을 옮겨 다녀야 했다고 말했다. 그녀는 학부 시절 학기말마다 시험에 신경을 써야 할 뿐만 아니라 짐을 싸고 푸는 일을 거듭해야 했다. 남동생과 함께 투룸 빌라를 전세로 얻기 전까지, 혜령은 이동과 정착 사이에서 계속 유동적인 태도를 취해야 했다.

혜령 내가 여기에 와서… 정착을 함과 동시에 떠남을 먼저 생각을 하게 된다. 어쩔 수 없이. 그러니까 자꾸 짐을 간소화하고 싶다는 생각. 그리고 내가 여기에 정을 줄 필요가 없다는 생각. 머무르기보다는 떠남을 먼저 생각하기 때문에. 약간 그런 게 있었지.

혜령과 마찬가지로 1남 2녀 중 장녀였던 영지는 집안의 경제적 상황 때문에 대학 입학과 동시에 기숙사를 신청해야 했다고 언급했다. 그녀는 대학 입학 첫해에 기숙사를 신청했으나 떨어졌다. 어쩔 수 없이 하숙집을 구하게 된 영지는 하숙집에서 제공하는 식사가 형편없었다고 이야기했다.

영지 하숙집을 구했지. 학교 근처에. 아무 연고도 없었고, 기숙사도 안 됐었고 그래가지고. 첫 학기는 하숙하고, 그다음부턴 기숙사. **하숙은 한 달에 얼마 정도?** 그때… 10년 전이어서 정확히 기억은 안 나는데. 35만 원? 아니면 30만 원. 그 방은 큰 방이어서 두 명 살았는데, 두 명이 나눠서 내는 데였거든. 반 나눠서 아마 30씩 냈던 것 같애. 아침, 저녁 제공되니까. 시설 같은 건 다 쓸 수 있고, 또 그 기억이 나네요. 사골국을 주는데, 맨날 뼈만. 똑같은 뼈만 우려가지고. 고기 하나도 없고(울먹인다). 진짜 내가 그 얘기하면서 엄마한테, 엄마는 그 얘기하니까 엄마 또, 마음 아파가지고.

서울에 아무 연고도 없이 이주를 감행한 여성청년 이주민들은 이주 후 가장 먼저 거주할 집을 구하게 된다. 보증금을 낼 목돈이 없는 여성청년 이주민, 그중에서도 대학에 입학하여 공부를 시작

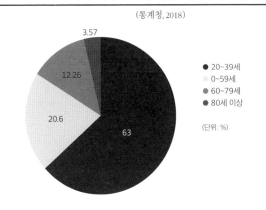

서울시 주택 이외의 거처 여성 1인가구의 연령별 비율

(통계청, 2018)

- ● 20~39세
- 0~59세
- ● 60~79세
- ● 80세 이상

(단위: %)

3.57
12.26
20.6
63

하는 대학생의 경우 기숙사 신청을 최우선 순위로 삼을 수밖에 없다. 특히 수도권은 인구 집중과 이로 인한 주택난 심화 때문에 자연스럽게 중산층 위주로 임대가 제공되면서 최저임금 노동자 혹은 임금노동을 하지 않는 자(학생 같은)들을 위한 거주 공간이 부족할 수밖에 없는 실정이다.

서울시에서는 이러한 청년들을 위해 임대보증금을 지원하거나 청년 활동을 돕기 위한 커뮤니티를 지원하고 있다. 하지만 대중적으로 가장 잘 알려져 있는 역세권 청년주택만 해도 면적이 매우 작은 데 반해 임대료가 그렇게 싸지 않아(주변 시세에 비하면 싼 편이지만 서울 집세가 워낙 높기 때문이다) 저렴하면서도 안전한 거주 공간 마련은 여전히 여성청년 이주민들에게 가장 중요한 이슈다. 특히 여성 1인가구의 경우 연령이 낮을수록 단독 및 다가구, 주택 이외의 거처에 사는 비율이 높은 것으로 나타났는데, 여기서 주택 이외의 거

처는 오피스텔이나 고시원, 비닐하우스, 여관, 쪽방 등을 의미한다.

영지의 경우 목돈을 구하기 힘들어 대학을 졸업한 뒤 강남에 있는 회사에 다니면서도 3년 이상을 강북에 살아야 했다. 그녀가 살던 곳은 오피스텔형 고시텔로 보증금 없이 매달 35만원을 내는 곳이었다. 침대 하나, 책상 하나, 간이 옷장 하나가 있는 3.5평의 방에서 영지는 5년을 거주했다. 임금노동을 하는 동안에도 보증금을 마련할 수 없었던 그녀는 대중교통으로 한 시간이 넘는 거리를 출퇴근해야 했다.

> **영지** 완전 그때 하루 벌어 하루 썼지. 그러니까 엄마가 보증금을, 당장 큰돈을 해줘야 하는데, 그런 것도 없었지. 그래가지고 그냥 다니면서 살았지. 회사가 또 강남에 있었어. 지하철 타고 다녔지. 너무 스트레스 쌓였어 진짜. 아침에 출근할 때 전철역 나가는 거 자체가. 마을버스를 타니까 너무 밀리는 거야, 아침마다. 터져, 터져. 토하는 줄 알았어.

인터뷰 참여자들이 거주지를 선택할 때 가장 중요하다고 판단하는 요소 중 하나는 임대료(금액)다. 인터뷰 참여자들 대다수가 거주지를 정할 때 우선적으로 고려한 것이 집세였는데, 보증금 마련이 힘든 학생은 기숙사(혜령, 영지)를 선호하거나, 보증금이 없지만 거주 환경이 좋지 않은 집(영지, 민영)을 선택하는 경우가 많았다. 문제는 여성청년 이주민들의 월세 부담이 적지 않다는 것이다. 인터뷰 참여자 중 직장인(영지, 보라, 리지, 민영, 명린, 미혜)을 제외하고 자신이 직접 월세를 부담하는 인터뷰 참여자는 한 명도 없었다. 월세는 직접 부담한다 해도 목돈이 필요한 보증금이나 전세금은 부모님이 지원해준 경우가 적지 않았다. 영지는 고향에서 이주해 혼자 살면서 가장 힘든 점을 월세 지출이라고 답했다. 특히 월급 일부가 월세로 나가는 상황 때문에 서울에서는 목돈을 모으기가 힘들다고 토로했다.

> **영지** 혼자 살면서 가장 힘든 점은… 돈 내고 이런, 월세? 경제적인 부분? 엄마 밑에 있으면 생활비 이런 거 걱정 안 해도 되는데. **고향으로 돌아갈 계획이 있어?** 생각은 있는데. 빨리 뭔가 정산할 걸 정산해야 할 수 있을 것 같은데. **왜 돌아가고 싶은지?** 엄마 아빠 말이 맞는 거 같아. 이 생활비랑 월세 감당하면서 다닐 만큼 좋은 직장이면 모르겠는데, 그런 것도 아니고 그러니까. [엄마 아빠가] 처음에는 이제 집에 내려와가지고 공부하라고 그랬었거든. 그런데 공부할 생각 없으면 집에 와서 결혼할 때까지만이라도 있으면서 부산에 있는 데서 회사 다녀도 이 월급 못 받겠냐고. 여기보다 월세만큼 못 받아도 남는 거잖아. 집에 있으면. 그런 생각 많이 하지. 여기는 모든 물가가 다 비싸고. 돈 안 되고. 돈 벌어서 다 집주인들 준 거 같고.

영지의 인터뷰는 주거 비용이 여성청년 이주민들이 벌어들일 수 있는 소득에 비해 높은 현실을 보여준다. 수도권으로 이주하여 거주지를 정하고 정착해야 하는 여성청년 이주민들은 소득 대부분을 주거 비용에 지불해야 하는 것이다. 이는 집이라는 공간이 언제든 돈으로 환산될 수 있고, 경제적 상황으로 인해 언젠가는 이동해야 할지도 모른다는, 이동을 내포한 장소성을 갖게 되는 데 큰 영향을 미친다. 그들은 "머무르기보다는 떠남을 먼저 생각"하게 된다는 혜령처럼 항상 이동과 정착을 동시에 고민하고 있었다. 이러한 경제적 사정은 그들로 하여금 '집'에 본질적이라고 여겼던 요소들이 배제된 집을 구할 수밖에 없게 만든다. 이는 자기 손에 닿지 않는 '본질'이라고 생각했던 '집'을 계속 욕망하게 만든다.

> **현민**   다른 곳으로 이사 간다면 어떤 곳으로 이사 가고 싶은지? 좀 조용했으면 좋겠고. 그냥 조용했으면 좋겠어요. [지금 살고 있는 동네가] 시끄러운 데다 서울은 제가 사는 동네가 그런가, 별로 안정된 느낌이 없고, 늘 술 먹는 그런 사람들이 새벽까지 소리를 지르고 그러니까. 조용하고 차분한 데서 살고 싶어요. **서울에 그런 곳이 있다고 생각해요?** 있겠죠, 어딘가? 제가 뭔가… 이미지만으로는… 근데 그런 동네 되게 비쌀 것 같아요. 그렇겠죠? 쾌적하고 조용하고 깨끗한 동네는 그렇겠죠?

2) 주거 환경으로 인한 이동

거주지를 선택할 때 사람들이 고려하는 요소 중 하나는 '주거 환경'이다. 주거 환경은 인간이 살아가는 집과 집을 둘러싼 다양한 요소를 포함한다. 인터뷰에 응했던 여성청년 이주민들은 소음이나 채광, 안전, 치안 등 다양한 주거 환경 요소를 고려하여 이동과 정착을 결정했다.

민영 고시원이 일단 너무 방음도 안 되고, 사생활도 좀 침범당하는 그런 거 있었고, 너무 좁았어요. 그게 한 2평에서 3평 이 정도밖에 안 돼가지고. 그때는 옷도 되게 많았었는데, 옷도 안 들어가가지고 계절 옷, 봄 지나면 봄옷 보내고 다시 여름옷 들고 오고 이런 것도 있었고. 취사하는 게 너무 취약하니까. **그때 밥은 어떻게 먹었어요?** 그때는 진짜 더 취약했던 게, 밥솥 하나밖에 없었거든요 집에? 그래가지고 그 밥솥으로 라면 끓여 먹, 그 밥솥으로 스팸 같은 것도 구워 먹고. 스팸 같은 거 이렇게 넣어가지고 취사 누르면 굽히거든요. 그렇게 해서, 아 진짜 이게 사람 사는 게 아니더라구요.

광주에서 대학을 다니며 고시원과 고시텔 생활을 경험했던 민영은 고시원에서 고시텔로 이주를 결심할 때 가장 큰 영향을 미친 요인으로 주거 환경을 꼽았다. 고시원은 조리시설이 없는 경우가 많았고, 있다 해도 공용이어서 직접 조리해 먹기가 힘들었다. 제대로 된 식사를 할 수 없었던 데다 방음에 취약하고, 수납공간도 부족했던 고시원은 '사람 사는 장소'가 아니라는 생각을 갖게끔 했다.

현민 그냥 복도식인데 개미집처럼 방들이 탁탁탁탁. 근데, 층별로 남녀가 나뉘어 있어요. 1층은 남자, 2층은 여자 이런 식? **지금 사는 데도 그렇게 돼 있는 거예요?** 안 그런 데는 찾기 힘든 것 같아요. 그냥 여학생 전용 하숙집은 꽤 있는데, 나머지는 전부 다 층만 갈라서 쓰는? **근데 거기서 왜 1년 살다 나왔어요?** 어, 일단 벌레가 있었고. 생각보다 온수가 안 나왔어요. 그리고 겨울에 좀 춥고, 너무 낙후한 거죠.

영지 엄마 아빠도 맨날 빨리 회사 그만두고 공부하라고 공부하라고 계속 그래가지고 노량진에 집을 구하러 오빠(남자친구)랑 막 다니는데, 진짜 집이 너무 심한 거야. 그러니까 이미 나는 원룸에 살아봤으니까. 원래 집이랑 차는 작은 데로 못 옮긴다고 하잖아. 집이 이제 다 공부하는 학생들이 잠깐 잠깐 사는 곳이니까, 햇빛도 잘 안 들어오고 엄청 좁고 천장도 낮고. 그런 집들이 되게 많은데, 그래도 하나, 유일하게 봤던 집이 나름 공간이 좀 넓고, 5층짜리고. 깨끗한 신축. 베란다도 있는데, 베란다가 이제 플라스틱으로 공간 낸 좀 그런 베란다였어. (중략) 그런데 여름이 오는데 너무 더운 거야. 에어컨이 있는데도, 그걸 계속 틀어놓고 있을 수가 없잖아. 이제 목도 따갑고. 기관지도 안 좋은데 나는. (중략) 그 집(노량진 집)은 베란다 확장해가지고 부엌을 만들고 거기다가 화장실을 갈라놨던 데였는데 너무 안 돼. 거기 진~짜 더워. 타들어가 완전. 그게 햇빛을 바로 받아. 플라스틱이.

현민과 영지는 민영과 마찬가지로 낙후된 주거 환경 때문에 이주한 경험이 있는 인터뷰 참여자였다. 이는 여성청년 이주민들이 선택할 수 있는 주거 공간이 이주 전 경험했던 집보다 결핍된 형태의 주거 환경을 제공했음을 의미한다. 실제로 인구에 비해 주거 공간이 부족한 수도권 내에서 청년들은 구조, 방음, 채광 등이 불량한 집에 거주하고 있다. 지하나 옥탑방, 고시원 등 주택 이외 공간에서 거주하는 경우도 많다. 이는 앞서 밝혔다시피, 다른 지역에서 이주한 청년들의 주거비 부담 비율이 다른 주거 형태 집단보다 높아 선택할 수 있는 주거 공간의 폭이 좁기 때문이다.

여성청년들은 주거 환경 중에서도 '외부 공간'에서 발생하는 '내적 침입'(특히 소음)의 공포에 관련된 요소에 민감하게 반응했다. 그들은 집이라는 공간에 침투할 수 있는 다양한 위험을 상상했고, 그로 인해 집에서 '공포'라는 정서를 느낀 적이 있음을 털어놓았다. 여성청년들은 주거 공간을 선택할 때 더 많은 비용을 지불하고서라도 좀 더 안전한 공간에서 거주하고자 한다. 개인정보가 적혀있는 택배 송장을 찢어서 버리거나, 배달을 시켜도 문 앞에 두고벨만 누르고 가달라고 부탁하거나, 여성 혼자 사는 집이 아닌 것처럼 보이기 위해 현관에 남성 구두를 놔두는 등 일상적으로 '불안한 감정'에 시달리는 데에는 실제로 피해를 입은 사례가 빈번히 기사화되기 때문이기도 하지만, 이런 공포감이 사회적으로 구성된 담론에 의해 발생하기 때문이기도 하다. 우리는 유독 혼자 사는 여성이 자신의 집에서 범죄에 노출될 확률이 높다는 것, 노출되어서 겪은 성적 범죄가 전시되는 환경 속에 살고 있다.

리지 학교 근처에 살 때, 그때는 위험하다고 생각했던 게 지하에 무슨 호프 같은 게 있었어. 그래서 술 취한 사람들이 화장실 찾는다고 막. 내 집이 2층이었고, 1층은 식당이 밖으로 있었고, 지하 호프에서 계단으로 올라오면 2층이 나왔거든. 가끔 그냥 문고리, 아니, 난 그걸 제일 무서워하거든. 누가 문고리 뭐라고 그러지, 열려고 하는 거. 그 소리. 되게 무서워하거든. 완전 안에서 사시나무 떨듯 떨고 있거든. 그때 그런 일들이 몇 번 발생하면서 좀, 무섭다 여기.

민영 옆에서 TV 보는 소리까지 다 들리고. 밖에서, 복도에서 술

주정 하시는 분들 많거든요. 그 소리까지 다 들리고 하니까. 그때는 방음도 하나도 안 되니까. 그런 거 하나도 없었어요. 항상 불안한 것도 있고. 발자국 소리도 다 들렸었거든요. 여기 이사 오기 전까지는. 조금만 발자국 소리가 들리거나 옆에 현관문 닫는 소리도 쿵, 이렇게 들리니까 자다가도 놀래고. 벌떡 일어나고. 진짜 무서웠었어요. 순간 무섭잖아요. 자다 일어나서, 뭐지? 이런 걸 항상 경계하는 그런 게 있는 것 같아요.

현민 밤늦게 집에 가는데 집 앞에 술 취한 남자가 있어서 못 들어갈 때. 무서워서. 그냥 그 골목 안으로 못 들어가겠을 때? **지금 몇 층에 살죠?** 지금 3층이요. 대문으로 들어가서 계단 올라가야 되는데, 왜 거기서 술 취하셨는지 모르겠는데, 얼굴도 잘 안 보이고 그러니까 무서워서 못 올라갔을 때? 그냥 안전에 대한 위협이죠. 그럴 때. 아니면 밤에 소리 날 때. 방음이 이렇게 완전하지 않다 보니까. 그리고 복도식이다 보니까 왔다 갔다 하거든요. 바스락 소리 날 때 갑자기 막, 갑자기 소름끼칠 때 이럴 때? 고향 집에서는 안 그랬거든요. 아빠가 있고, 오빠가 있는데.

리지는 이주 이후 주거 공간을 옮긴 횟수가 가장 많은(10회) 인터뷰 참여자였다. 그녀는 자취하던 당시 경험한 '외부인의 침입 시도' 때문에 트라우마가 생겼다고, 지금도 누군가가 자기 방문을 열려고 하는 소리를 가장 무서워한다고 고백했다. 이런 불안정한 경험이 축적되자 그녀는 당시 주거 공간에서 재차 이동을 감행해야 했다. 민영 또한 서울에 처음 이주할 당시 살았던 원룸 건물 아래층이 고시원이었는데, 그곳에 해외 이주 노동자가 많았으며, 방음이 거의 이루어지지 않았다고 설명했다. 그녀는 자신의 주거 환경이 치안에 취약하다는 생각에 결국 이사를 결심했다.

인터뷰에서 보듯 집이라는 사적 공간을 침범하는 다양한 외부 요소는 여성청년 이주민들에게 '공포'의 감정을 생산해냈다. 일반적으로 인구 밀도는 높은 데 반해 주택 공급률은 낮은 서울과 같은 대도시에서 여성청년 이주민들은 지불하는 비용에 비해 주거 기준에 미달하는 공간을 선택할 가능성이 높다. 이러한 주거 공간은 소음에 취약하고, 치안 등 안전성에 문제가 생길 가능성이 높을 수밖에 없다. 하지만 집 밖에서 발생한 '소음'을 여성청년 이주민들이 '위협 혹은 위험 가능성'으로 수용하여 공포라는 감정을 갖게 되는 것은 젠더적으로 주목할 만한 정서적 반응이다. 그들은 소음뿐만 아니라 다양한 경로를 통해 자신의 집 안으로 누군가(특히 남성)가 들어올 수 있다는 위험 가능성을 항상 상상하고 있었다.

보라 배달시킬 때 그런 거 있었어. 비둘기 그림 그런 거 있었거든. 유언비어가 있었어. **비둘기 그림이 뭐야?** 〈아파트〉 그 영화 못 봤구나? 거기서 나오는 건데, 배달하는 사람들이 집에 가가지고 여자 혼자 사는 집에는 비둘기 하나를 그리고, 몇 명이 살면 그거에 대한 기호를 표기를 해놔. 범죄 표적이 되는 거지. 한국에 그런 말이 떠돌기 전에, 중국에 내가 대학 다니고 있을 때 그런 말이 있었어. 뉴스로 나오고. 그런데 우리 집에 보니까 그려져 있더라고. 그런 게. 그때 좀 두려웠지. 무서웠지. 그래서 나중에 룸메 언니랑 살게 된 것도 있지. 그냥 아무것도 없는 상태에서, 무방비 상태에서 배달 온 사람이나 택배, 그런 사람한테 뭘 당하지 않을까, 아무런 이유 없는 두려움은 있었어. 그런 공포심은.

유수 무서운 건 많죠. 그러니까 우리 집 바로 앞에 성당이 있는데, 노숙자들 대상으로 일요일 아침이 되면 무료 급식 비슷하게 하는 게 있어요. 근데 [제가] 나가면 쳐다봐요. 집에서 나오는 걸 빤히. 계속. 슈퍼 갈라고 나왔어요, 나는. 그분들이 식사를 하러 들어가기 전까지 [슈퍼 밖으로] 나가기 힘들죠. 무서워서. 다시 집으로 들어가기 힘들죠. 내 눈에 안 보여야 되죠. 그리고 최근에도 오빠가 없었던 적이 있거든요. 집에. 집을 비우고 오빠가 지방을 가거나 여행을 간 적이 있는데, 도시괴담 있잖아요. 문 앞에 낙서라든지. 근데 초인종에 낙서가 되어 있는 거예요. 그 순간부터 이거 어떡하지. 그런 거죠.

현민 집을 고를 때는 일단 대로변에 있는지. 그리고 제가 사는 동네가 되게 전체적으로 옛날 동네예요. 가로등 설치도 제대로 안 되어 있고, 그래서 무서워요. 술집이 너무 많고. **술집도 막 이렇게 휘황찬란한 게 아니고?** 맞아요. 대학가니까 대학생들이 많이 살지만, 그래도 뭔가 술 취한 사람이면 다 무섭잖아요. 저는 무섭거든요. 그래서 대로변에 있는지, 그리고 1층에 그 도어락 있는지. 그런 거?

인터뷰 참여자들이 집에 대한 감각을 의미화하면서 반복했던 이야기 중 하나는 원인 없는 '불안감' 혹은 '두려움'이다. 푸레

디는 《우리는 왜 공포에 빠지는가?Culture of fear revisited》(Furedi, 2006/2011)에서 오늘날 공포의 독특한 점 중 하나는 그것이 독자적인 실체를 지니고 있는 것처럼 보이는 것이라고 말했다. 인터뷰에 참여한 이들 모두 자신의 집 내외부 혹은 그 경계에서 범죄를 직접 겪지 않았다 하더라도 그들은 범죄가 일어날 가능성 혹은 범죄에 관한 상상을 위협으로 인식하고 있었으며, 그것이 마치 독자적 실체인 것처럼 경험하고 공포를 느꼈다. 때문에 그들은 주거 공간을 선택할 때 안전을 중요한 환경적 요소로 여기며, 위협이 닥칠 수 있는 상황을 피하기 위해, 주변 환경을 좀 더 안전한 곳으로 만들기 위해 이동을 감행하거나 집의 장소성을 변화시키기도 한다.

집을 구성하는 물리적 환경과 정서적 환경은 서로 긴밀한 관계를 맺고 있다. 여성청년 이주민들의 주거 문제는 물리적인 환경에서 발생해 정서적인 차원의 문제를 불러일으킨다. 안전에 취약한 주거 환경에 놓인 여성청년들에게 발생하는 정서적 차원의 실체 없는 공포감은 다른 차원의 문제로 전이되거나 스스로 자유롭게 이동해버린다. 이러한 공포는 예측할 수 없는 성격을 갖는다. 자유 부동하는 공포감은 불확실성으로 인한 망설임과 불안을 불러일으켜, 생각할 수 있는 모든 위험을 '관리'할 수밖에 없게 만든다(Furedi, 2006/2011). 즉 여성청년 이주민들은 안전에 취약한 집에서 위험을 끊임없이 관리하고자 한다.

특히 이러한 주거 공간의 보안 및 치안에서의 위험 가능성은 젠더적으로 여성 편향적이다. 여성청년 이주민들은 계속해서 자신을 피해자의 위치에 놓고 위험 의식을 제 몸에 각인시킨다. 그들은 이주를 통한 주거 공간이 제공하는 부정적 상상을 지속한다. 이러한 무의식적 상상의 발현은 젊은 여성에 대한 성적 대상화가 일반화된 사회에서 필연적으로 받을 수밖에 없는 수많은 시선 때문이다. 사회적 관습에 의해 응시(시선)의 주체보다는 대상으로 존재해왔던 여성, 특히 남성 중심적 욕망에 익숙해진 여성들에게 내재된 부정적 상상은 일상으로서 집의 의미를 변형시킨다.

많은 일상을 스스로 관리하게 만드는 '집의 본래적 의미의 상실'은 집이 제공하는 장소성을 변형시킬 가능성을 가진 채 이동과 정착 사이를 순환하게 된다. 여성청년 이주민들은 자신의 집을 경제적으로 환원할 수 있는 형태로 장소화할 뿐만 아니라, 누군가(대개 남성)의 응시 대상으로 자리 잡을 수 있는 장소로, 혹은 물리적 침입이 가능한 불안정한 장소로 인식하며 다양한 형태의 위험을 스스로 관리하게 된다. 이처럼 유동적이고 다층적인 의미의 집은 이주 전까지 여성청년 이주민들이 생각하거나 경험했던 '집'과는 다른 형태의 공간이다. 이는 이동이 축적됨에 따라 집이 여성청년들에게 하나의 고착적인 의미보다는 유동적인 감각과 장소성을 제공하는 공간으로 점차 변형되고 있다고 해석할 수 있을 것이다.

3) 다른 공간과의 위치-관계성

집은 의미 있는 기억과 경험이 축적된다는 점에서 매우 특별한 장소라고 할 수 있다(Rose, 1993/2011, 127). 렐프는 집이 주는 안정적인 장소감, 특히 어디에 포함된다는 소속감과 같은 고유한 경험은 '대체될 수 없는 중요한 것'이라고 주장했다(Relph, 1976/2005, 39). 대체적으로 지리학자들이 고찰하고, 사람들이 경험하는 집의 의미는 정착, 고착, 회귀할 수 있는 장소성을 가진 것이었다. 집이 궁극적인 장소감을 제공한다는 지리학자들의 주장은 인간의 정착적 본성('인간의 본성이 과연 정착적인가'에 대한 질문은 차치해두자)에 닿아 있는 것이기도 했다. 그러한 맥락에서 집의 장소성은 '상실되지 않고', '뿌리박혀 있으며', '이동 불가능한', '돌아갈 수 있는' 곳과 맞닿아 있다.

민영 서울에 왔었을 때는 직장 바로 옆에 살았죠. 걸어서 한 10분?

미혜 [이사를 빈번하게 했던 건] 학업 때문이었죠. 학업 때문에. 돈 때문도 있고. 일단은 하려고 하는 일이랑 그런 거 때문에 옮긴 거 같은데? 강남 쪽으로 이사한 것도, 사실 저는 기숙사 있어도 되는데, 저는 강남에 있는 학원, 편입학원 다녀볼까? [했었고.] 어차피 오빠도 공부하려고 하니까. 그거 하려고 갔던 거고.

명린 제가 전주 영화제 스텝도 했었어요. 전주 영화제 스텝을 하다가, 그건 이제 단기 계약직이니까, 계약이 끝날 무렵에 약간 제의 같은 게 들어왔어요. 이제 홍보팀에서 일을 했었거든요. 영화제 홍보팀에서. 그러면 홍보사가 있는데, 혹시 일을 해보지 않겠느냐, 이래서, 제가 그때 끝나고 뭔가를 하겠다, 이런 계획이 없었거든요. (중략) 그러던 찰나 부산 영화제 출판팀에 합격을 한 거예요. 그것도 단기 계약직이긴 하지만. 그래서 엄마, 나 이거 때려치고 부산 내려오겠다. 그래가지고 그걸 하고, 또 끝나고 한 2개월 정도 쉬다가 전주로 갔어요. 그런데 엄마 입장에서도 애가 계속 왔다 갔다 하는 건 보기 안 좋으시잖아요. 그래서 전주에서 일하면서 그 제의를 받아서, 그러면 난 서울로 나르겠다, 전주에서 정말 끝나고 일주일 만에 서울로 왔던 것 같아요. 우연찮은 계기로 그렇게 서울에 정착을 하게 됐어요. 저는. **군이 꼭 서울로 갈 의도는 없었는데?** 네. 일자리 제의 때문에.

민영, 미혜, 명린의 인터뷰에서 볼 수 있듯 그들이 거주지 선택에서 가장 먼저 고려했던 사항은 당시 자신이 하는 일, 관심사, 그것들이 존재하는 공간과 거주지 간의 위치-관계성이었다. 여기서 위치-관계성이란, 어떤 공간과 공간이 점유하고 있는 물리적 위치의 관계를 말한다. 이는 '연결'에서 '단절'까지의 스펙트럼을 포괄하기 때문에 다양한 관계성이 존재한다. 다시 말해서 여성청년 이주민들에게 집은 자신의 관심사, 하는 일, 그것들이 존재하는 공간과의 관계성에 따라 변동 가능하며 이동할 수 있는 것, 언제든 옮겨 다닐 수 있는 것으로 의미화된다. 요컨대 그들의 '집'은 이전까지의 집이 갖고 있던 전통적 의미와는 상반되는 지점에 위치한다.

인터뷰로 돌아가서, 민영은 광주에서 서울로 이주할 때 직장 근처에 집을 구하고자 했다. 간호사라는 직업 특성상 직장에서 보내는 시간이 길고, 일주일에 이틀은 야근 근무를 해야 해서였다. 한편 미혜는 자신의 관심사가 바뀌고, 그 관심사에 따른 활동 공간이 달라짐에 따라 집 위치를 바꿔나갔다. 명린 또한 근무지 이전에 따라 집을 옮겼는데, 차례대로 전주→부산→전주→서울에 거주했다.

유수 지금 이 동네 사는 것도 내가 오빠야랑 한 라인(지하철)에 있어서 그렇지. 내가 그랬어요, 남자가 부지런히 움직이는 거보다 내가 부지런히 움직이는 게 훨씬 더 가능성이 높다. 학교 안 빠지고. 오빠야 학교 쪽으로 기왕이면 어중간하게 중간에 맞추지 말고, 한 사람한테 가까운 쪽으로 가자. 심하게 먼 것도 아니니까.

리지 회사가 강남권인데, 내가 종로 쪽을 좋아하기도 하고, 지인들이 종로 쪽에 많이 포진하고 있으니까. 둘째는 아예 강남으로 가서 회사 바로 앞에 살기는 싫으니까. 여기가 딱 중간이거든. **종로를 좋아하는 이유는?** 일단 익숙해서. 마음이 편하달까. 아는 사람도 많고. 예를 들어서 나는 처음 가는 곳에 가면 좀 불편해해. 집에 빨리 가야 될 것 같고. 멀리 가는 것도 좀. 예를 들어서 종로를 내가 많이 좋아하더라도, 내가 만약 강남 살면 종로 가는 걸 꺼렸을 텐데 아무리 좋아해도. 일단 익숙하고, 지금 집에서 멀지 않고, 그러니까 잘 다닐 수 있고, 더군다나 친구들도 많이 있고, 아는 가게도 많이 있고. 그러니까 약간 안정적이라서.

이러한 거주지와 (거주 주체들이 활동하는) 다른 공간과의 위치-관계성은 다양하다. 민영, 미혜, 명린이 자신의 주된 활동이 이루어지는 공간과 최대한 연결되는 공간에 자리를 잡았다면, 유수는 동거인인 친오빠와의 관계를 고려하여 거주지 위치를 정했다고 볼수 있다(그녀보다 먼저 서울로 이주해 살고 있던 친오빠가 군대를 제대하자 유수는 처음 이주해 살고 있던 반지하 방에서 나와 함께 살 집을 구했다). 이에 반해 리지는 자신의 지인들이 많이 모여 있는 곳, 익숙하다고 생각되는 공간과의 위치적 연결성과 회사가 자리한 공간과의 위치적 단절성을 고려하여 집을 구했다.

여성청년 이주민들에게 집은 '언제든 내 관심사에 따라' 위치적 연결과 단절을 오가며 스스럼없이 옮길 수 있는 유동적인 의미를 갖고 있다. 이렇게 구성된 집의 장소성은 언제든 이동과 정착이 순환될 수 있는 정체성을 갖게 된다. 특히 이들이 이주 목적이 매우 뚜렷했던 만큼, 이주 목적을 충족시킬 수 있는 위치에 거주지를 정하는 것이 효율적으로 보인다. 특히 다양한 공간과의 위치-관계성을 고려하며 이동과 정착을 경험한 여성청년 이주민들은 다른 곳으로의 이주를 상상할 때도 자신의 관심 및 목적에 따른 이동을 기대한다.

미혜　학교 때문에, 혹은 직장 때문에 모여 있는 사람들의 공간. 옆방에는 투룸인데 모녀가 있다고 하더라구요. 아나운서 준비하려고. 그거 있고, 다 이제 1인가구나, 많아봤자 2인인데 그것도 다 직장이나 학교 때문에 머물러 있는 사람들의 [공간이구나].

지현　다른 곳으로 이사 간다면 어떤 곳으로 이주하고 싶은지? 기본적으로 내가 주거생활, 제대로 된, 부모님과 하는 그 우리가 흔히 생각하는 그런 안정되고 모든 게 세팅되어 있고, 공간이 넓고, 조용하고, 주거 집단 쫙 이렇게 되어 있는 그런 데서 안 산 거잖아. 사실. 어떻게 보면. 그러니까 그런 데서 안 살아서 그런 데서 사는 거가 너무 재미없을 거 같아. 니가 사는 관악?[*] 난 안 가고 싶어. 그러니까 내가 애를 키우고 그러면 가겠지. 오히려 더 좋은 데 가려고 하겠지. 근데 나의 모든 관심과 목적은 나한테 맞춰져 있잖아. 그런데 거기 나의 관심은 없거든.

리지 내가 약간 부모님이랑 사는 애들하고 다른 거 같은데, 어차피 혼자 사는데 내가 뭐하러 한 시간 걸리면서 어딜 다니냐는 생각이 강하니까. 내가 적을 두고 있는 곳이 바뀌면 그 근처로 옮기거나, 그 근처까지는 아니지만 너무 멀면 옮겨야 한다고 생각을 하는 거지.

미혜의 경우 자신이 살고 있는 공간의 정체성이 개인의 관심사와 목적('학생들과 직장인들이 모여 있는')과의 위치-관계성(연결)을 갖고 있는 것이라 생각하고 있었다. 인터뷰 당시 이미 이주 15년 차에 자주 이사 다닌 기억이 있었던 지현은 더 나아가 결혼 전까지의 이동과 정착 또한 이전까지의 집이 가지고 있었던 장소성('안정되고 모든 것이 세팅되어 있고, 공간이 넓고, 조용하고, 주거가 집단화'되어 있는)을 벗어난 곳에서 이루어지길 기대했다. 인터뷰 참여자들 가운데 이주 횟수가 가장 많았던 리지 역시 위의 두 사례와 마찬가지로 자신의 집을 자기가 속해 있는 '적', 즉 소속에 따라 이주 가능한 것으로 간주한다. 이처럼 이주를 경험한 여성청년들은 이동과 정착의 순환이 지속되면서 기존의 사회적인 집의 의미를 점차 허물고, 그것의 장

[*]   당시 나는 관악구에 거주하고 있었다.

소성을 개인적인 경험의 것 즉 변형 가능한 것으로 변화시킨다.

집의 새로운 '장소성'은 그 의미 자체도 매우 유동적이다. 훅스(hooks, 1991)는 '집은 수많은 곳에 있다'고 말하면서 집이 다양한 시각을 가능하게 하고 이를 촉진시키는 장소이자 우리가 현실을 보는 새로운 방식, 즉 차이의 개척지를 발견하는 장소라고 주장했다. 이는 집의 장소성이 하나로 고착된 것이 아니라 다양한 성질의 것을 포함하고 있다는 것을 의미한다. 또한 집의 장소성은 인간의 경험적 감각과 맞닿아 있고, 순간적이다. 그러므로 거주와 관련된 새로운 장소성은 기존의 것과 완벽히 단절되어 나타나지는 않는다. 이 새로운 '장소성'은 기존의 집이 가지고 있었던 장소성의 연속선상에 있으며 서로 겹쳐지거나 단절되기를 반복한다.

해방된
공간

여성-노동*에서의 해방

행위와 공간은 상호 의존적이다. 아버지의 집은 여성들에게 안전과 편안함을 제공하지만 동시에 자유나 해방감에 있어서는 관습화된 금기를 통해 제약을 가해왔다. 언뜻 보기에 평범하고 사소한 집에서의 일상은 여성을 규제하고 한계 짓는 권력 구조와 결부되어 있다. 남성은 항상 행위자였고, 여성은 정착이나 안착 혹은 수동적으로 정지되어 있는 상태로 설명되었다. 집에서 경제적 권력자이자 행위자인 아버지―혹은 가부장적 질서가 내재된 어머니―는

---

* 여기서 '여성-노동'은 가부장적 질서가 규범화한 '여성'과 '여성 노동' 모두를 가리킨다.

이데올로기적 감옥의 감시자로 여성청년의 행위와 일상을 재단하였고, 그들은 이를 벗어나고자 아버지의 집을 탈주했다.

민영 자유로움. 내 멋대로 모든 걸 할 수 있다는 그런 자유로움? 나만의 공간이 있다는 거? 잔소리 안 들어도 되고. 처음에는 엄마 잔소리가 너무 싫어가지고, 그것도 되게 좋았어요. 엄마 잔소리 안 듣는 게 너무 좋았어요. **어떤 잔소리 많이 하시는지?** 모든 게 잔소리죠. 뭐. 엄마가 되게 옆에서 막, 잔소리하는 스타일 있잖아요? 작은 거 하나까지, 다 잔소리하는. 뭐 해라, 뭐 해라, 이건 왜 안 했냐, 모든 것에 대해서 잔소리를 하는 스타일이어가지구. 그거에 대한 것도 되게 좋았죠.

영지 장점은 일단 내가 하고 싶은 대로 할 수 있다는 거. 잔소리하는 사람이 없고. 그런 거. 미리 혼자 사는 방법 예행연습 해보는 거? 독립된… 독신주의는 아닌데, 한번 살아본다는 거? 인생에 몇 년은, 혼자 살아본다는 거. 어떤 느낌인지.

지현 **이주해서 혼자 사는 게 힘들지 않았어요?** 별로 그런 게 없었어, 나는. 나는 나 스스로 독립할 수 있고, 감시나 어떤 것들에서 다 벗어나고 그런 게 제일 좋았는데? 내 마음껏 해도 되는 거. 집 안에서. 내 마음껏 해도 되는 거. 옷을 벗고 있어도 되고, 어제 먹었던 거를 일주일 뒤에 치워도 되고. 시간과 공간 배분을 내 마음대로 할 수 있는 게 제일 큰 거 같은데?

명린 자유죠. 늦게 들어가도 되니까. 안 들어가도 되고. 원래 술 못 먹었었거든요. 그런데 혼자 살면서 술이 많이 느는 것 같아요.

현민 저의 24시간 안에, 24시간을 그나마 좀, 물론 우연적인 요소가 끼어들 때도 있지만, 그나마 자율적으로 활용할 수 있다는 점? 자는 시간도 그렇고. [자율적으로] 시간을 쓸 수 있죠. 그 전에는 그냥 아주 사소하게는 막… 뭔가에 집중하고 있는데 엄마가 간장 사오라고 시킨다거나. 구성원들이 없으니까. 서울에 와서 제일 좋은 거는 그것밖에 없는 것 같아요. 새벽 4시에 컴퓨터를 해도 되고. 종종 정리하기 위해서라도 흐트러뜨릴 때가 필요하다고 생각하는데, 그게 집에서는 이상하게 약간, 약간 규율 안에 있으니까 막 흐트러뜨릴 때가 없잖아요. 그래서 그냥 이게 더 좋은 것 같아요. 조금 더 불규칙하긴 한데, 그래도 곧잘 다시 돌아와요. 곧잘.

이주를 통해 아버지의 집을 탈출한 여성청년 이주민들은 여성들의 삶을 구조화하는 시공간적 제약에서 벗어날 기회를 갖는다. 그들은 가부장적 '불문율과 관습'을 버리고 이전까지 금기시되었던 행위를 실천하기 시작한다. 여성들은 전통적인 여성상을 버리고 늦게 귀가하기도 하고, 술을 마시기도 하며 자율성을 만끽한다. 민영과 지현, 현민의 인터뷰에서 볼 수 있듯, 그들은 행위의 자율성만이 아니라 공간적·시간적 자율성을 느끼기도 한다. 이는 단순히 그들이 성인이 됐기 때문만은 아니다. 대학 졸업 후 원래 일하던 곳(전주)에서 근무지를 이전함에 따라 서울로 이주한 명린은, 이주 후 이전 집에서 받았던 제약으로부터 벗어나 자유로움을 느꼈다.

보라 혼자 있을 때 뭐 해? TV 봐. 그냥 누워가지고 이렇게. 진짜. 보통 똑같지, 여자애들이랑. 혼자 있으면. 많이 먹고, 많이 보고. 많이 자고. (중략) 엄마한테 먹는 것도 되게 구박당했어. 밤에 몇 시 이후로 너는 먹으면 절대 안 되고, 너는 그렇게 먹으면 돼지 된다, 그런 거 있잖아. 되게 인격적으로 모멸감 느끼게 하는 거 있잖아. 뭔 줄 알지? 지금도 그래. 나는 그걸로 스트레스 너무 받아서. 눈치를 너무 쥐가지고 혼자 있을 때는 오히려 그냥 확 놔버리더라고. 그거 짜증나가지고.

리지 자유로우니까. 내가 밤 몇 시에 들어오든, 괜찮으니까. 부모님이랑 살면 우리 아빠는 밤 10시만 되도 난리가 나거든. 지금도. 내가 만약에 고향에 내려가서 친구들을 만나가지고 술을 마신다, 10시부터 난리가 나. 어디 여자애가 밤 12시까지 술을 마시냐며.

혜령 내가 사랑하는 나쁜 습관들을 마음껏 기를 수 있다는 것. 그런 게 좋은 거 같아. **어떤?** 치우기 싫은 거. 그다음에 뭐 늦잠 자는 거. 밥 같은 거 해 먹기 싫으면 시켜 먹는 거. **자주 시켜 먹는 편이야?** 아니. 그런 건 아니지만, 밥 같은 거 해 먹기 싫고 이러면 스킵할 수 있는 거. 굳이, 굳이 무엇인가를 고려하지 않아도 되는 거. 나의 행동에. 밤늦게까지 놀고.

여성청년 이주민들이 기존의 집을 떠나 해방감을 느끼는 지점들은 그녀들이 여성으로서 억압받던 부분이자 벗어나고자 욕망했던 관습의 각인들이었다. 보라는 이주 후 집이라는 공간에서 받았던 '여성의 육체'에 관련된 억압들을 털어버릴 수 있었다고 고백하면서, 어머니가 주입시켰던 여성의 몸에 주어진 제약들을 벗어날수 있어서 행복하다고 말했다. 보라의 어머니는 그녀를 대할 때와는 달리 남동생에게는 음식과 몸에 대한 억압과 제약을 두지 않았다고 한다.

보라와 마찬가지로 보수적이고 가부장적인 가족의 감시에서 벗어나 수도권으로 이주한 리지는 귀가 시간과 관련하여 젠더적으로 분리된 체계를 갖고 있는 아버지가 불편했고, 이주 후 그녀의 시간은 자신이 재단하고 조정할 수 있는 것으로 변화했다. 한편 혜령은 인터뷰 도중 자신의 '나쁜 습관'을 사랑한다고 언급했다. 이러한 답변을 통해 그녀가 비록 '아버지 없는 삶'을 선호하고 있으나 동시에 집에서 지켜야 할 규범들을 자기-의무화하고 있다는 것을 알 수 있다. 혜령은 이러한 규범들을 벗어난 행위는 '나쁜 것'으로 가치 판단하고 있었는데, 그녀가 언급한 '나쁜 습관'의 범주는 우리가 흔히 가사노동이라고 일컫는 것들을 게을리 하거나 아예하지 않는 것을 의미했다.

사실 가사노동이 무엇인지 구체적으로 정의하기 어려운 것은 수행하는 일이 워낙 다양하기 때문이다. 분명한 건 '가사노동'이 여성 편향적인 노동이라는 사실이다. 그러나 이주를 경험한 여성 청년들은 혜령과 마찬가지로 청소, 돌봄, 식사 준비 등 전통적인 가정에서 여성에게 부과된 노동을 스스로 관리하기 시작한다. 특히 사회적으로 가사노동이 점차 외부화됨에 따라 여성청년 이주민들은 여성의 무임노동으로 정의되었던 가사를 책임지지 않아도 될 만큼 자유로워졌다. 그들은 가족의 간섭을 받지 않고 자기를 계발할 시간과 공간을 확보할 수 있다.

지애 **집 안 청소, 가사 일은 어느 수준으로 하는지?** 음… 옛날에는, 우리 부산 집이 엄청 깨끗해요 진짜. 엄청 깨끗해서 나는 진짜 그렇게 살아야 되는 줄 알았어요. 그렇게 깨끗하게. 그래서 처음에 혼자 나와서 살 때도 그랬고, 여기 와서도 당분간은 진짜 깨끗하게 살았구요. 일주일에 두세 번씩 욕실 청소하고, 먼지 없이. 진짜 깨끗하게 살았는데, 지금은 워낙 짐도 많고, 적당히 버리는 구간이 있어요. 이 좁은 방에 버리는 구간이 있어요. 침대랑 이 구간 버리고, 이 바닥만 닦아요. 바닥하고 욕실 이 두 군데만 깨끗하게 치워요.

민영 거의 잘 안 해요. 최소한. 진짜 쌓이면 그때 하자. 이렇게. 쓰레기 버리는 것도 쌓이면 하자. 욕실 청소는 잘 안 해요. 더러우면 하고. 그러니까 규칙적으로 하는 게 아니고, 더러우면 하고, 그때그때 쌓이면 하고. 그런 스타일. 최소한의 생활이 유지될 정도?

보라 나 집에 있으면 드러누워 있단 말이야. [집을] 꾸미는 것도 가끔, 1년에 한 번씩 열정이 끓어올랐을 때 하는 거지, 그냥 드러누워서, 난 요리도 잘 안 해. 사실. 밤에 그냥 아무거나 너무 먹고 싶은데, 이미 배달시키기 너무 늦었을 때나 해 먹는 거지, 막 이렇게 하는 거는 아니야. 주로 누워 있고.

유수 전 중간쯤 해요. 왜냐면 너무 깨끗하면 내가 불안하고, 더러우면 싫고. 전 쌓아두는 걸 좋아해요. 정리가 됐다기보다는 물론 집이 깨끗한 게 좋지만 기본적으로 옷이나 이런 것들을 쌓아놔요. 약간 내 눈에 뭔가 약간 흐트러져 있는 느낌이 좋아요.

지애, 보라, 유수는 어릴 적부터 어머니가 가사노동을 도맡아 수행하는 걸 보며 자랐다. 특히 지애는 위로나 아래로나 남자 형제(오빠, 남동생)가 있는 집안에서 자라 셋 중 유일하게 서울 소재 대학에 진학했다. 그녀는 어머니의 가사노동에 대한 완벽함을 보고 자라 혼자 살 때도 가사노동을 의무화하고 있었으나, 오히려 시간이 지날수록 가사노동은 자신이 관리할 수 있는 것임을 인지하게 되었다. 그러나 그녀는 고향 집으로 회귀할 때마다 자연스럽게 가사노동을 하게 된다고 밝힌 바 있다. 이는 나머지 두 남자 형제와는 차별적으로 그녀에게만 주어진 것이다.

지애 **하루에 몇 끼 정도 드세요?** 두 끼 정도? **뭘 드세요?** 라면이요. **냉장고는 쓰세요?** 안 써요. 물론 쓰기는 쓰죠. 그래도 진짜 집에서 일반 주부들이 거기서 야채 꺼내고 이러는데, 나는 베란다에 다 널브러져 있어요. 요즘 날이 추우니까요. 다 조리되어 있는 거 먹는 거죠. 레토르트죠. (중략) 육개장 이렇게 조리 다 되어 있는 거 사 와서 야채 좀 더 넣고 끓여 먹는 정도? 갈비탕 이런 거 쉽게 주문해서. 요즘 소셜(소셜커머스)에서 그런 거 많이 사서 먹어요.

리지 보통 집에서 한 끼. 저녁. 요새는 몰라, 최근 한 6개월은 너무 심하게 바빠가지고, 집에 오면 넉다운이라서 해 먹으면 라면이야. 아니면 대충 사 와. 편의점이든, 분식점이든. 왜냐하면 1인분 배달이 안 되는 경우가 많아. 그러니까 그냥 아예 예를 들어 내가 무슨 가게에서 뭐를 사고 싶으면 2인분, 또는 8000원 이상을 사야 배달을 해주거나 이런 게 많으니까, 아예 그냥 올 때 가게에 들러서 픽업해 오는 거지. **해 먹을 경우 남아서 잘 안 해 먹게 되는 거야?** 해놓고 남는 거는 또 먹으면 되는데, 사고 남은 재료들은 항상 다 버리게 되니까 내가 연짱 매일매일 요리를 하지는 않는단 말이야? 그러면 결국에 그 야채들이며 뭐는 다 버리게 돼.

유수 저 그때는 편의점 김밥 먹었어요. 제가 딱 초반에 세 가지 메뉴가 있어요. 캔모아 초코빙수. **그걸 혼자 먹었다고?** 혼자 가서 먹었는데요. 분식 있어요. 해물 떡볶이가 있어요. 해물 치즈 떡볶이. 저녁에 들어올 때는 1000원짜리 김밥 사서 먹고. **요리는 잘 안 했어?** 요리하는 것도 좋아해요. 그런데 나는 내가 혼자 먹자고 요리하는 걸 되게 싫어해요. 질리잖아요. 저는 나 먹자고 하는 건 싫어해요. 하면서 질리기도 하고.

식사 준비와 관련된 가사노동은 특히 여성화되어 있는 노동이라 할 수 있다. '부엌'은 역사적으로 여성들만 출입하는 장소였고, 건강이라는 삶의 가치와 직결된 노동이 이루어지는 곳이었다. 그러나 인터뷰 참여자들 대다수는 이주 후 식사 준비와 관련된 가사노동을 할 필요가 없었다. 우선 그들이 살고 있는 집에 조리를 위한 공간이 없거나, 있다고 하더라도 매우 협소했으며, 집 밖의 공

간에서 상품으로 구매할 수 있기 때문이다.[*]

관습적으로 여성의 책임으로 전가되었던 가사노동은 이제 젠더 편향적인 노동이 아닌 누구라도 할 수 있는 것 혹은 해야 하는 것이 되었으며, 소비 가능한 상품의 일부라는 사실을 이주민 주체들은 이해하고 경험한다. 가사노동은 자신의 삶과 직결되는, 자기 관리가 가능한 노동인 것이다. 그러나 동시에 가사노동의 자기-관리적 측면과 관습적인 외부 세계가 충돌할 경우, 여전히 젠더적으로 여성화된 가사노동에 대한 여성적 수용이나 저항, 혹은 전복이 일어나기도 했다.

미혜 오빠랑 살 때 자기 정체성은 어땠어? 내니? 유모? (웃음) 밥 차려주고~ 그리고 또 저도 그걸 하는데 저도 뭐… 음… 가사일을 했죠. 제가 많이 했죠. 둘 다 학원 다닐 목적으로 있었으니까, 잠시나마. 저는 다시 학교로 갔지만.

혜령 이런 의미에서 기분 나빴던 건 있지. 너무 당연하게 어우, 여자 혼자 살면 누구나 깨끗하게 치우지 않느냐. 이런 식으로 얘기하면 나는 그게 더 약간, 일반화시키는 문장들. 그런 거 기분 나빴고.

---

[*] 부록 '인터뷰 참여자의 자기 집 그리기'를 살펴보면, 주방을 그려넣은 인터뷰 참여자는 지애, 미혜, 지현, 명린, 혜령뿐이었다. 나머지 인터뷰 참여자들은 주방이 있는 집에 살고 있었으나 주방을 그려넣지 않았으며, 실제로 그들은 집에서 식사나 조리를 잘 하지 않는다고 답했다. 주방을 그려넣은 넷 또한 실제 크기에 비해 주방을 작게 묘사했는데 이는 이 공간에 대한 심리적 중요도가 낮은 것으로 해석된다.

지애 남자친구 중에 부모님이랑 같이 사는 친구가 있고, 혼자 나와서 지내는, 동생하고 지내는 친구가 있었어요. 그런데, 그러니까 그 동생이랑 같이 지내는 그 집은, 내가 그 집에 거의 주말이면 가서 지냈거든요. 한 이틀, 삼일을? 다 같이 시장 가서 [장 봐서] 밥 해 먹고. **그런 데 즐거움이 있는 거잖아요?** 그렇죠. 개가 밥도 하고 다 했으니까요. 나는 개네 집에 가는 거라 청소할 필요도 없고. 완전 편했죠.

　고등학생 때 이미 이주를 경험한(기숙사 고등학교) 미혜는 서울로 이주해 혼자 사는 기간 동안 가사노동에 별 부담을 느끼지 않았던 인터뷰 참여자 중 한 명이었다. 그러던 중 그녀가 오빠와 함께 살게 되면서 느꼈던 자신의 정체성은 '돌보미'였다. 그녀는 가사노동을 당연히 자신이 해야 하는 것처럼 언급했다. 이는 이전까지 젠더가 무화되었던 가사노동이 함께 거주하는 가족(남성)으로 인해 자연스럽게 여성의 노동으로 전환한 것으로 이해될 수 있다. 혜령은 이와 달리 외부 세계가 가지는 '여성성에 대한 환상'―특히 가사노동에 있어서의 의무감―과 같은 편견에 분노한 경험이 있음을 밝혔다. 그녀는 여성이라면 당연히 혼자 살더라도 가사노동을 완벽하게 수행할 것이라는 사회의 편견 혹은 젠더 편향적인 규정에 반발했다.
　지애는 다른 두 인터뷰 참여자와 달리 가사노동 수행에서의 젠더 전복을 경험했다고 밝혔다. 이주해 동생과 거주하는 남성과 연애한 적이 있는 지애는 그가 가사노동을 도맡아 하는 모습을 보며 편안함을 느꼈다고 언급했다. 이처럼 남성 중심적인 사회에서 여성적인 노동이라 간주되었던 가사노동은 공간의 이동에 따라 역할이 젠더적으로 전복되거나, 자기-관리가 가능하며, 전형화된 여성의 노동이 아닐 수도 있다는 감각을 제공한다. 여성적이라고 규정되었던 노동의 경계가 희미해지는 것은 사회의 변화(가사노동의 상품화)와 공간의 변화(부엌의 부재, 혹은 공간의 협소함), 그리고 그 내부에 자리한 여성청년 주체가 상호작용하며 이루어낸 것이다.

> **유수** 일단 기본적으로 혼자 뭐를 해나가야 한다고 했을 때 결정을 빨리 하게 되죠. 포기할 거는 포기할 거. 갈 거는 갈 거. 그리고 또 원래 내가 집안일을 수리하고 이런 걸 오빠보다 잘하긴 했어요. (웃음) 그런데 좀, 남녀 일에 대한 구분도 없어진 거 같고.

> **미혜 이주 후 변화한 것이 있다면?** 정체성의 혼란이 올 때가 많다? 남자 같아요. **원래 그랬는지?** 원래부터는 아니었던 거 같아요. 원래부터 이랬나? (웃음) 좀 삼촌 같은 느낌? 여성스럽지가 않아요. 진짜. (중략) 하는 행동이나 판단이나 이런 거 있잖아요. 이게 약간 남성스러운 거 같아요. **이유는?** [제가] 혼자 살고 있잖아요. 결정이나 모든 것들을 혼자 해보니까. 아까 말했잖아요, 내가 할 수 있는 거 같은 건 다 하고.

가사노동의 자기-관리화를 넘어 여성청년 이주민들은 남성화된 노동을 수행하며 노동에 대한 젠더 구분을 허물어뜨리기도 한다. 결론적으로 그들은 이주를 통해 자기만의 공간에서 자유와 해방감을 느끼고, 가사노동에서의 젠더 편향적인 관점을 스스로 변화시키며 자신의 정체성을 구축해나간다. 이는 이주 후 '아버지가 부재하는 집'이라는 공간과 상호작용하는 여성청년 주체가 여성이라는 경계와 여성-노동 경계 모두를 허물고 있다는 것을 경험적으로 보여준다.

섹슈얼리티 해방

여성의 섹슈얼리티는 사회적 의미의 재생산(출산과 육아) 외에는 용납되지 못했던, 다시 말해 여성이 어머니가 되는 생물학적 경험 외에는 금기시되어온 역사를 갖는다. 이는 사회적 재생산이 불가능한 여성의 성적 행위는 비가시화되어왔음을 의미한다. 이러한 상황은 여성에게 사회적으로 이중적인 젠더 억압을 가하는데, 하나는 여성의 성적 행위는 '어머니'로서의 역할을 위한 것으로만 존재해야 한다는 것이며 다른 하나는 이성애적 관계 맺음 이외의 성적 행위는 존재해서는 안 된다는 것이다.

유수 전 애인이랑 주로 집에서 섹스했어요. **그런 점에서 혼자 사는 게 편한 건지?** 좋죠. 편하고. 그리고 내가 혼자 사니까 얘를 우리 집에 초대했을 때 내 공간을 공유하는 거잖아요. 오로지 내 공간을. 그러니까 더 많이, 깊이 가까워지는 느낌이죠.

보라 이주해서 혼자 살게 되면서 가장 좋았던 점은? 남자친구가 집에 올 수 있다는 게 좋은 거 아니야? (웃음) 그거지. 제일 좋은 건

그건 거 같은데. 그게 핵심이지. 꾸며놓고 이런 거는 내가 혼자 살면서 했지만, 내가 집에 있을 때도 그렇게 할 수 있었기 때문에, 이건 내가 혼자 살았기 때문에 그런 건 아닌 거 같아. 스무 살 초반에 감성 때문에 꾸민 거지. 여성이 혼자 살기 때문에 꾸민 건 아니었을 거야. 집에서 [가족들과 함께 살아도] 똑같을 건데, 혼자 그냥 내가 하고 싶은 대로 늦게 들어와도 되고, 친구 데리고 와도 되고, 남자 친구 데리고 와도 되고, 그게 제일 편하지. 자유롭게 막.

미혜 부모님과 떨어져 살게 되면서 그 친구들이 좀 빨라서. 빨라 가지고 그런 걸(성관계) 간접 경험으로 하다가, 실제 상황이 닥쳐서 하긴 했는데, 엄마 아빠 생각이 안 났죠. 그때는. (웃음) 확실히 자유로운 것 같아요. 그런 일반 부모님이랑 같이 사는 친구들이나, 서울 애들. 가족들이랑 쭉 같이 살았던 애들보다는. 그것도 있잖아요. 서울 촌년. 서울 애들이 저보다 안 가본 곳 많은 것 같은. 선입견보다 오히려 부러움의 대상이 되는. 확실히 자기 공간이 있고. 자기만의 공간이 있다는 걸 되게 부러워하는 경우가 많아요. 저희 친구들은. 남자들이 좋아한다고 생각하는 것도 있고. (웃음)

여성청년 이주민들은 결혼과 성에 대한 태도에 있어서 스스로 자율성을 갖고 행동하는 법을 점차 깨닫는다. 특히 자신이 이주해 살고 있는 집 안에서의 성적 행위는 상대방과의 관계를 더 가깝게 한다. 스스로를 양성애자라고 밝힌 유수는 동성 애인과의 성적 행위가 외부 세계에 노출될 때, 사회적 시선으로부터 자유롭지 못하다고 말했다. 그러나 혼자 살고 있는 자신의 집 안에서 이루어지는 동성 애인과의 성적 행위는 그녀에게 안전함의 감각을 제공한다. 이는 그녀가 자기만의 집에서 성적으로 새로운 경험을 만끽할 수 있음을 의미했다. 그녀에게 집은 남성 중심적 이성애 관계를 벗어나 관계 맺음에서의 사적 자율성을 제공하는 장소가 되었다.

보라의 경우 이주 후 혼자 살게 되면서 가장 좋았던 점으로 남자친구의 방문을 꼽았다. 앞서 밝혔듯 보라는 어머니의 감시망에서 자유롭지 못한 유년기를 보냈는데, 특히 이성애적 관계 맺음(연애)에 대해 다양한 형태로 감시 및 통제를 받았다. 유년기가 지나고 성인이 된 후에도 어머니는 그녀의 관계 맺음에 다양한 형태로 간섭*을 가했다. 그러나 이주를 통한 자신의 주거 공간 확보는 어머니와 함께 사는 공간에서보다 자율성을 확보할 기회를 마련해주었다.

한편 미혜는 성적 자율성에 관한 외부의 시선, 특히 남성의 시선을 긍정적으로 받아들이는 모습을 보였다. 혼자 사는 여성에게 주어지는 성적 자율성에 대해서는 주체가 그 자율성에의 의지를 갖지 않더라도 사회적으로 정형화된 이미지가 존재한다. 혼자 사는 여성일수록 '남자들에게 호감일 것'이라고 생각하는 미혜는 남성들이 정형화하는 '혼자 사는 여성'에 대한 수사를 긍정적으로 받아들이면서 자신의 성적 자율성을 오히려 부정하지 않는 형태로 수용했다. 이러한 수용 방식은 이중적인 의미를 갖는데, 하나는 남성이 성적 대상화한 여성 이미지를 그대로 수용하여 그것을 여성

---

* 보라는 성인이 된 후, 다시 말해 이주해서 물리적 거리감이 확보된 뒤에도 미디어를 통해 어머니의 감시 및 통제를 계속 받고 있었다.

적 가치로 받아들이는 것, 그리고 다른 하나는 이를 거꾸로 이용하여 젠더 불평등을 무력화하는 것이다.

리지 옛날에는 내 집에서 내가 항상 (성적으로) 주도적이었어. 현재 남자친구 전까지. 백 프로 다. 그랬었어. 내가 어쨌든 내 집이니까 내가 희생을 하는 부분이 많다고 생각을 했고, 내 집에 있으면서 그렇다고 관리비 같이 내주는 거 아니잖아. 그런데 내 집에서 시원하게 에어컨을 켜고 있다든가 아니면 따듯하게 보일러를 켜고 있다든가. 걔랑 같이 있으면서 내가 다 뭔가, 그리고 내 집에 있으면 자꾸 내 음식도 같이 먹는 거니까. 모텔도. 내가 집이 없었으면 모텔비 엄청 들 텐데.

지현 어… 좋지. 왜냐하면 땡길 때 할 수 있으니까. 뭐 그런 것도 있고. 그냥 자연스럽게 할 수 있으니까. 제일 중요한 거 같애. 가족들이랑 같이 살았으면 불가능하지. 불가능하지. 말도 안 되는 일이고, 그때는 진짜 모텔을 전전했겠죠. 아니면 여행을 간다던지, 아니면 인위적인 계획과 뭐 이런 하에서만 할 수 있지만, [집이 있으면] 그냥 일상생활. **언제 첫 경험을 했어요?** 스물한 살. **어디서?** 우리 집. 아주 자연스럽게. **어떻게 하다가?** 그러니까 그냥 뭐 보통 이제 술 먹고 집까지 와가지고. "가지 마라, 오늘 같이 있자." 뭐 그렇게 되는 거지. 그냥 자연스럽게 스킨십을 하다 보면 그러니까 그게 모텔로 가거나 이러면 자연스럽게 스킨십이 아니라, "우리 가자", 이렇게. 정말 서로 너도 나도 의식이 되게 명확하게 서면서 특히 첫 경험은 또 되게 여자애들이 막 이런 게 뭔가 거부감이 있다가 온갖 생각들이 들잖아. 나라고 그런 게 없었겠냐마는, 하지만 훨씬 수월했지. 그냥 터치를 하다 보면 자연스럽게 잠자리로 갈 가능성이 커지고, 그런 호기심이 또 내가 충만하다 보니까 응, 뭐지 이 세계는 뭘까? 그랬던… 그리고 내가 장소를 제공하는 거니까, 그만큼 내가 우위에 설 수 있는 거지. 그냥 내가 내키지 않으면 "꺼져", "나가", 집 안에서 싸우거나 그러잖아, 그러면 "나가"부터 가능하고. 또한 그 사람이 내 눈치를 볼 수밖에 없는 거고. 모든 것들이.

이주 후 자신의 집에서 여성청년 주체가 성적 자율성을 갖게 되는 것 이외에도 자신이 공간을 점유하고 있음으로부터 오는 공간 주체성은 성적 관계 맺음에서 권력 위계의 전복을 불러일으키기도 한다. 리지는 이러한 권력의 역학이 이성애적 관계 맺음에서 주도권을 제공했다고 응답했다. 그녀는 자신의 집에서 제공되는 다양한 형태의 편안함과 안락함을 경제적 가치로 환원시키며 관계에 있어서 자신의 우위를 합리화했다. 이는 여성청년 주체가 남성주도적인 연애관계—특히 경제적 비용이라는 측면—를 벗어나 행위하고 있음을 보여주는 것으로 해석될 수 있다.

지현 역시 여성이 성적 친밀성을 갖는 데서 느낄 수 있는 두려움이나 공포감을 줄이는 기제로 자신의 공간을 활용했다고 밝혔다. 즉 섹스만이 목적이 되는 것이 아니라 일상을 공유하고, 그 일상의 주도권을 자신이 가질 수 있다는 성적 주체성의 발현은 자신만의 '공간'—그것이 비록 부모의 지원에 의한 것이라 할지라도—을 가질 수 있었기에 가능했던 것이다. 특히 남성들의 섹스 요구에 부응하는 수동적인 위치에서 벗어나 자신이 스스로 섹스에 대한 요구를 할 수 있다는 경험은 친밀한 관계에서 섹스가 설득과 요구가 아닌 자연스런 합의로 이루어지는 것임을 인식하게 만든다.

영지 그때 사귀던 잘생긴 오빠가 처음 그 집에 왔었지. 그때 처음으로 초대를 했었지. 마지막 보루로 이렇게 내 집은 남겨놔야 하는데, 그런 생각이 있었는데. 그 오빠는 금방 사귀고 헤어져가지고. 그리고 지금 오빠(남자친구). 처음에 너무 오빠는 살얼음판을 딛는 거 같대. 나 만나도, 언제 애 입에서 헤어지자는 얘기가 나올지 모른다고. 그래서 오빠는 맨날 집에 오는 거야. 그때만 해도 좀 취업을 다시 해보고 싶어서 뭔갈 하려던 그런 생각이 있었기 때문에 공부도 해야 하고, 막 이것저것 해야 하는데 오빠가 있으니까 아무것도 못 하겠는 거야. 그때는 좀 많이 짜증냈어.

민영 음… 그런 거 좋을 때는 좋은 거 같아요. 남자친구랑 같이 마트 다니고, 마치 같이 사는 거마냥 하는 거는 되게 자유롭죠. 부모님이 있을 때는 집에 항상 꼬박꼬박 들어가야 하고 하니까. 여행 가지 않는 이상은. 그런 거는 되게 좋은 것 같아요. 집에서 같이 뭐 해 먹고. **상대방을 잘 아는 계기가 되는 것 같아?** 네. 그런데 너무 많이 알게 되는 계기가 되는 것 같기는 한데 좀, 뭐라고 해야 하지, 그렇게 하면서 좀, 그래도 좀 자기가 감추려고 하는 부분이 있잖아요. 그런 게 벽이 없어졌다고 해야 하나?

리지 그게 아마 내가 혼자 사는 거에 대해서, 혼자 산 지 6년 정도 됐을 때부터 회의를 느꼈던 부분이 딱 그거 하난 거 같아. 남자를, 연애를 하는 부분에서 혼자 사는 여자는 좀. 너무 쉽고, 그런 걸 떠나서 상대가 그렇게 생각을 안 하더라도 내가 너무 기대는 게 많아지고. 혼자 살다 보면 그 집에 와서 같이 생활하는 경우가 있으니까 좀 더 헤어짐에 시간이 걸리거나, 어렵거나. 왜냐면 생활이 정말 오픈되어 있으니까, 얘가 빠지면 집을 이사해야 되는 그런 심정이 되는 거지. 이 집에서는 못 산다, 이제는. 기억이 많이 남아 있으니까. 나 혼자만의 공간이 아니니까.

유수 고등학교 때 진지하게 만난 애가 있었어요. 그런데 정말 힘들었던 게 뭐냐면, 수능 치기 한 달 전에 헤어졌는데, 나는 기숙사에 가도 걔가 있고, 학교에 걔가 있고. 집에도 왔었어요. 집에 와도 얘가 있는 거야. 그 모든 공간에 걔가 있었어요. 서울에 오면 그런 짓을 다시 안 하겠다고 생각했는데, 막상 내가 밤에 일을 하고, 편하게 쉴 수 있는 공간이 집이니까 집에서 만나게 되고 또 걔를 대학 와서도 만났어요. 헤어지고 대학 와서도 또 만났는데, 또 얘가 그러니까 모든 곳에 얘인 거야. 온 공간에 얘가 다 묻어 있는데, 그래서 오빠야랑 처음에 같이 살 때, 그때는 솔직히 싫다고 생각은 했지만 그래도 좀 쉽게 수긍을 했던 거 같아요. 아, 우선 여기서 벗어나야겠다.

그러나 동시에 인터뷰 참여자들은 자기 공간에 대한 경계 혹은 방어벽이 친밀성에 의해 무너지는 것을 두려워하는 감각 또한 지니고 있었다. 친밀한 관계를 맺고 있는 사람과 공간을 공유한다는 것은 그들의 일상 또한 공유한다는 것을 의미한다. 또한 일상과 공간을 공유하던 대상과 이별을 맞이할 경우 그 공간은 여전히 감정과 기억들이 남아 있는 상태로 유지되어 관계의 완벽한 종결을 어렵게 만든다. 몇몇 인터뷰 참여자들은 연애가 종결된 뒤 집을 이주한 경우도 있었다. 가령 유수는 혼자 살던 집을 처분하고 오빠와 함께 살게 된 계기 중 하나를 '연인과의 이별'이라고 답했다. 또한 관계가 유지되는 경우에도 일상에서의 자기 주체성이 흐려진다고 응답한 인터뷰 참여자들이 존재했다.

이처럼 여성청년 이주민들의 섹슈얼리티는 공간에 따라 바뀌는 유동적인 성향을 띠고 그들의 생애주기, 공간의 범주와 맞물려 다양한 경험을 하게 만든다. 인터뷰 참여자들은 다양한 이주 경험을 갖고 있었고, 그들이 경험했던 몇몇 공간은 이러한 성적 관계 맺음을 시도할 수조차 없게 만들기도 했다(고시원, 고시텔, 하숙, 룸메이트의 존재 등). 그러나 가부장적 감시에서 물리적으로 벗어나 아버지 없는 공간에서의 다양한 섹슈얼리티 경험은 그들에게 성적 자율성의 가능성을 볼 수 있는 여지와 주체적 성적 경험을 제공하는 계기가 되었다.

부분적 해방으로서의 소비

소비하는 여성에 대한 담론은 대부분 탐욕스럽고 미성숙한 욕망의 재현으로 이루어졌다. 기본적으로 자기 공간을 위한 소비나 자신의 신체를 위한 소비는 임금노동을 하는 자에게만 주어진 특권이었다. 노동 주체 이외의 소비 주체는 대부분 경멸적인 성격을 띤 채 서사화된다. 대표적으로 여성의 요구에 부응하는 새로운 종류의 공적 도시 공간인 '백화점'은 여성적 공간인 동시에 사사로운 요구와 욕망이 경합하는 곳으로 재현되었다.

그러나 근대 세계에 접어들면서 여성이 '소비의 주체'로 떠올랐고, 오늘날에 이르러 소비를 여성 해방의 한 통로로 간주하는 경향이 생겨나기 시작했다(설혜심, 2014, 257). 여기서 해방이란 "소비자로서의 삶의 패턴과 등치되는 것으로 그것은 과거 여성이 스스로를 부정하고 억압하던 관행에서 벗어나 여성으로서 개성을 표현하고, 스스로의 자유의지에 의해 소비문화를 자신만의 방식으로 해석하게 되는 것"(Leach, 1984, 320; 설혜심, 2014, 271 재인용)을 의미한다.

이주를 경험한 여성청년들은 자기 자신과의 직접적인 대면을 위해 매우 실용적인 문제들을 해결해야 한다. 여성청년 이주민들은 자신을 위해 쇼핑을 해야 하고 재정적인 관리를 시작해야 한다. 이는 여성청년 이주민들에게 소비하는 행위로부터 오는 자기만족의 감정을 느낄 수 있는 기제를 마련한다. 돈을 관리하고 상품을 소비하는 것은 원래 여성들에게 자기만족을 주면 안 되는 행위—사회적으로 비난받을 가능성이 있는—였다. 이는 아버지 밑에서 재정적 관리를 받았던 유년 시절부터 그랬고, 결혼 뒤에는 '가정'을 위해 소비해야 한다는 사회적 재생산의 의무감에서 비롯된 것이기도 했다. 그러나 여성청년 이주민들은 어쩔 수 없이 생존을 위한 소비 행위를 지속해야만 하는 위치를 이주를 통해 부여받는다.

지현 그게 연령이라는 게 차이가 있잖아. 이전에는 한국적 상황에서 중고등학생이 만질 수 있는 기기라든지, 집 안에서의 활동 범위라든지 이런 게 되게 제한적인데, 스무 살 이후부터 특히, 나는 내 생활하면서부터는 엄마가 했던 일도 나의 일이 되고, 아빠가 했던 일도 나의 일이 되고 고지서부터 해서 이 모든 것들을 내가 다 처리해야 하고, 통장 잔고에 얼마가 남았느냐도 되게 예민해지는 문제인 거고. 그래서 이걸 어디서 어떻게 원조를 해야 할 것이고, 이 모든 것들을 내가 다 매니징(관리)해야 하는, 그게 제일 다르겠지.

리지 혼자 살면서 경제관념이 생긴 거 같아. **저축은 하는 편인지?** 응. 월급의 절반은 저축하지. 내가 가진 돈이 끝나면 나는 돈이 없는 거니까, 부모님이랑 같이 살면 부모님이 계속 대줄 거 아니야. 그런데 어쨌든 나는 이제 그래도 돈을 엄청 많이 쓰는 편이지만, 엄청 많이 쓰는 편 안에서만 쓰려고 하는 거지. 맥시멈, 예를 들어 부모님이랑 같이 사는 애들은 한 달에 50만 원만 쓰는 애들도 많대. 뭐, 집에서 밥 먹으니까 밥값 안 들고, 여러 가지 이유를 들던데, 나는 한 달에 200만 원 쓰는 거 같애. 항상. 근데 어쨌든, 200만 원이라는 맥시멈 안에서 여러 가지로 고민을 하지, 내가 이걸 해도 될까, 저걸 해도 될까, 이번 달은 뭔가 행사가 많은데, 뭐 이런 거.

현민 부모님이 경제적 독립을 하라고 강요한 건 아닌데, 왠지 그렇게 해야 될 것 같았어요. 그래서 그냥, 졸업하고, 제 계좌가 있잖아요. 거기다 핸드폰 요금을 돌리고, 그리고 이렇게 내가 지금 버는 돈으로. 1학년 때는 부모님이 다 지원해주셨어요. 용돈, 카드도 주셨고. 주눅 들지 말고 잘 적응하라고. 2학년이 되니까 그때는 '아, 진짜 이제는 안 된다' 이런 느낌이 들었고. 그렇게 되려면 한 끼에 내가 얼마를 써야 되는지 그리고 1주일에 나한테 주어진 여유자금은 얼만지, 1주일 단위로 돈을 계산하게 됐죠. 그니까 예를 들어서, [하루에 만원을 식비로 지출하기로 계획했다면] 어… 내가 점심, 우동을 6000원을 먹었으면 그다음에 식비는 4000원[이 남고], 6000원을 까는 거죠. 이런 식으로 내 삶의 많은 부분들을 생각하게 됐어요. 1학년 때는 안 그랬는데 2학년 때는 내가 버는 돈 안에서 소비해야 되잖아요. 그니까 좀… 많이 남을 때도 있고, 아닐 때도 있지만 어쨌든 다 염두에 두고 있어요.

지현은 이주 후 가장 크게 달라진 점을 묻자 경제적인 부분을 자신이 관리해야 하는 것이라고 언급했다. 사실 집을 관리하고 유지하기 위해서는 다양한 형태의 비용을 지출해야 한다. 집에서 일상생활을 유지하기 위하여 지출하는 관리비에는 전기세, 가스비, 수도 요금, 쓰레기 수거비용 등이 포함된다. 이주 전 여성청년들은 경제적 단위로서 집이 유지되는 것에 대해 무지하거나, 인지하고 있었다 하더라도 직접 관리하지 않았다. 그러나 이주 후 자신의 주거 공간에 대하여 직접 관리비를 지출―그것이 비록 부모님의 경제적 지원에서 비롯된 것이라 할지라도―해야 하는 위치에 놓이는 것이다.

이러한 지출 행태는 이전까지의 단편적 소비 행위, 다시 말해 다양한 욕망 형식에서 비롯된 자기 표현을 위한 소비(과시 소비)와는 다른, 포괄적이면서 생존적인 소비 활동이라고 볼 수 있다. 이전까지 학계에서 여성 주체적 소비 행위를 설명할 때, 생존을 위한 소비 행위는 묵과되거나 당연시되는 경향이 있었다. 그러나 자신에게 주어진 자금을 주체적으로 관리하고 그 상태를 끊임없이 조직하는 것은, 임금노동을 하지 않고 부모에게 경제적인 지원을 받는 상황이라 할지라도 경제적 권한을 스스로에게 부여하고 주체적으로 소비한다는 점에서 독립적이고 개별적인 성격을 띤다. 특히 이들의 경우 사회적으로 남성적이라 통용되었던 경제적 용어를 자연스럽게 문장 안에 혼합하여 사용하면서 이주와 동시에 경제적 권한도 자신에게 주어졌음을 인지하고 이를 합리적으로 설명하고자 노력했다.

민영 밑에서 서울 올라올 때는 거의 텅 빈 방에 들어갔었거든요. 그래가지고 거의 나머지는 다 샀어요. 풀 옵션 아니고. 화장대, 침대 이런 것도 다 샀어요. 처음엔 돈 엄청 많이 들었어요. 처음에 화장대, 침대 사고. 이불 같은 것도 그냥 샀거든요. 이불도 사고. 그릇 같은 것도 다 사야 되고. 숟가락 젓가락 같은 것도 아무것도 없으니까 다 사고.

명린 테이블이랑, 장. 옷장 같은 거. 그거 두 개 산 거 같아요. 수납장이라 할 거까지는 아니고, 이케아에서 파는 여러 단의 장들. 식탁은 제가 샀어요. 내가 고른 소품들을 내 마음대로 배치할 수도 있고, 그러니까 뭐, 누군가를 초대할 수도 있고, 내가 하고 싶은 대로 할 수 있다는 그게 강했던 것 같아요.

미혜 어제도 다이소 가가지고 깔개나 이런 거 보면 이쁜 거 사고 싶다니까요. 이제 나만의 공간이 생겼으니까. 이제 애들도 놀러온 다고 하고. 이제 그런 거를 남들한테 보여주고 싶은 마음도 있고. 부엌용품, 조리도구, '왜 이렇게 예쁘지?' 이러면서. (웃음) 브랜드도 많고. 확실히 아직까지는 제가 집을 소유하고 있다면 더 이렇게 하 겠는데, 정도껏 하는 거죠. 지금은. 정도껏 인테리어를 꾸며보거나. 커텐도 맞춰보고.

보라 직접 내가 부동산 통해서 했던 그런 것들(집)은 내가 장판도 깔았다니까. 장판이 중국에는 없어. 다 돌이야. 직접 해가지고 장판 깔고, 벽지 붙이고, 커텐 직접 달고. 엄청난 일을 했지. 완전 집이었 지. **힘들지 않았어?** 남자친구 있었잖아. 형호(남자친구)랑 같이 줄자 로 재고, 걔가 되게 황당해했어. "너는 1년에 한 번씩 이사하면서 왜 집을 이렇게 꾸며?" 그런데, 내가 있는 동안은 그래도 잘 해놓고 살 고 싶다, 그런 생각을 했지. 그때는. 청소는 잘 안 해도, 꾸며놓고 살 고 싶었어. 집을.

여성청년 이주민들의 주요 소비 영역에 공통적으로 언급되는 것 중 하나가 '자기 공간을 위한 소비' 항목이다. 이는 거주지 이동 이 잦은 여성청년들이 공간을 옮길 때 주로 지출되는 항목 중 하나 로 언급되었다. 명린의 경우 룸메이트와 방을 공유하면서도 자신 이 사용할 가구 몇 개는 직접 구매하여 자신의 특성에 맞게 배치했 다고 말했다. 보다 적극적으로 자신의 주거 공간 장식에 소비한 경 험이 있는 미혜와 보라는 자기만의 공간이 생겼을 때의 즐거움과 그것을 타인에게 보여주고 싶은 전시에 대한 욕망을 털어놓았다.

실버스톤과 허슈(Silverstone & Hirsch, 1992, 6)는 주거 공간을 사물과 의미를 소비하는 사회적·문화적·경제적 단위로 정의한다. 이는 주거 공간의 주체가 공간 내부에 필요한 가구들을 구입하면, 이러한 물적 대상들이 생산이라는 공적 영역에서 집이라는 사적 영역으로 건너와 주거 공간의 일상을 차지하게 된다는 것을 의미한다(Valentine, 2001/2014, 120). 특히 이러한 사물들은 가족 단위의 집에서는 공공재로 사용되지만 혼자 살고 있는 여성청년 이주민들에게는 자신의 정체성을 표현하는 수단이 된다. 인터뷰 참여자들은 자신들의 집이 언젠가는 떠나야 할 곳임을 인지하면서도 방을 장식하고 그 안에 물건들을 조직, 배치함으로써 가구의 가치나 아름다움, 의미 또는 그 외의 여러 정체성을 구성해나가고 있었다.

여성청년에게 공간을 꾸미고자 하는 열망은 자신이 집을 점유하고 공간을 배치해나갈 수 있는 권력을 갖고 있음을 표현하는 수단이기도 하다. 이주 전의 집이 아버지의 휴식과 일상의 편의를 위해 구성된 공간이었다면, 이주 후의 집은 그 권위를 '온전히' 자신이 갖게 된 공간인 것이다.

또 다른 소비 항목 중에는 여가와 관련된 것들이 반복적으로 나타났는데, 이는 건강이나 외모, 문화생활 등을 위한 자기계발적 소비와 친교와 유흥을 위해 먹거나 마시는 데 드는 비생산적 소비로 분리되어 나타났다.

혜령 여가는 뭐 여러 가지. 등산. 그다음에… 이걸 여가라고 할 수 있나? 필라테스.

자기계발적 여가를 위한 대표적 소비 항목에는 '운동'이 가장 많았다. 인터뷰로 첨부하지는 않았지만 혜령 외에도 지애, 명린, 민영, 지현, 리지, 영지는 주로 요가나 헬스를 위해 한 달에 5만 원에서 15만 원 사이를 투자하고 있다고 대답했다. 운동은 사회에서 자기계발적이고 생산적인 여가로 가치 부여된다. 그러나 인터뷰 참여자들은 이러한 운동에 대한 자기투자가 건강을 위한 것이기도 하지만 대부분은 '다이어트', 즉 외모 관리를 위한 것이라고 말했다. 이는 단지 스트레스를 해소하거나 건강을 유지하기 위해서만이 아니라 사회가 젊은 여성에게 부여하는 가치를 강화하기 위한 소비 패턴으로 해석될 수 있다.

지현 **주량은 얼마나 되는지?** 그때그때 다른데, 뭐 3000시시 이상은 마시는 거 같아. 맥주. **집에서 혼자 마셔요?** 혼자 자주, 혼자 많이 마셔. **술은 왜 마시는 거예요?** 내가 맥주 같은 거 청량감을 좋아하고. 그냥 물처럼 시원하게 먹을라고. 밥이랑 먹을 때도 있고, 맥주랑 라면이랑도 잘 먹고, 아이싱(캔 막걸리)이랑 맥주도. 아이싱 같은 거 과일이랑 같이 먹으면 맛있더라고. 자몽 맛. 와인 같은 경우도, 할인할 때 사다놓고 혼자서 홀짝홀짝 잘 마셔. 근데 뭐 부모님하고 살거나 이랬으면은 확실히 또 제재가 있겠지. 그런데 또 혼자 있으니까 뭐.

유수 사실 부모님이 주신 용돈에서 뭐 모으고 나는 옷을 잘 안 사고, 뭐 책이나 이런 걸 사니까 돈을 다른 데 안 써요. 술이나 이런 거 아니면. **일주일에 몇 번 정도 마셔?** 한 서너 번. **혼자 마셔?** 혼자 마실 때도 있고, 지인이랑 마실 때도 있는데, 반반이에요. 딱. 지인 한두 번 만나면 한두 번은 집에서 혼자 마셔요. **혼자 마시면 얼마나 마셔?** 소주 한두 병? 두 병에서 세 병?

미혜 **주량은 어떻게 되는지?** 주량요? 생각해봤는데 소주 한 병인 거 같아요. 혼자 살면서 딱 맥주 한 캔 먹을 때가 많거든요. 열 받거나 [할 때 마셔요.] 예전에는 안 그랬거든요. 어떤 일에 있어서 열 받거나 짜증나는 일이 있을 때 맥주 한 캔 사서 혼자 마시고.

명린 얼마 전부터 먹어요. 맥주. 혼자는 맥주가 답인 것 같아요. **어떨 때 드세요?** 피곤할 때, 힘들 때. 집에 오면서 한 캔 사서, 딱 샤워하고 이렇게 뭐지, 노트북 앞에 켜놓고, 맥주 한잔하면 하루가 잊혀지는 느낌.

리지 혼자 살면서 살이 많이 쪘지. 갑자기는 아닌 거 같고, 점진적으로 쪘지. 술을 많이 먹으니까. **혼자서도 술을 마셔?** 응. 와인이나 맥주 같은 거는 거의 일상적으로 마시는 거 같은데. 진짜 기분이 엿같은데 막 야근을 했어. 집에 오니까 11시야. 누구 못 만나잖아. 그런데 기분은 너무 더러워서 미쳐버릴 거 같아. 그러면 그런 날은 소주를 혼자 마셔.

혜령 **쉴 땐 대부분 뭘 하는지?** 나는 내가 내 집에서 그냥 다 벗어버리고 그냥 편하게 노출되어 있는 그런 상태에서 한잔 마시고 하루를 마감하는 그런 마음을 느끼고 싶은데, 그렇게 할 친구가 없으니까 집에서 그냥 나 혼자 술을 먹든지. **근데 하루를 마감할 때 왜 꼭 술이 필요한 걸까.** 음… 술이 필요… 나는 근데 만약에 술이 아닌 다른 걸로 대체한다, 그러면 나는 대체할 수 있을 것 같아. 나는 술이 꼭 필요한 건 아니야. 스페셜은 아니야. 그게 캔이 될 수 있고, 음료수가 될 수 있고, 내가 제일 좋아하는 과일이 될 수도 있어. 근데 나한테는 그게 보상이라고 생각해. 나한테 주는. 나는 기본적으로 스스로에 대한 보상을 되게 자주 하는 편이기 때문에. 그리고 누가 내 사주나? 그런 거 아니잖아. 그러니까.

동시에 사회에서 비생산적 여가로 대표되는 소비 항목에는 '음주'가 있었다. 특히 여성청년 이주민들은 집단적인 술자리보다는 집에서 개인적으로 술을 소비하는 경우가 많다는 점이 특징적이었다. 여성의 술자리는 두 가지 측면에서 매우 제한적인데 하나는 여성의 음주 행위가 전형적인 여성성을 벗어났다는 이유로 사회적으로 비난받을 여지가 존재한다는 것이고, 다른 하나는 음주라는 여가 활동이 비생산적이라는 사회적 전제가 깔려 있다는 것이다. 그러나 여성청년들은 자신의 집 안에서 술을 소비함으로써 스트레스를 해소하고 사회적·젠더적 규율에서 벗어나는 경험을 주체적으로 수행하고 있었다.

그녀들은 또 다른 비생산적(혹은 반생산적) 여가의 예로 쇼핑을 꼽았다. 그녀들은 사회에서 대표적인 '과잉 소비'로 일컬어지는, 특히 젊은 여성들의 소비 패턴을 경멸적으로 재현하거나 과잉되게 단편화하는 행위들을 여가로 생각하고 있었는데, 한편으로는 쇼핑을 통해 다양한 형태의 의미를 찾아내고 있었다.

명린 쇼핑을 시간 나면 해요. 그런데 보통 가까운 에이랜드나 현대백화점 그런 데 가고 멀리는 자주 안 가요. 이 동네 안에서 모든 걸 해결해요. **혹시 인터넷 쇼핑은 많이 하는지?** 시간이 없으니깐, 대안으로, 대안책으로 하게 되는 것 같아요. 소셜커머스 처음 나왔을 때 맨날 샀어요. 먹을 거. 그러니까 내가 사는 동네를 지정해서 들어가면 새로 생긴 데들이 많이 뜨더라구요. 진짜 12시 땡 하면, 위메프, 쿠팡, 티몬 세 군데 다 들어가서 내가 사는 동네에 있는 거, 뭐가 떴나 보고, 사고 그랬어요. 옷을 많이 사는데, 옷을 사는 건 아무래도 스트레스 해소. 제 언니가 간호사였는데, 처음 일하고 나서 쇼핑을 엄청 많이 하더라구요. 되게 사람이 사치스러워지더라구요. 왜 저러지? [했는데] 이제 알겠어요. 극도로 스트레스가 심해지면, 사람이 돈을 쓰더라구요. **오로지 스트레스?** 네. 뭔가를 사는. 사서 충족시키려는 본능이 있는 것 같아요.

보라 쇼핑하는 거 좋아해. **어디서?** 인터넷, 백화점, 아울렛. **언제부터 좋아했어?** 대학교 때부터. 대학교 1학년 때부터. 혼자 살면서부터. 마음대로 할 수 있으니까. **돈이 없으면 못 하잖아.** 싼 거 사면 돼. 중국은. 중국이 좋은 점은 선택의 폭이 굉장히 넓은 거야. 백화점은 여기보다 훨씬 더 비싸고. 명품관은. 대신 싸면서 종류 많은 그런 옷집도 많아. 한국보다. 그러면 거기는 내 용돈으로 충분하게 다 살 수 있어. 시간이 많이 걸리지만. **그렇게 쇼핑을 많이 하게 된 이유는?** 음… 쇼핑을 하게 된 이유? 왜 많이 했지? 주로 옷을 사잖아. 내가 혼자 살았잖아. 그냥 옷 사거나 그런 경우가 많았는데. 그러니까 나가려고. 친구 만나려고. 파티하려고. **외부 생활을 위한 투**

자를 많이 했어? 응. 리프레시하고 싶었어. 새로 사가지고 새로운 사람 만나고.

영지 월급의 대부분은 어디에 지출하는지? 옷? 가방? 가방도 몇 개를 산지 몰라. 이게 내가 정서적으로 우울한가 봐. **돈이 어딨어?** 이제 없지. 다시 다 팔아야 될 거 같아. **이렇게 쇼핑에 집착하게 되는 이유는 뭐인 거 같아?** 모르겠어. 남들한테 과시? 나는 이런 것도 아니거든. 내가 나를 안 사랑하는 건 아니야. 그냥 이뻐서 산 거 같아. 싼 것도 많이 사고, 비싼 것도 많이 사고. **혼자 살면서 가장 힘든 게 뭐야?** 경제적인 거. 그리고 돈을 너무 개념 없이 써. 그 집에 만약에 부모님이랑 있으면, 아, 엄마 아빠 고생하니까. 이런 게 나한테 너무 사치라는 걸 내가 인지를 할 텐데. 이제 집에서 떨어져 나온 지도 너무 오래됐고, 이래놓으니까. 내가 버는 돈은 내가 다 쓰는? 이제 돈 그만 쓰려고. 예전에는 살림이 이렇게 많지 않았어. 금방 어디든, 집에 갈 수 있을 정도로 박스에 넣는 게 가능했을 정도였는데. 어느 순간부터, 옷이랑 이런 거에 내가 너무 집착하게 됐어. 대학교 때 못 쓰고 살았던 걸 이제 다 하려는 건가 봐. **이렇게 돈을 쓰면 나중에 어떻게 살 거야?** 엄청 망하지. 다시 다 팔아야 될 거 같다니까. (웃음)

명린, 보라, 영지의 경우 이주 후 부모에게서 경제적으로 독립해 자신의 삶을 꾸려나가고 있는 직장인이다. 그녀들은 소비에 대한 욕구가 강하고, 이를 적극적으로 충족시킬 수 있는 소득이 존재하는 소비 주체들이기도 하다. 그들에게는 쇼핑을 통해 스트레스를 해소하고, 구매한 상품을 자기 장식화하면서 적극적인 사회생활을 구축해나가는 측면이 있었다. 특히 명린의 경우 소득은 높지 않지만 노동 강도가 센 형태의 직장을 다니고 있었고, 보라의 경우 소득도 높고 노동 강도도 높은 대기업에 다니고 있었다. 명린과 보라는 여가를 즐길 시간이 많이 없다고 털어놨는데, 그녀들은 여가 대신 시간이 적게 들면서 스트레스 해소가 용이한 소비 행위가 보다 강화되는 측면을 보였다. 미디어를 이용한 인터넷 쇼핑의 경우 시간을 절약하면서 쇼핑을 즐길 수 있어 인터뷰 참여자 대부분이 선호하는 경향을 보였다.

영지는 서울에 소재한 중소기업에 다니고 있었는데, 부모의 기대와는 달리 행정고시에 합격하지 못하고 중소기업에 다니는 자신에 대한 자기 부정적 행동 양상을 인터뷰 도중 털어놓았다.* 그녀는 가족들의 기대에 부응하지 못했다는 사실에 괴로워하면서도 현재의 상황을 버텨내고 생존해나가기 위한 자구책으로 다양한 소비 패턴**을 보였다. 그녀는 인터뷰 참여자들 가운데 가장 많은 해외 브랜드 명품을 소지하고 있었고, 자기계발적 여가 소비(운동)에도 적극적이었다. 그러나 동시에 이러한 소비 패턴과 관련해 미래에 대한 심리적 불안감을 토로하기도 했다.

---

* "5년 전에 그랬어. 울 엄마는 맨날 술 먹고 울고. 더 이상 짜증나서 [공부 그만두고] 여기라도 취업해야겠다고 생각했어. 중소기업 들어가도 그럼 그렇다고 또 우울증. 돈 들여 키워놨는데 아무것도 안 됐다고……."
** 부록에 실린 영지의 집 사진은 쇼핑을 통해 모은 옷과 가방이 가득한 방 벽면을 찍은 것이다. 이를 통해 그녀의 집에 대한 의미나 장소성, 그리고 그녀의 정체성을 구성하는 중요한 요소 중 하나가 쇼핑, 즉 소비하기의 측면임을 알 수 있다.

미혜 저 옷에 대한 그런 게 있어요. 좀 옷이나 이런 거, 사는 거에 대해서, 좀 돈 주고 사는 편이에요. (웃음) 그런 게 있는 거 같아요. 그때도 어떤 책인가 거기서 그런 걸 봤는데 그거래요. 옷을 좋은 거, 비싼 거, 남들한테 좀 잘 보이고 싶은 것들을 사는 사람들이 그걸 입음으로써 다른 면을 감추려고. 그런 거 때문에, 혼자 살고, 찌질하거나 좀 남들 앞에서 추하게 안 보이고 싶은 마음이, 비싸거나 조금 괜찮은 걸 삼으로써 무마된다? 그게 있는 거 같아요. 저도. 전 그걸로 스트레스 푸는 편이에요.

지현 나도 머테리얼 걸material girl이라는 게, 우울하거나 기분이 울적하잖아? 그러면 뭔가 사고 싶긴 해. 뭐라도 사 오고 싶고. 그래도 뭐 분명히 엄마랑 같이 살았으면, 엄마가 엄청 잔소리를 하지 않았겠어? 그리고 거기에 대한 제재가 즉각적으로 오겠지. 그런데 지금 같은 경우는 그렇지 않으니까 뭐, 분명히 옛날에는 왜 처음에는, 어렸을 때 엄마가 만 원 주면 그 만 원 쓰는 것도 벌벌 떨었는데, 점점점 카드도 있고, 점점점 그게 쉬워지고, 엄마의 감시망은 저렇게 떨어져 있고, 어쨌든 명세서 나오는 거는 한 달 뒤고 그러다 보니까 뭐 쉽게 충분히 긁을 순 있겠지. **엄마 카드 쓰세요?** 엄카 하나 있지. **그걸로는 대부분 뭘 쓰시는지?** 엄카는 내가 한턱 쏘거나. 거하게. 5만 원 이상의 돈을 써야 된다거나. 옷. 아주 쎈 거 살 때. **쓸 때 엄마한테 말씀 드리세요?** 옛날에는 말했는데, 상의하고. 요즘에는 그냥. 긁고. 일단은. 근데 웬만하면 안 쓰려고 해.

이러한 과잉 소비적 패턴(자신은 과잉적이라고 생각하지만 실제로는 5

만 원 이상에 불과한)은 임금노동을 하지 않는, 하더라도 부분적으로 부모에게 지원을 받고 있는 인터뷰 참여자들에게서도 보이는 소비 양상 중 하나였다. 여유도 없고 모이는 돈도 없는 상황 속에 부모가 주는 용돈 안에서 일어나는 소규모의 일탈적 소비 행위는 화려한 싱글 라이프를 체현하게 해주면서도 불안한 감각을 전달한다. 특히 이는 자기만족적 측면보다는 삶에 대한 불안감의 반동이나 스트레스를 해소하기 위한 해결책으로서 제시되는 경우가 많았다. 인터뷰 참여자 중 미혜는 소비를 통해 다른 면을 '감추고자' 노력했다고 밝혔는데, 그러한 자신의 이면에 대해 직접적으로 구술하기를 꺼리면서도 혼자 사는 여성, 혹은 이주한 여성청년에 대한 사회적 시선을 항상 의식하고 있음을 은연중에 드러냈다.

지현 역시 우울하거나 기분이 울적할 때 소비를 통해 해결하고자 한다고 언급했다. 이는 소비가 주는 유희적 측면을 적극적으로 받아들이고, 이를 자신의 감정 관리를 위한 해결책으로 쓰고자 함을 의미한다. 지현은 특히 '엄카(엄마 카드)'를 소지하고 있다고 밝혔는데, 부모와 떨어져 지내면서 부모의 계좌에서 지불되는 돈과 자신의 소비 능력 사이에서 부모의 존재가 비가시화된다는 측면을 지적했다. 이는 부모에게 지원을 받고 있는 또 다른 인터뷰 참여자인 지애에게서도 발견되는 지점이다.

지애 서울 상경하고 나서 부모님 지원은 어떻게 이루어졌어요? 등록금이랑 생활비 이렇게 보내주셨죠. **부모님은 뭐 하세요?** 어머님은 집에서 집안일 하시구, 아버님은 운수업을 하시죠. 유통업? 해양 유통업. 해운업. 넓게 보면 그렇겠죠. **지원 받는 거에 대한 부담**

은 없어요? 사실, 뭐랄까. 근데 아까 그랬잖아요. 나는 스스로 무중력 상태에 내가 잘 빠지는 것 같아. 되게. 프레셔 이런 거, 압력 이런 거로부터. 굉장히 그러니까 안 좋은 거 같아. 잘 도망가는 거 같고. 원래 그런 걸 느껴서 막 이렇게 싸워야 되는 걸 나도 알고 그런데, 사실 부모님 그런 얘기는 한 적이 있어요. 내가 결혼을 하려다가 못했는데, (웃음) 우리 아빠가 그때 인제 내가 대학원 졸업하고 그냥, 잠깐 그냥 일 잠깐 하고 있을 때 결혼하려고 그랬는데, 우리 부모님이 "니 밑으로 들어간 돈이 얼만데, 어? 몇 억이다" 이러면서 "그 값을 하고 가야 하지 않겠냐" 근데 돈을 돌려달라는 건 아니고, 아빠는 내가 제대로 좀 사회적으로 자리를 좀 잡았으면 하는 마음을 비추시더라구. 그때 아차 싶었어요. 내가 부모님에게 이렇게 많이 지원을 받았었구나. 이런 거. **지금도 받고 계시죠?** 네. 근데 사실 평소에는 별로 아무 생각이 없어요. **계속 이렇게 통장으로 돈은 들어오고?** 네. 그런 거 있잖아요. 통장에 돈 들어온 거 찍어보면서, 우리 부모님이 이렇게 돈 보내주신 거 감사하다 이런 느낌 있어야 하는데, 나는 안 찍어보거든요.

지애의 경우 부모의 경제적 지원과 자신의 경제력을 동일시하고 있었는데, 그녀는 서울로 상경한 뒤 2년 정도의 정규직 생활을 거쳐 경제적으로 독립한 경험이 있음에도 불구하고 자신의 경제적 의존성에 대해 잘 인지하지 못한다고 대답했다. 그러나 동시에 그녀는 직장을 그만두고 고시를 준비하는 이유 중 하나가 자신에게 투자한 부모님에 대한 보상 심리라고 답했다. 이는 그녀가 부모로부터 경제적 독립이 불가능한 상황을 직시하고 있으며, 이를 벗어나고자 하는 욕망과 벗어나고 싶지 않은, 혹은 벗어날 수 없는 상황 사이에서 방황하거나 불안해하기 때문인 것으로 해석된다. 이들에게 생산과 소비는 등가 관계가 아니며, 이러한 '무지' 혹은 '무감각'의 상황(무중력 상태라고 비유되는)에서 소비만 발생하기도 한다. 부모와 자신 사이의 경제적 거래(투자-상환)를 의식적으로 제거함으로써 임금노동만이 생산으로 여겨지는 사회·문화적 상황에서 생산하지 못하거나 생산하지 않는 자에 대한 비난을 벗어나고자 하는 것이다.

종합적으로 말해서 인터뷰 참여자들은 이주 후 자신의 경제적 상황을 파악하고 재정을 관리하는 방법을 습득하면서 경제적 주체—부모로부터 꼭 경제적으로 독립하고자 하지 않는/못하는 경향도 존재한다—가 되고자 노력한다. 이들은 소비생활에 익숙하고 문화적 감수성과 욕망이 강하며, 자기계발적인 측면에서 소비를 통해 자기 정체성을 형성해나가는 데 익숙한 세대다. 이들은 생존적인 측면에서의 소비뿐만 아니라 여가를 위한 소비에도 적극적이며, 자신의 공간을 장식하기 위한 소비에서도 즐거움을 느낀다. 그러나 여성청년은 소비에 즐거움을 느끼는 주체인 동시에 자신이 과연 소비할 수 있는/혹은 소비를 통해 즐거움을 느껴도 되는 주체인가에 대한 자문을 지속한다.

취업이나 교육을 위해 서울로 이주한 여성청년들은 처음부터 경제적 독립이 이루어지기 어려운 존재로 위치 지어진다. 사는 데 필수적인 집을 구하기 위해서는 부모의 경제적 지원이 필요하고, 지원을 받지 못할 경우 이주를 포기*하거나 부채를 지게 된다. 서울에 있는 직장을 구하면서 이주를 결심한 민영과 보라를 제외하고는 모두 부모의 지원을 받아 집을 구했다고 밝혔다. 그녀들은 부모의 경제적 지원하에서 이주 생활을 지속하거나, 부분적으로 경제 활동을 하거나, 아예 경제적으로 독립하는 과정을 거치게 되는데, 이 과정에서 여성청년 이주민들은 이주 초반에 부모에게서 받은 경제적 지원을 투자라고 생각하는 경향이 존재했다.

여성청년 이주민들에게는 기본적으로 소비가 필수적이고, 생존적 소비 이외에도 자신의 가치를 높여줄 다양한 형태의 소비 행위를 통해 자신을 표현하고 즐거움을 느낀다. 그리고 이러한 소비 행위는 전통적인 젠더 구분을 부분적으로 흐리게 하는 새로운 행위 주체성을 포함하고 있다(Kowaleski-Wallace, 1997; 설혜심, 2014, 272 재인용). 그들은 건강 관리와 온전히 자신만을 위한 소비를 통해 개성을 표출하고, 이를 기반으로 사회생활에 적극적으로 나서기도 하며 자유의지로 젠더 구분이 불가능한 여가 활동(운동이나 음주 같은)에 돈을 지출하기도 한다. 그러나 동시에 그들은 자신의 삶, 특히 노동과 소비가 일치하지 않는 삶 혹은 미래에 대한 경제적 투자 불가능성에 대한 불안감을 느낀다. 이는 그녀들이 소비적 주체이

---

*   이 책의 한계이자, 사회적 관계망이 유사한 인터뷰 참여자들을 섭외하게 된 근원적인 원인이 여기에 있다. 실제로 섭외부터 인터뷰 결과 해석에 이르는 과정에서 인터뷰 참여자들이 속한 경제적 계급에 대해 거의 언급하지 않았다. 이는 이 책이 '88만 원 세대'라는 용어가 현 청년 세대의 정체성을 유동적이기보다는 정치경제학적으로 고정된 위치에 놓는 것이 아닌가 하는 문제의식에서 비롯되었기 때문이다. 동시에 이주에는 가족의 경제적 뒷받침이 필수로 요청된다. 영지는 인터뷰 도중 경제적으로 어려운 친구들이 수도권 대학에 진학하지 못했다는 사실을 언급한 적이 있다. "그런 거 되게 많지 않나? 성적이 좋은데도 지방 국립대 간 여자애들은 거의 경제적으로 이주할 만한 상황이 아니었던 거지."

자 자신을 상품가치의 대상으로 두고 있는 이중적 상황[*]을 복합적
으로 보여준다.

---

*   이러한 상황은 그녀들이 여전히 부모로부터 경제적 지원을 받기 때문이거나 이
주로 인한 투자금을 미래에 다시 반환할 수 있을 만큼 경제적으로 독립해야 한다는 무/
의식적 부담감에서 비롯된 것으로 보인다.

공간을 소유하는 것은 자리를 점유하는 일이었다. '나는 누구인가?' 하는 물음만큼이나 '나의 자리는 어디인가?' 하는 물음이 나에게는 중요했다. 집에 대해 생각하는 것은 '집에서의 내 자리'를 인식하는 일이었다.

하재영, 2020, 136

새로운 억압

여성청년 이주민들은 새로운 공간에서 자신의 집을 다양한 방식으로 장소화한다. 그들은 이주 전 무/의식적으로 주입된 전형적인 여성성을 탈피하고 자유와 해방의 공간으로서 '집'을 장소화한다. 그러나 자신의 집에서 주체적인 장소 질서를 만들고자 하는 여성청년 이주민들은 동시에 자신의 집을 긍정적으로만 의미화하지 않는다. 그녀들이 거주하는 집은 젠더적으로 여전히 억압적일 수 있다. 가부장적 질서에서 벗어나 개별적인 공간으로 이동했으나, 사회문화적으로 형성된 여성 억압적 시선으로부터 자유롭지 않을 수도 있기 때문이다.

지난 20년간 젠더 불평등에 대한 사회적 인식 변화가 급격히 이루어지면서* 젠더의 경계가 허물어지고 성별 역할도 다양해지고 있지만, 여전히 여성 개인의 이동을 바라보는 사회의 시선은 이중적이다. 사회는 이동이나 이주를 통한 개별 여성의 사회적 진출을 장려하면서도 가정 밖으로 나온 여성들을 규제하는데, 이는 대부분 여성의 '몸', 그중에서도 성적 대상화된 '몸'을 공적으로 규율하는 형태로 나타난다.

여기서 여성의 몸은 사회적 재생산이 가능한 몸을 의미한다. 모성 수행이 가능한 여성의 몸은 보호받아야 하므로 사회의 성적 규제 대상이 된다. 역사적으로 여성은 가정에 속해 있거나 속박되어 있는 존재로, 보호받아야 한다는 명목 아래 공적·사적 감시망을 벗어나기 힘든 존재로 수사되었다. 특히 사회는 미래에 사회적 재생산을 해야 하는 젊은 여성들이 가부장제 경계 밖으로 나갈 수 없도록 다양한 형태의 위협을 가하기도 한다.

동시에 사회는 여성의 몸을 보호받을 수 있는 몸과 보호받을 수 없는 몸으로 구분하면서 보호받을 수 없거나 보호받지 않으려는—집을 나와 보호자 없이 혼자 사는—여성들을 끊임없이 성적으로 타락한 존재로 낙인찍는다. 1960~1970년대 여성 노동자의 주거 공간과 담론을 분석한 김춘수(2005)는 직업을 구하기 위해 도시로 이주한 젊은 여성 노동자들이 저임금 노동을 수행하면서도 공장을 나갈 수 없었던 건 가부장제를 대체한 '공장'을 나가는 순간 윤락녀의 신분으로 위치 지어질 자신에 대한 두려움, 즉 자기 검열 때문이었다고 서술하고 있다. 이러한 젠더 질서는 여성청년

---

* 　호주제 폐지뿐만 아니라 여성부 신설, 군 가산점 폐지, 여성 할당제, 모성 보호, 성매매방지법, 부부별산제 등 사회 제도적인 변화가 일었다. 더불어 전국적인 여성 조직인 한국여성민우회를 비롯해 여러 여성단체가 세워졌다(임옥희, 2011, 41).

이주민의 집을 항상 허약한 보안 상태로 만들면서, 누구든지 침입할 수 있으므로 반드시 규제―보호를 위시하여―되어야 하는 대상으로 위치시킨다.

이 장에서는 가부장제 바깥으로 걸어 나온 여성청년 이주민들이 장소화 과정에서 맞닥뜨리는 사회 구조적 억압이나 폭력을 묻고, 이것이 그들 삶에 어떠한 영향을 미치는지 살펴보고자 한다. 또한 여성청년 이주민들이 이러한 억압이나 폭력에 대응하여 어떤 방식으로 집을 장소화하는지 구체적으로 살핀다. 그녀들의 삶은 매우 다차원적이고 복잡하기 때문에 사회문화적으로 형성된 젠더 억압이나 폭력에 맞서는 형태도 다양할 수밖에 없다. 여성청년 이주민들이 억압적인 사회 구조에 맞서는 방식은 단순히 순응과 저항의 형태가 아니라 그들이 일상을 보내고, 이주를 지속하고, 계속해서 집을 장소화해나가는 과정 모두를 포함한다.

다음에서 살펴볼 새로운 형태의 억압 혹은 변형된 형태의 억압은 젠더적인 차원뿐만 아니라 정서적 차원―고립―도 포함한다. 이러한 억압에서 비롯된 여성청년 이주민들의 다양한 경험과 정서 상태를 질문하고, 그것이 내포하고 있는 사회문화적 의미를 해석할 것이며, 또 억압 기제가 어떻게 자기 내면화 과정을 통해 변환되고 재생산되는지 살펴볼 것이다.

혼자 사는 여성에 대한 사회적 수사와
공적 가부장제

젊은 여성이 '집'에서 떨어져 나와 도시에서 홀로 삶을 꾸려나가는 과정은 언뜻 가부장적 질서에서 벗어난 여성의 자유와 해방을 약속하는 것 같지만, '여성 이주'가 사회를 둘러싸고 있는 여성 억압적인 젠더 질서를 무너뜨렸다고 보기는 힘들다. 사회는 개인이 자기계발을 위해 이동하는 것을 적극 권장하는 형태로 이동 주체의 젠더를 무화시키지만, 이주를 경험한 젊은 여성을 바라보는 사회적 시선―특히 그녀들이 다시 가정으로 편입하려 할 때―은 매우 젠더 규범적이다.

국내 대부분의 결혼정보업체들이 자취, 유학 등의 경험이 있는 여성 회원을 평가에서 감점시키는 것으로 드러났다. 국민일보가 최근 서울과 수도권의 결혼정보업체 5곳을 조사한 결과 총 4곳에서 여성의 호주유학, 자취, 외국인 교류 동아리 활동 등 세 가지 요소를 감점 대상으로 분류하고 있는 것으로 확인됐다. (중략) 이에 대해 서울 청담동의 한 결혼정보업체 관계자는 "남자 집안에서 자취 경험 없이 부모와 같이 살아온 여성이나 아예 해외 유학 경험이 없는 여성을 요구하는 경우가 많다"며 "여성이 자취, 유학 경험이 있으면 남자관계가 복잡했을 것이라는 편견이 있는 것"이라고 설명했다.

'이성의 과거 경험 중 결혼상대로서 가장 큰 감점 요인'은 '유학경

험(남)'과 '없다(여)'에 이어 남성의 경우 '자취 등 독립생활'(25.8%)
과 '무전여행'(21.0%), 그리고 '여대졸업'(14.1%) 등이 뒤따랐고, 여
성은 '알바'(29.2%), '자취 등 독립생활'(18.4%) 및 '유학경험'(11.8%)
을 감점요인으로 지적했다.

위는 각각 《세계일보》(2013년 11월 28일)와 《이데일리》(2017년 6월
13일)에 실린 기사 일부를 발췌한 것이다. 기사에서 보듯이 결혼정
보업체에서 여성의 유학이나 자취, 외국인과의 교제 경험을 살피
고 결혼에 대한 결격 사유로 내세우고 있음을 알 수 있다. 이는 여
성의 이주를 바라보는 사회적 시선이 여전히 남성 중심적 젠더 규
범을 따르고 있다는 사실을 보여준다. 여성이 결혼할 상대가 아닌
이들과 맺는 성적 관계는 도덕적으로 금기시되며, 이주를 경험한
여성은 성적으로 문란할 가능성이 높기 때문에 결혼을 통한 가정
으로의 편입 기준에서 배제되는 것이다. 위 기사들에 따르면 여성
의 이주는 '좋은 어머니' 혹은 '좋은 아내'의 자격에서 벗어나는 경
험이다.

> **유수** 그냥 그런 거 있잖아요. 내가 부모님이랑 같이 살면, 하루 친
> 구 집에서 외박을 해도, '아, 외박을 했구나'인데, 내가 혼자 살기 때
> 문에, 친구 집에서 하룻밤 자고 오면, 쟤가 혼자 사니까 저렇게 막
> 하고 다닌다고. 그런 거. 어른들 시선은 그렇죠. 내가 어제 외박을
> 했다 그러면, "이렇게 혼자 산다고 아무렇게나 막 하면 안 돼." 하다
> 못해 내가 "속 쓰려, 오늘 11시쯤 일어났는데" [그러면] 어제 내가
> 공부하느라 밤을 샜을 수도 있고, 술을 마시다 밤을 샜을 수도 있지

만 속이 아프다 이러면서 느즈막히 가면 혼자 사니까 늦게 일어나는 거라고. 엄마가 "니 부산에 있을 때는 안 그랬다" 이런 느낌. 서울에 혼자 사니까 막 하는 거라고. 그렇죠, 아무래도.

민영 그런 거 되게 많았던 것 같아요. 혼자, 여자 혼자 살고 있으니까 집주인부터 저를 무시하는 것도 있고. 부모님이 전화를 해서 통화를 하면 고분고분하게 하다가 나 혼자만 있으면 그냥 내 말은 무시하는, 무시하는 것도 되게 많았고. 어, 그런 것도 있죠. 여자 혼자 거의 7년 동안 살았다고 하니까, 아, 그럼 남자도 되게 많이 만났겠고, 남자친구 있으면 동거를 했냐? 이런 식으로도 많이 생각을 하시고. 그런 것도 있고. [지금] 남자친구도 그렇게 얘기했었대요. 부모님한테. 그러니까 부모님도 그렇게 얘기하셨대요. "그럼 남자 많았겠네." 그래서, 아, 어쩔 수 없구나. 그런데 저도 그렇게 생각할 거 같아요. 주변 사람들한테. 7년 동안 살았으면.

여성이 이주해 혼자 살아간다는 것*은 사회적 응시의 대상이 된다는 것을 의미한다. 가령 유수는 혼자 사는 자신의 삶이 누군가의 보호 아래 있지 않다는 이유만으로도 편견을 통하여 재단된다는 것을 경험한 인터뷰 참여자였다. 그녀는 사회가 규정한 보호자 없이 혼자 산다는 이유만으로 자신의 자유로운 삶을 방만해지기 쉬

---

* 여기서 '혼자 살아간다는 것'은 물리적 차원의 의미(1인가구)뿐만 아니라 사회적 차원에서 여성은 단독으로 보호자가 될 수 없고, 보호받는 대상으로만 존재하는 것 모두를 의미한다.

운 일상으로 판단하는 공적 시선과 마주해야 했다.

이처럼 여성을 하나의 완전한 주체로 보지 않고 불완전한 대상으로 인식했던 역사는 오래전부터 존재해왔다. 남성은 감성으로부터 자기 자신을 분리할 수 있는 이성적 주체로 간주되었던 반면, 여성은 "자기감정의 변덕의 희생자이자 논리적·객관적으로 사유할 수 없는 피조물"(Kirby, 1996, 12~13)로 묘사되었다. 이러한 논리에 따라 여성은 남성과의 차이라는 관계 속에서만 정의되었으며, 자율적이지 못하고 맥락 중심적인 수동적 주체로 인식되었다. 민영은 자신과 집주인의 위계적 관계를 이러한 젠더 규범의 맥락 안에서 설명했다. 그녀는 자신이 성인이 되어 이주를 했음에도 불구하고 혼자 사는 여성을 불완전한 대상으로 보는 사회적 시선이 불편했다고 말했다.

또한 민영은 혼자 살면서 겪었던 다양한 사회적 편견 가운데 그녀의 몸, 특히 이주한 여성들이 겪게 되는 불쾌한 성적 접근에 대한 경험을 이야기했는데, 이러한 경험은 다른 인터뷰 참여자들에게서도 동일하게 나타나는 측면이었다.

> **현민** 그냥 불쾌한 경험으로는 어… 불쾌한 경험밖에 없는데? 그
> 냥 막 신입생 환영회 갔다가, 선배들이랑 억지로 자리에서 섞여서
> 술을 먹는데, 그냥… "기숙사 사니?" 뭐 그래서 기숙사 산다고 했더
> 니, "기숙사 오래 살 거니?" 그때도 기숙사가 썩 마음에 들지 않았
> 던 모양이에요. 아니라고. "자취하든가 하숙하든가 하겠죠" 했더니,
> 그땐(자취할 땐) 진짜 혼자 살 거라고 그랬거든요. 그랬더니 막 "아
> 우, 혼자 사는 여자 인기 최고지" 이러고. 그냥 성희롱이죠.

현민은 이주한 여성들의 '몸'을 바라보는 사회적 편견과 남성들의 성적 시선에 대해 말했다. 특히 공적인 자리에서 호명되는 '혼자 사는 여성의 몸'은 여성 자신이 주체적으로 통제하고 행위할 수 있는 신체라기보다는 남성들의 성적 대상이자 임시적으로 소유할 수 있는(남성에게 '인기 있는') 상상된 몸imaginary body에 가깝다.

영지 우리 부장님 같은 경우는 되게 보수적이야 보면. 그래가지고 "여자 혼다 산다고 하면 뭐 말 다 했죠" 이런 말 한 번씩 농담으로. 농담으로 그런 말 많이 해. [그래서] 내가 만약에 소개팅 나간다고 하면 동생이랑 같이 산다고 할 거 같아.

리지 예를 들면 언젠가 그런 느낌을 받은 적 있는데. 취직 면접 자리였던 거 같은데, 대학교 졸업하고 나서인지, 대학원 졸업하고 나서인지, 하여간 살면서 봤던 어떤 면접 중에서, 혼자 산다고 했을 때 똑같은 질문한 적 있어. "왜 오빠랑 같이 안 살아요?" 여자 혼자 산다는 거에 대해서 안 좋게 생각한 어른이 있는 것 같아. 그게 면접에 약간 부정적으로 작용을 했던 거 같아. 왜냐하면 그때 뉘앙스가 되게… 아니면 그때 그 사람이 이야기했던 포인트가 뭐였냐면, "그런 애들은 빨리 결혼하던데" 막 이러면서. 회사 빨리 그만둔다고. 약간, 어디 혹은 생활이 문란하거나, 이런 식으로 생각을 하니까, 회사 생활에 적합하지 않을 거다, 일단 그런 생각을 하는 것 같은 뉘앙스를 풍기는 사람이 한 명 있었어. 물론 모든 회사가 그렇다는 것은 아니고, 한 번 그렇게 느낀 적이 있고. 또 한 번은 편견이지? 편견인데, 우리 또래의 남자가 "혼자 사는 여자애가 원래 그래,

다들 뭐 늦게까지 놀고, 남자도 많고." 그 남자가 많다는 게 관계를 갖는 남자들이 많고, 그랬을 때 내가 뭐라고 대응을 했는데, 돌아온 대답이, "어쨌든 부모님하고 같이 사는 애들보다는 그럴 거 아니야." 걔네들은 물리적으로 가능하지 않으니까. 뭐 그게 편견이라면 편견일 수도 있고, 사실이라면 사실일 수도 있지만, 어쨌든 기분은 더러운 거지.

이주 후 서울에서 혼자 생활하는 여성청년들은 성적 개방성과 관련된 엄격한 남성 중심적 도덕 잣대와 마주한다. 혼자 살고 있는 여성의 독립적이고 자유로우며 개방적인 요소는 모두 섹슈얼리티 측면에서 부정적으로 재현되어 다시 그들 앞에 놓인다. 영지는 직장 생활 도중 '혼자 사는 여성'들을 하나의 성적 시선으로 재단하는 상사의 이야기를 들어야 했고, 더 나아가 리지는 면접에서 혼자 사는 여성들은 '일하기에 적합하지 않다'는 편견을 맞닥뜨려야 했다. 리지의 사례는 좀 더 복잡하다고 볼 수 있는데, 혼자 사는 여성일수록 성적으로 문란할 것이라는 편견과 여성에게 '결혼'은 노동력을 분산시킬 수 있다는 편견―업무와 여성의 결혼은 상충한다―이 그녀 앞에 중첩되어 나타났기 때문이다. 여기서 문제적인 것은 사회에서 공적으로 분류된 요소가 여성 주체와 마주할 때, 여성은 언제나 '사적'이거나 '성적'으로 묘사된다는 점이다.

몸은 흔히 자연적이고 본질적인 것으로 간주되지만, 인터뷰 참여자들의 사례를 통해 알 수 있듯 여러 가지 방식으로 질서화 혹은 경계화된다. 특히 몸은 그것이 처해 있는 장소성과 결합할 때 새로운 사회적 의미를 갖게 되는데, 사회는 혼자 사는 여성의 몸을 바람직한 것으로 간주하지 않는다. 혼자 사는 여성에게 '집'은 그들이 주체적으로 장소화할 수 있는 요소들을 많이 갖추고 있음에도 불구하고 남성의 '성적 대상'으로 간주된다. 이러한 사회적 시선은 매우 문제적인데, 1차적으로는 보호자가 없는 여성의 신체는 함부로 범할 수 있는 성적 대상이 된다는 점에서 그러하며 2차적으로는 여성 주체의 섹슈얼리티 해방이 도덕적으로 매우 타락한 것으로 취급되기 때문이다.

리지　나는 개망나니 같은 남자들을 너무 많이 봤어. 예를 들어 K처럼, 내가 사귀지는 않았더라도 알 수 있잖아. 예를 들어 내가 혼자 살잖아. 그런 애들은 나를 쉽게 생각하고 많은 말들을 해. **어떤 이야기들을 했어?** 예를 들어 나 말고도 여러 명의 여자들한테 같이 자자고 얘기를 했고, 심지어 걔는 캠퍼스 커플이었는데도 불구하고 그 여자친구를 우리가 아는데 우리랑 술을 먹다가 나랑 술 마실 때는 나한테, 걔랑 술 마실 때는 걔한테 [자자고 하는 거지.] 잘 노니까, 잘 그럴 수 있다고, 이지 액세스라고(쉽다고) 생각하는 거 같애.

지현　나, 나 충격적 트라우마 경험 하나 있지. 어렸을 때 내가 대학생 생활 중에 한번은, 왜 우리 어렸을 때 엠티 다 같이 가가지고 서로서로 부둥켜안고 자고 뭐 혼숙하고 그러잖아. 그래서 난 그런 개념으로 알았는데. 대학교 3학년? 4학년? 그쯤 됐을 때, 어떤 단체에서 활동을 한 적이 있었는데, 그때 다 같이 술을 마셨어. 근데 엄청 분위기가 좋았어. "우리 함께 가는 거야" 이런 분위기로. 그랬는데,

그중에 어떤 남자가 있었어. 어떤 활동가가. 되게 진보적인 단체에서 나름 일한다는 활동가. 그리고 심지어 그 당시에 자기가 한참 운동권이던 K대 출신이었어. 한참 운동권 시절에 자기가 여학생들을 위해서 뭐 했다드니, 되게 마초적인 그런 건 있었지만 그래도 뭔가 진보적인 운동을 하고, 열심히 한다는 거에 나는 그 사람을 되게 높이 보고, 그때 나는 또 어렸으니까, 저분은 그렇구나 그렇게 생각을 했었는데. 그래서 다들 술이 취했었지. 떡이 되어가지고 그래서 나를 데려다주고 자기 집에 간다고 하면서 택시를 타고 왔는데… (중략) 그런 행동이. 이성적인 거라고 생각을 못 하고. 그냥 한참 위의 선배가 술이 떡이 됐으니까 엠티 가듯이 재워서 아침에 그냥 지 갈 길 가면 되겠거니 생각을 하고 우리 집에 데려온 거야. 잠만 자라고. (중략) 한번 일 당할 뻔했었어. 그나마 키도 되게 작아서 내가 질질 끌며 올 수도 있었거든? 키도 작고 덩치도 작고 이런 사람이었거든. 그런데 갑자기 그 사람이 덮치려고 하는 상황이 되어가지고 너무 황당하고 나는 이걸 어찌해야 할 바를 모르겠는 거야. 그리고 내가 막 몸부림쳐가지고 진정이 됐어. 정신 차리라고, 미친 거 아니냐고, 막 나가! 나가! (중략) 다시 이 사람이 덮치려고 하니까, 그때는 이제 주먹도 가고 그냥 창문 열어가지고 그 사람 책가방 다 던지고 막 패고. 그래가지고 내가 그 당시에 전 남친은 없어지고, 새로운 남친을 사귀었을 때였어… (중략) 근데 그 사람이 다시 찾아왔나 그랬었을 거야. 엄청 무서웠어! 근데 그 사람이 또 술이 떡이 돼서 찾아온 거야, 미안하다고. "지현 씨, 죄송해요" 막 이러면서. 그런데 또 술이 떡이 돼서 우리 집 밖에, 그 원룸에 문이 얼마나 얇니? 바깥에서 소리 나면 다 들리잖아. 거기서 드르렁 드르렁 코를 골면서 잔 거야. 바깥에서. 그래서 내가 전 남친한테 전화하고, 새로운 남친한테 전화하고… 그랬는데, 다들 약간 반응이, "니가 잘못했잖아. 니가 왜 남자, 외간 남자를 끌고 와" 이런 식이었던 기억이 나가지고. 완전 배신감에 치를 떨면서…

이러한 사회적 시선은 여성청년 이주민의 몸에 실제로 투영되어 나타나기도 한다. 리지와 지현의 사례는 혼자 사는 여성의 '공간'과 '신체'가 어떻게 남성의 성적 대상이 되는지, 성폭력으로부터 스스로를 지키기 위해 여성은 어떻게 행동해야 하는지에 대한 사회적 편견을 극명히 보여준다. 정숙하지 않다고 간주된 여성은 보호받을 수 없으며 동시에 스스로를 책임질 수 없는 존재로 대상화되는 것이다.

리지의 경우 여성의 성적 자기 결정권을 무시하고, 혼자 사는 여성은 무조건 남성의 성적 요구를 쉽게 받아들일 것이라고 생각하는 학교 동기의 차별적 시선 때문에 불편했던 상황을 토로했다. 여기서 문제는 남성 동기가 자신이 책임져야 할 여성과 책임지지 않아도 성적 관계를 맺을 수 있는 여성을 구분한다는 데 있다. 이러한 차별적 태도는 혼자 사는 여성에게 주어진 것처럼 보였던 성적 자기 결정권이 실은 남성 주체에게 예속되어 있다는 전통적인 젠더 규범에서 비롯된 것이다. 이 경험은 리지에게 또 다른 '보호자'가 있는 '집' 즉, 결혼으로의 편입을 서두르게 했다.[*]

[*]　**"결혼에 대한 생각은 어때?** 계속 싫어하다가, 지금 하려고 하는 거지. 외로움이나 사회적 편견… 이런 것들을 채우는 방법인 거 같아. 온전한 집이 갖고 싶고."

　반면 지현의 사례는 혼자 사는 여성청년의 몸에 투영되는 두 가지 형태의 남성 중심적 젠더 규범을 그대로 보여주는 것이라 할 수 있다. 하나는 사회적으로 혼자 사는 여성의 집에 초대받는다는 것은 남성이 성적 행위를 정당하게 요구할 수 있음을 의미한다는 것이다. 이는 여성의 집과 그들의 몸을 동일시하여 '집의 문을 열어주는 것은 성적 요구, 즉 몸에 대한 허락'으로 해석하는 남성 중심적 사고방식에서 비롯된 것이다. 특히 이러한 논리는 가부장 주체가 비어 있는 사적 공간에서 여성은 성적 접근과 폭력으로부터 자유롭지 못하다는 인식을 정당화하기 때문에 위험하다.

　이 사례에서 나타나는 두 번째 젠더 규범은, 혼자 사는 여성은 스스로 행동을 조심함으로써 자신의 몸을 지켜야 한다는 것이다. 이러한 젠더 규범은 '여성은 남성에 의존적이고 연약하며 보호가 필요한 존재'로 규정하는 첫 번째 젠더 규범과 충돌하면서 성적 피해를 입게 된 여성을 스스로를 지키지 못한, 성적·도덕적 의무를 저버린 사람으로 취급한다. 결과적으로 위 사례들은 여성에게 '과연 여성이 스스로 설 수 있는 위치가 어디인가'를 자문하게 만든다. 페미니스트 지리학자들은 이전까지 많은 여성들이 공적 공간에서 신변의 위협―성희롱, 강간 더 나아가 살인―을 감수해야 했고, 이러한 젠더 억압적인 폭력은 공적 공간에서 여성의 일상이나 생활을 불가능하게 하거나 배제시키고 차별시키는 남성 중심적 전략에서 비롯된 것이라는 주장을 관철해왔다. 그러나 사적 공간이자 여성들이 보호받을 수 있는 유일한 장소로 호명되는 주거 공간 내에서도 여성에 대한 억압과 폭력은 지속적으로 일어난다. 혼자 사는 여성청년의 집은 지배적 젠더 규범들이 그대로 각인되

고 체현된 장소이며 그 장소의 주체(여성청년)를 비가시화해버린다.

　루빈(Rubin, 1989)은 근대 국가가 시민에게 요구했던 이성애 중심의 핵가족 성 규범에 대해 '올바르고 정상적이며 자연스러운 섹슈얼리티는 이념적으로 볼 때 (이성애에 의거한) 결혼에 의한 것'이어야 하고 '모노가미적이고 재생산적이며 비상업적이어야 한다'고 서술한다. 다시 말해 정상적인 섹슈얼리티는 한 쌍의 남녀에 의해 수행되어야 할 뿐만 아니라 관계 지향적이어야 하며 같은 세대

내에서, 그리고 '가정에서' 이루어져야 한다고 규정돼왔다. 루빈의 논리에 의하면 사실상 가정에서 떨어져 나와 다시 새로운 가정에 편입되지 않고 혼자 살아가는 젊은 여성의 몸, 특히 성적인 몸은 사회적으로 여타 여성과는 다른 정상적이지 않은 몸, 혹은 경계 밖으로 밀려난 몸―함부로 범해질 수 있는 몸―으로 재현될 수밖에 없다.

이러한 사회적 시선, 그중에서도 여성청년들이 느끼는 남성 중심적 주의attention는 여성을 다시 가정으로 편입시켜 사회적 재생산 주체―라고 부르지만 실제로는 희생자―로 호명하고자 하는 가족 중심적 젠더 규범을 그대로 드러낸다. 그로즈(Grosz, 1994)는 몸이 사회적 구성의 산물이자 직접적인 효과라고 주장했다. 몸은 역사적·사회적·문화적·본질적 요건에 따라 다양한 방식으로 재현될 뿐만 아니라 이러한 요소들이 특정한 유형의 몸을 적극적으로 생산해내기도 한다(McDowell, 1999/2010, 103). 가부장적 시선을 피해 도시로 이주한 여성청년의 몸은 거대한 사회 구조의 훈육 시스템을 통해 각인되고 표시·조각되어 특수하고 복합적인 사회문화적 몸으로 생산된다. 이처럼 이주 경험은 여성들이 여성 억압적인 사회의 시선(젠더 트러블적 시선)을 직면하는 기제가 된다.

여성의 몸을 위협하는 사회적 시선은 물리적 거리를 뛰어넘어 가부장적 감시망을 확장시키는 계기가 되기도 한다. 이를테면 미디어는 이주 공간에 대한 여성청년들의 정서적 거리감을 축소시키는 데 일조했으나 가부장적 감시망 확장에 중요한 역할을 수행하기도 했다. 아버지를 비롯해 가부장적 질서를 내재화한 가부장적 주체들은 여성청년의 위치를 물리적·사회적·문화적으로 파악하고 이를 미디어적 감시망을 통해 통제하고자 한다. 이주 및 장소화 과정에서 미디어는 끊임없이 가족 간의 친밀성을 유지하려는 평범한 수행들을 실행하고 매개하는 것처럼 보이지만, 실질적으로는 성적 감시와 통제를 대체하기도 한다. 다음 인터뷰들은 물리적으로는 독립한 여성청년 주체들이 디지털 미디어를 통해 다시 이주 전 가정, 즉 가부장적 질서에 종속됨을 보여준다.

미연 위험하니까 기숙사 밖에서 사는 거를 용납 못 하셨거든요. 근데 저는 통금 때문에 좀 불편하기도 하고, 건전하고 불건전하고가 아니라, 저는 11시 반까지 가는 게 되게 불편하단 말이에요. 밤새 놀고 싶을 때도 있고, 약간 그러고 싶을 때도 있는데. 워낙 그런 범죄에 민감하시다고 해야 되나? 그냥 그런 거. 잔소리 많이 하시는 거 있잖아요. 뭐 해라, 이거 해라, 저거 해라… "오늘 뭐 했지? 문 잠갔지?" 이런 거를 전화로 되게… 매일. **매일매일?** 거의 매일. 엄마는 이제 전화하면 "집 일찍 들어가" 그렇게 말씀하시고.

리지 예를 들어서 핸드폰이 배터리가 나가서 꺼져 있으면 난리가 나서. 오빠한테도 전화해보고. "리지가 연락이 안 된다." 그래서 나는 핸드폰이 24시간 켜져 있어. 10년 동안 한 번도 끈 적이 없어. 예를 들어 내가 일부러 남자친구 때문에 열 받아서 한 시간 꺼놓는 그런, 근데 그것도 밤이면 안 해. 만약에 밤 12시 이후면 내가 그런 걱정을 안 해. 주무시니까. 예를 들어 7시, 8시 이럴 때 전화기가 꺼져 있거나 그러면 걱정하시니까 절대 끄지 않아. **부모님이 하루에 한 번씩 꼬박꼬박 전화하시는 거야?** 아니. 근데 하루에 한 번은 아니더라도 데일리 베이스로 요새는 카톡을 하고 있지.

미혜 걱정하셨죠. 그러니까 보안. 저기에 (원룸에) 잠금 장치가 되게 많아요. 그게 제일 중요하다면서. 그리고 엄마가 항상 "옆에 남자야, 여자야?" 그런 거 물어보시고. **니 생각은 어때?** 맞는 거 같아요. 맞는데, 엄마나 아버지나, 특히 엄마는 설레발이 심하세요. 그게 많아요.

지현 우리 아빠는 되게 엄격해서 삐삐도 안 사주고, 삐삐도 몰래 서면에 가서 해오고 그랬었거든. (웃음) 그런데 내가 대학을 서울에 간다고 결정 나자마자 바로 핸드폰을 사주셨어. 아빠가. 바로, 걸면 걸리는 걸리버. 바로 사가지고 족쇄처럼 묶어두려고 했지. 전화하면은 "집에 들어가. 집에 안 들어가나?" 그래가지고 그것 때문에 몇 번 싸웠었지. 뜬금없이 전화해가지고 "니 지금 어디고?" 이거부터 하니까. 감시하려고 했지.

유수 부모님이 걱정을 많이 했죠. 일단은 내가 뭘 어떻게 한다 이런 걱정은 안 하고, 어차피 내가 그때 당시에도 술을 진짜 안 마셨고. 일탈도 항상 저는 합법적으로 부모님 모르게 하는 게 습관이었고. (중략) 그러다 보니까 그런 걱정은 없었는데, 뭐 주변에 낯선 곳에 혼자 두고 가는 건 좀 걱정되니까. 갑자기 어느 날 택배가 온 거예요. 부모님한테서 택배가 왔는데, 휴대전화예요. 그래서 전화를 했어요. "이게 뭐냐" 이러니까 영상통화가 되는 휴대폰이래요. 주문을 한 거예요. 영상통화 [때문에].

휴대전화는 가장 대중적이며 접근하기 쉬운 미디어 중 하나다. 실제로 휴대전화는 이용자들에게 연속적이거나 즉각적으로 반응할 것을 요구하고 물리적으로 떨어져 있는 실재적 존재들을 연결시켜주었다(Amparo & Casado, 2012). 휴대전화의 지속적인 연결성은 자신이 굳이 그곳에 존재하지 않더라도 어떤 일이 일어나고 있는지에 대한 정보를 즉각적으로 제공받을 수 있게 만들었다. '무선의 쇠사슬'이라는 이 형태는 가부장적 감시망의 패턴을 바꾸는 데 공헌했다. 어디에서든지 가상적으로 접촉 가능하다는 것은 개인들의 시공간이 잠재적으로 충돌할 수 있다는 것을 의미한다.

특히 이러한 형태의 감시는 가족 간의 친밀성 유지라는 형태로 나타나기 때문에 구별이 어렵다. 일반적으로 권력이라고 하면 상대방의 의사에 반하여 행사되는, 도저히 저항할 수 없는 두려움과 공포를 수반하는 것으로 이해된다(김동윤, 2006). 그러나 가족 내에서 휴대전화를 통한 통제권 행사는 자율성과 친밀성 사이에서 유동적으로 이루어지기 때문에 가시화되지 않는 경우가 많다. 이처럼 비가시화된 부모의 통제와 감시는 전통적인 젠더 질서를 은밀히 재생산한다. 미디어로 매개된 부모의 감시망은 여성청년이 처해 있는 상황을 제어하려는 젠더 규범들을 보여주고 있는 것이다.

이러한 감시와 통제는 휴대전화 이외에 다양한 미디어로 전이되는데, 유수의 사례에서도 볼 수 있듯 영상통화가 가능한 스마트폰과 웹캠의 사용뿐만 아니라 자신의 사적 정보를 가상적으로 전시하는 소셜 네트워크 서비스(페이스북, 카카오 스토리, 블로그, 트위터 등)의 접근을 통해서도 이루어진다. 결과적으로 미디어를 통해 높아진 접근 가능성은 여성의 이주 가능성을 높이는 데 일조했으나 사적 영역에 대한 가부장적 감시망을 확장시킴으로써 여성청년에게 물질적·육체적 수행에 대한 사회적 합의를 재매개하기도 한다.

여성청년 이주민들은 여전히 남성 중심적 사회의 시선에서 자유롭지 못하다. 그러나 여성 억압적이고 젠더 폭력적인 경험들은 여성이 주체적으로 성적 결정권이나 자율권을 수행할 기회를 배제시키는 젠더 규범을 가시화하고, 여성들로 하여금 젠더 권력에 저항할 방법을 모색하게 만든다는 점에서 여성 주체적 장소화를 수행하는 시발점이 된다.

부정적 정서의 억압

도시 공간에서 청년 세대의 거주지는 출산, 보육, 성장, 교육 등의 모든 과정을 의미하던 사회적 재생산의 기능이 탈각된 채 타자화된 개인들의 불안하고 우울한 공간으로 재편되어 서술된다. 경제 위기 이후 계속 악화된 고용 구조 속에서 비정규적이고 불안정한 일자리들을 전전하며 노동시장 진입과 이탈을 반복하는 청년들의 집은 소설과 영화를 통해 우울증적 공간으로 재현되었다. 단적인 예로, 소설가 김애란의 단편집 《침이 고인다》(2007)에는 고시원, 반지하, 4인용 독서실 같은 방에서 제도권 사회에 진입하기 위하여 잔혹한 '유예'의 시간을 인내하는 청년들이 등장한다. 그들은 청년 실업과 불완전 고용 문제로 괴로워하는, 노동시장에 던져진 노동자이거나 혹은 되고 싶어도 될 수 없는 존재로 표현된다. 특히 여성들은 대학을 졸업하고 변변찮은 직장을 다니며 일정한 이름으로 호명되지 않은 불특정 다수의 집단적 의미를 지닌 현대 사회의 주체로 등장한다.

일반적으로 이주나 이동을 거쳐 다른 공간에서 새로운 삶을 시작해야 하는 적응 과정은 개인에게 강도 높은 스트레스를 야기하며, 이 과정에서 생겨난 새로운 변화들이 개인의 대처 능력을 초과할 때 우울증이나 불안 등과 같은 정서적 문제가 발생하는 것으로 알려져 있다(Berry, 1997). 특히 결혼을 하지 않은 여성청년은 사회가 규정한 생애주기에서 매우 불안정한 위치를 차지한다. 실제로 인터뷰에 참여한 여성청년들은 홀로 이주를 경험한다는 부담감과, 독립적인 삶에 적응하고 경제적으로 독립해야 한다는 의무감 때문에 우울감을 느꼈다고 언급했다.

> **현민** 제가 처음 올라왔을 때 우울해서 일기를 많이 썼는데… 너무 심각하게 내가 우울했구나… 그니까 막 방에 혼자 있는 것도 싫고, 집에 있을 때는 내 방에 혼자 있는 게 너무 좋았는데, 방에 혼자 있는 거랑 진짜 그 공간에 내가 혼자 있는 거랑 너무 다르구나… 이런 느낌을 많이 받았고. 그리고 제가 학창 시절에는 반장을 되게 오래했고, 제 의견을 말하는 거에 거리낌이 없었고, 자기주장이 되게 강한 사람이었는데, 그게 거의 정반대로 돌아간다는 느낌을 받았어요. 그래서 과 생활에 적응을 못 해서 동아리 생활을 했는데 그게 무슨 학회였어요. 나보다 말을 너무 잘하고, 사투리를 안 쓰고, 그리고 학번도 좀 나보다 높은 사람들이랑 같이 하니까 내가 늘 비교되고. **주눅이**… 네. 너무 많이 주눅이 들어서 말을 거의 안 하는 거예요. 그래서 사람들이 나한테 막… 예를 들어 학회 세미나를 갔으면,

내가 막 중간에 일어나야 하는 경우가 돼서 "아, 저 좀 갈게요" 하면 "너는 왜 한마디도 안 하고 가?" 이 말을 너무 많이 들은 거예요. 그래서 그 상황을 무마하려고 저 듣는 거 좋아한다고 이런 되도 않는 말을… (웃음)

미혜 혼자 있으면 약간 외롭죠. 그런데 꾸준히 외롭지는 않았던 거 같아요. **어떨 때 제일 많이 외로웠는지?** 이번에 혼자… 어쨌든 이사는 부모님 안 오셨는데, '아, 나 혼자 뭐하고 있는 거지' 솔직히 말해서 이런 생각도 했고. 외롭기도 하고. 그러니까, 일을, 학교 공부도 그렇고 학교 일은 주어진 거라고 쳐도, 주어진 것도 아니다, 내가 찾아서 지원해가지고 합격해서 학교 다니는 거고, 다른 부수적인 아르바이트든 뭐든 제가 해서 하는 거니까. 제가 해서 하는 건데, 혼자 해야 한다는… 그건 자유는 좋은데, 책임감과 아까 말했다시피 부담감이 어떨 때는 그게 되게 큰 부담, 짐이라고 해야 하나… 그게 진짜 너무 크게 느껴져서.

영지 지금 우울함이 생긴 것일 수도 있어. **지금? 그 전에는 없었고?** 전에는 없었고. **왜?** 고민 때문에. 결혼이라든가, 미래에 대한 고민. 왠지 결혼하면 끝일 것 같고. 그런 생각 때문에. 다들 다른 시작일 거라고 말은 하는데. 제약이 많지 않을까. 직업이 그러니까 걱정이야, 늘. 직업에 대한 고민을 너무 안 했던 거 같애.

현민의 경우 도시적 삶에 대한 적응, 즉 다른 지역으로 이동하여 경험하는 새로운 문화에 적응하는 과정에서 개인적 수준의 심리 변화를 겪게 된 것으로 보인다. 새로운 문화에 적응하는 과정에는 단계적인 어려움이 존재하는데, 개인의 사회적 능력, 언어 차이(현민의 경우 사투리가 이에 해당한다), 그로 인한 자괴감, 커뮤니티로부터 거부되어 고립되어 있는 상태 등이 포함된다. 인터뷰 참여자 중 현민 이외에도 자신이 사용하는 언어와 수도권의 언어 사용 방식이 달라 순간적인 박탈감을 느끼고 부적응에 시달렸다고 언급한 여성청년들이 존재했다. 미혜도 현민과 마찬가지로 이주 후 우울감을 느낀 인터뷰 참여자 중 한 명이었다. 그녀에게 이주는 부모와 독립하여 새로운 자신의 장소를 만들어가야 하는 '홀로 서기'의 과정이었다. 이처럼 문화 적응에서 비롯된 스트레스는 시간이 지나면 서서히 사라지기도 하고 전략적으로 자신의 정체성을 변화시키면서 여성청년 이주민 스스로 문화 적응*을 수행하기도 한다.

반면 영지는 사회적으로 청년기에 부과되는 생애 과정의 규범성에 의해 우울감을 느낀다고 고백했다. 이는 청년기의 규범적인 생애 경로가 여성청년 주체의 의지로부터 비롯된 것이 아니라 사회적으로 설정된 것이기 때문이다. 사회는 청년들에게 취업을 통한 경제적 자립, 결혼을 통한 정서적 자립, 그리고 이를 뒷받침하

---

* 　지애: "근데 우리 엄마는 그건 되게 놀라시더라구요. 우리 엄마는 모르셨나, 어쨌든, 지나가는 사람한테 길을 묻고 이랬는데, 엄마가 그걸 보고 되게 깜짝 놀라더라구요. 이를테면, 식당 가서도 아주머니, 이모님 이러면서 왔다 갔다 하고."
민영: "이주 후부터 많이 강해졌다고 해야 하나? 옛날보다는 많이 강해지고 많이 침착해지고, 유도리도 있어지고."
영지: "성격은 좀 옛날에는 되게 여리고 감수성도 예민했다고 그랬잖아. 근데 그런 건 이제 좀 있긴 있는데 많이 사라진 것 같아. 강해져야겠다는 생각이 많이 들지. 이제."

기 위한 물리적 조건으로서의 '자기만의 방'을 획득하라고 요구한다. 그러나 모든 청년이 그러한 요구에 전적으로 응할 수 없기에 어긋남의 감각인 권태와 절망감을 내면화하게 된다. 그러나 단기간의 부정적 정서는 여성청년 이주민들이 자신의 상황을 파악하고 이해하는 데 도움을 주기도 한다. 특히 문제적 상황이 해결되면 이러한 정서가 사라진다는 점에서 위 사례의 우울감은 단기간에 휘발된다.

> **민영** 처음에는 진짜 심해서, 고시원 살 때는 우울증 한번 와가지고. 약 먹을 정도는 아니었었는데, 그때는 우울증이 오면서 되게 무기력해져가지고요. 학교도 안 나가고. 수업이 있는데. 학교 안 나가고. 그냥 집에만 있었던 것 같아요. 그냥 집에만 계속, 잠만 자고. 일어나서 TV 보고 잠만 자고. **핸드폰으로 연락이 오지 않았는지?** 그렇게 했었는데, 그냥 쌩까고 집에만 있었어요. 그때는. **우울증은 왜 온 거였어?** 내가 지금 뭐 하는 거지? 내가 광주까지 와서 왜 이런 좁은 방에서, 나 혼자서 사는 걸까? 이런 생각. 있잖아요. 그냥 눈 떴는데, 되게 안에 갇혀 있는 듯한 느낌? 햇빛도 안 들고 막 이러니까. 그냥 감정 자체가 되게 다운되는 것 같았어요. 밥도 진짜 거의 개밥 먹는 듯한 느낌이 들고, 다 전체적으로.

이주를 경험한 여성들은 불완전한 주거 환경이 제공하는 우울감을 느끼기도 한다. 집은 인간의 일상을 규정하는 물리적 공간이다. 이는 집이 삶의 모델을 구축하고 있는 일종의 구조라는 것을 의미한다. 민영이 이주 초반에 살았던 고시원은 좁고 누추한 공간이었으며 정상적인 의식주가 이루어지기 힘든 공간이었다. 아놀드는 공적 공간을 점유해 생활하는 홈리스 연구를 통해, 충분한 사적 공간을 가지지 못한 자들은 무망감hopelessness을 느낄 가능성이 높다고 지적했다(Arnold, 2004). 이러한 우울증과 무망감은 "무언가를 상실했다는 것을 알려주는, 비가시적으로 보이는 것들이 징후적으로 스스로를 드러내는"(Gordon, 1997, 15) 감각적 방식의 결과물이다. 고시원에서 민영이 겪었던 우울증은 정상적인 집에 대한 욕망과 그에 닿지 못하는 비관적 현실(고시원) 사이에서 드러나는 불안한 정체성의 정서적 징후라 할 수 있다.

> **유수** 저는 그거(우울증) 때문에 치료 받았잖아요. **언제?** 저 그거 때문에 휴학도 했었는데, 부산에 가 있었어요. 그래서. 그냥 되게 심했었던 때도 있어요. 저는 약도 먹고, 일단 잠도 안 오고, 좀 그랬죠. 지금도 그렇죠. **왜 그랬던 거야?** 이유는 따지자면 너무 많을 것 같아요. 일단, 뭐 아빠가 싫은 것도 있었을 거고, 그다음에 주변 사람들한테 다치기도 했을 거고, 연애하다가도 그럴 수 있고. 이유를 따지자면 많아요. **혼자 살아서 우울감이 더 커졌는지?** 있죠. 그리고 그때는 주변에 사람이 별로 없었어요. 친구들이 다 외국에 나가 있고, 성격 자체가 내가 정리가 안 되면 말을 못 해요, 내가 힘들어도. 그런데 친구들이 옆에 있으면 시간이 아무래도 오래 있다 보니까, 뭐라도 내가 말을 하거나 의식적으로도 내가 엄마 아빠랑 같이 살면 생각을 안 하게 될 수가 있잖아요. 내가 고민하는 문제는. 그런데 혼자 살면 계속 파고드는 거죠. 그 생각을. 그 생각만. 꾸준하게. 그리고 사람을 안 만나게 되니까, 친구들은 내 의지대로 만나는 거

지만 가족들은 같이 살면 어쩔 수 없이 만나게 되잖아요. 한집에 살면. 그러면 뭐 그런 게 없을 텐데.

앞선 인터뷰 사례와 달리 유수는 장기적인 우울증에 시달렸는데, 그녀는 인터뷰 당시에도 우울증 약을 복용하고 있었다. 유수는 두 번째 인터뷰에서 우울증을 겪게 된 요인을 어렵게 밝혔다. 그중 하나는 대학에서 친구들과의 관계가 좋지 않아서였다. 그녀의 우울감은 이주 후 겪게 된 다양한 사회적 관계와 이에 따른 고립 및 소외 상태에서 비롯된 것으로 해석된다. 유수는 자신이 정신적 치료를 받아야 하는 상태까지 이르게 된 데에는 가족과 떨어져 혼자 살고 있는 집에서의 정서적 고립이 큰 영향을 미쳤다고 언급했다.

유수 흠… 가끔 제가 되게 불안해할 때가 있어요. 근데 한번은 너무 잠도 못 자고 너무 열 받아가지고 약을 엄청 먹고 잔 적이 있단 말이에요. 다음 날 제가 완전 좀비인 줄 알았어요. 제가 느끼기에. 내가 완전 정신이 있는데, 헤롱헤롱 이러고 있는 거예요. 술 취한 거처럼. 그리고 그 이후로는 약을 잘 안 먹고 조심하려고 하는데.

이주 과정에서 여성청년은 자신의 집을 마련하기 위해 최선을 다한다. 그러나 도시에서의 집은 개인 중심적이며 사회적으로 고립되어 있다. 사적 공간의 내부는 철저하게 외부에 노출되지 않는다. 파편화된 공간들 속에서의 평온한 사생활을 디자인하는 도시에서 '공동'이라는 이름은 지워지며, 여성청년들은 당장 자신과의 이해관계가 없으면 아무에게도 관심받지 못하는 상태로 전락해버린다.

유수는 은연중에 '고독사'에 대한 두려움을 언급했는데, 이는 그녀가 무연고 사회, 즉 사회적 고립에 의한 잠재적 고독사 가능성을 염두에 두고 있다는 것을 의미한다. 과거에는 고독사가 노인의 삶에서 일어나는 특정한 사건이나 상황이라고 보는 견해가 대다수였다. 이는 고독사 현상이 고령화 사회로 진입함과 더불어 독거노인의 수가 증가한 일본에서부터 시작되었기 때문이다. 그러나 청년 실업 문제가 심화되고, 식생활을 해결하지 못할 만큼 낮은 소득으로 생활고에 시달리다 못한 청년들이 자살이나 고독사하는 사례가 발생하면서, 고독사는 노인에게만 일어나는 일이 아니라는 인식이 생겨나기 시작했다(김혜성, 2014, 76).

2011년 최고은 작가의 죽음은 청년 고독사 문제를 사회적으로 표면화했다. 생명이 위협받을 만큼 극단적인 빈곤과 치료를 필요로 하는 질병에 시달리고 있던 한 청년이 지역 사회에서 아무런 도움을 받지 못하고 사망한 것이다. 많은 사람이 거주하는 도시에서 사회적 무관심이 불러일으킨 여성청년의 사망은 동시대인들을 당황하게 만들고 자괴감에 빠지게 했다. 특히 서구 사회에 비해 가족 중심주의나 집단주의가 중요한 가치관을 이루고 있는 한국에서 개인이 사회로부터 극단적으로 소외된 현상이라고 할 수 있는 고독사가 발생하고 있다는 현실은 (동일한 세대적 위치에 있다고 판단되는) 청년들에게 집단적 트라우마가 될 가능성을 갖는다. 한국에서 청장년층의 빈곤 및 소외 문제는 사회적 책임에서 벗어난 것으로 논의되고 있는 실정이라 그 문제가 더욱 심각하다.

인터뷰 참여자들이 무/의식적으로 지니고 있는 '잠재적 고독사

가능성'에 대한 공포는 정서적으로 표출되는 경우가 많고, 이것이 육체적 아픔으로 전이되더라도 구술 혹은 서술되기 힘들다는 특징을 갖는다. 한국 사회는 정신적 병이나 심리적 고통을 개인이 해결할 수 있는 차원의 것으로 보는 경향이 있다. 우울증적 주체를 극단적으로 타자화하거나 병적 존재로 생각하는 경향 또한 존재한다. 결국 우울증적 주체는 자신의 고통을 합리적으로 설명할 수 없기 때문에 비가시화되거나, 가시화되더라도 방임되는 상황에 놓인다. 이러한 불안감은 그 실체를 말할 수 없기 때문에 더욱 증폭되는 경향이 있으며 열악한 주거 환경, 고립된 사회관계, 경제적 빈곤 등으로 인해 심화되어 주체에 각인되거나 내재화되기도 한다.

> **혜령** 음… 제일 큰 거는 그거인 것 같아. 내가… 음… 이게 내가… 혼자 살고… 외롭고 하는 이 시기를 너무 많이 오래… 이제 겪었지. 나를 스쳐 지나가는 경험이 아니라, 나한테 이게 모조리 축적되고 있는 거라는 걸 알았을 때. 어. 그때 심적인 충격이 상당히 크다. 컸었지. 지금도 있고. **그 충격은 어떻게 해서 알게 된 거야?** 그건 뭐 예기치 못한 순간에 온다고 본다. 예를 들면 그니까 이런 거지. 기본적으로 감정이 기복이 심해진다든지. 근데 그게 남한테 말을 할 수 있는 부분이 아니기 때문에 남들한테는 그걸 어필을 못 하지. 근데 나 혼자 있을 때 감정 기복이 심해짐을 내가 느끼는 거지. 예를 들면 분명히 나한테 어려운 일이거나 슬픈 일이 아닌데도 불구하고 내가 이유 없이 그냥 그게 너무 슬프게 느껴진다든지. 그걸 자꾸 나와 비교한다든지. 내가 나랑 그거를 이입시켜서 생각한다든지. 그

리고 자꾸 나를 자학하게 된다든지. 자그마한 고민인데 계속 그거를 낭떠러지 끝까지 밀어붙여서 나를 고통스럽게 만든다든지. 내가 원하지 않는 습관과 행동을 계속하고 있을 때. '내가 왜 이렇게 하지? 왜 이거를 내가 싫고 미워하면서도 왜 이거를 놓지 못하고 계속 이렇게 살까. 내가 왜 이렇게 살고 있지? 왜?' 이런 생각을 내가 내 가슴 깊이 해봤을 때 어느 순간 드는 생각이 이게 내가 너무, 내가 너무 어떠한 방향으로 살아온 것 같다는, 그런 생각이 든 거지. 어떠한 그런 흐름으로. 근데 그게 되게 이제 뭐 혼자서 어떤 표류하는 그런 느낌으로서의 어떤, 그니까 뭐, 떠다니는 배 같은. 그런 느낌으로 너무 오래 살았기 때문에, 내가 이제… 난 그런 얘기를 하거든, 친구 만나면. 왜냐면 나처럼 너는 그렇게 집 옮겨 다니고, 맨날, 심지어는 일하는 것도 나는 돌아다니면서 하는 일을 해야 되니까. 나는 24시간 365일이 항상 내가 내 두 발이 없으면 생활이 안 되는 일을 하는 거지. 계속 돌아다니고, 계속 사람 만나고, 계속 얘기하고. 근데 세 가지가 모두 엄청 진이 빠지는 일이란 말이지. 근데 이거를 내가 세상에 사는 것도 부족해서 내가 직업까지 이런 걸 가지게 되고, 내가 24시간을 이렇게 살고 있을 때. 그냥 드는 생각이 사람들이 "너 그렇게 살면 안 피곤해? 그렇게 살면 안 외로워?"라고 얘기했을 때 나는 정말 자조적인 말로 그런 말을 해. 가만히 있는 거는 이제 재미가 없다고. 나는 항상 떠다녀서 그냥 이게 나한테는 가만히 있는 거랑 같은 거라고. 오히려 나는 가만히 있으면 그게 가라앉아버릴 것 같아서 두렵다고. 그런 불안함이 어느 순간 그냥 나를, 내가 불안함을 가지고 있는 게 아니지. 그런 불안한 감정이 나를 가지고 있는 거지. 내가 그 안에 속해있다는 생각이 드는

게 있었어. 그때 이제 아, 내가… 그래서 그런 생각도 해. 나는 선천
적 집시는 아니지만, 후천적 집시일 수 있다는 그런 생각을 하거든.
내가 내 삶과 내 환경이 만들어낸 나. 그게 주는 항상 떠돌아다녀야
된다는 그런…

집시는 인도 북부에서 이동을 시작해 유럽 등 전 세계에 흩어져
살고 있는 유랑 민족으로 알려져 있다. 그들은 한곳에 정착하지 않
고 주로 천막이나 포장마차 등에서 생활하는데 그들의 배타적 문
화와 방랑 기질 때문에 지역 사회에 동화되지 못하고 박해받아왔
다. 혜령은 이주 후 자신의 삶을 '후천적 집시의 삶'이라고 명명했
는데 이는 한곳에 머물지 못하고 떠돌아다녀야 하는 그녀의 물리
적·정서적 상황을 단적으로 설명해주는 수사라고 할 수 있다. 사
회적 불안이 여성청년들에게 체현되는 방식, 그리고 개인이 불안
에 잠식되는 과정은 이처럼 물리적 고립에서부터 시작해 정서적
차원의 우울감으로 나타난다. 이러한 우울감은 생애주기에 있어
서 젊음이라는 불안정성이 주는 두려움이기도 하며, 경제적 위기
로 인하여 소득이 없을지도 모른다는 공포감이기도 하고, 집에 살
고 있으나 그곳에서 장소를 형성하지 못하고 좌절하며 느끼는 슬
픔이기도 한 것이다.

이러한 우울의 정서는 여성청년에게 유독 두드러지게 나타나
는 것처럼 보인다. 예민, 히스테리, 불안, 우울증과 같은 단어들은
'여성화'되어온 역사가 있다. 5년 주기로 이루어지는 보건복지부
의 정신질환실태조사에 따르면 2016년 우울증 발병 비율은 여성
이 남성보다 두 배 이상 높은 것으로 나타났다. 인터뷰뿐만 아니라

주위에 혼자 사는 여성청년들은 자신이 유독 '예민'하거나 '히스테리적'으로 보일까 봐 우려하는 경우가 많았는데 이는 여성청년들이 그만큼 구조적으로 불안할 수밖에 없는, 즉 남성 중심적 사회의 기제 안에서 '홀로' 살아가고 있기 때문이다. 남성 중심적 사회에서 '혼자 사는 여성'은 정상의 범주가 아닌 것으로 표현된다. '혼자 사는 여성의 자살', '성범죄 노출로 인한 피해 증가' 등 사회 구조적으로 불행과 불안으로 수사되는 여성청년 이주민들은 실제로 이러한 환경에 노출되지 않기 위해 상대적으로 더 많은 것에 신경을 쓰고 예민해져야만 한다.

하지만 우울증적 정서는 이주한 여성청년들의 연대를 가능하게 만들기도 한다. 이는 이러한 우울감이 단순히 개인적인 감정이 아니라 그들 마음속에 단단히 뿌리박히는 일종의 집단적 상흔에서 비롯된 것이기 때문이다. 이주 후 경험하는 '집'이라는 장소, 그리고 그 장소의 안과 밖에서 느껴지는 불안과 공포 아래에서 그들이 공유하는 것은 단순히 경제적 조건과 주거의 불안정성뿐만 아니라 그들의 정체성과 장소, 서로를 상호 침투하는 우울증적 정서이기도 한 것이다.

자기 감시와 통제

우리는 이주가 여성청년들에게 자유와 해방의 감각을 부여했으나 젠더 규범과 사회적 관계로부터의 고립이 여전히 그들을 억압하고 있다는 사실을 경험적·감각적 측면에서 살펴보았다. 사회는 여성청년들의 이주에 부정적인 젠더 담론을 형성하면서 이러한 담론의 헤게모니적 남성성을 통해 여성들에게 가부장적 질서에 순종하라는 메시지를 전달한다. 동시에 이주는 여성청년들을 가족 구성원들에게서 물리적으로 독립하게 만듦으로써 사회적 고립과 외로움에서 비롯되는 우울감을 생산해내기도 한다. 특히 가족 구성원을 대신할 공동체의 개념이 상실된 도시 공간에서의 고립감은 여성청년들에게 잠재적 고독사에 대한 두려움을 생산한다. 남성중심적 시선과 억압에 대한 막연한 두려움과 사회적 고립으로부터 생산된 부정적 정서는 여성청년이 자신의 행동을 억제하거나 감시하게 만드는, 자기 감시와 통제의 기제가 된다.

지애 처음에 그거 기억이 남는 게. 내가 처음에 혼자 나오면서 이렇게 수첩에 써본 게 있어요. 내가 어떤 걸. what to do, 뭐, 이런 걸 써놓는 거 있잖아요. 되게 사실 겁이 나긴 했어. 혼자 나와서 내가 모든 삶을 책임지고 꾸려나가야 한다는 거에 대한. 청소는 하루에 몇 번 하고, 밥은 어떻게 먹고, 잠은 몇 시에 자서 텔레비전은 얼마나 보고. 사실 그때만 해도 굉장히, 학교생활하다 온 그런 틀이 있어서 그런 건지 모르겠지만, 그런 걸 속으로 많이 생각했죠. 무중력 상태로 빠지지는 말아야겠다.

영지 항상 좀 일기를 많이 쓰려고 노력하는 거 같아. 좀 돌아보려고. 미친 듯이 내가 뭔가 소비를 하거나… **그런데 왜 고쳐지지 않는지?** 자기반성을 조금 더 철저히 해야 될 거 같아. 뭔가를 좀 많이 읽고, 많이 생각하려고 하는데, 요즘 좀 진짜 잘 안 돼.

미혜   이주한 이후 어떤 면에서 크게 달라졌는지? 책임감. 확실히 혼자 사니까 자유는 있어요. 자유는 많은데, 막 심하게 놀 때는 놀거든요. 안 들어가잖아요. 집에. 안 들어가는데. 그래도 저는 서울 온 목적이 학교도 있고, 업業도 있고. 그거를 최우선 과제로 두는데, 그거를 우선 과제로 두니까 거기에 대한 책임감도 있고. 제가 막 싸돌아댕기면서 놀아도, 다시 여기 와야 한다는 그 책임감도 있고. 책임감? 제 자신, 몸을 지킨다는 책임감도 있고.

　여성청년에게 이주 초반의 자기 감시나 통제는 매우 일상적이고 자연스러운 방식으로 나타난다. 여성청년들은 이주 이후 가부장적 질서에서 벗어나 자유가 주는 이중적인 감각을 경험하는데, 이러한 자유는 그들에게 주체성을 부여하기도 하지만 동시에 방종이나 무력감 같은 불안한 감정을 느끼게 만들기도 한다. 여성청년 이주민들은 불안한 감각을 상쇄하기 위해 하루 일과를 목록으로 작성하거나 자기반성을 위한 일기를 쓰는 형식으로 자신을 통제한다. 지애의 경우, '학교생활의 틀'이 자신의 일상에 습관적으로 배어 있었다고 말하면서 하루에 몇 시간을 여가에 활용하고, 몇 시간을 자기 투자에 소비해야 하는지에 대한 '시간 관리'를 지속했다고 설명했다. 그녀는 자신이 언제든 '무중력 상태', 즉 자기 무력감에 빠져 외부 세계와 접촉하지 않는 상태에 빠질 수 있다고 여러 번 언급했다. 지애가 말하는 '무중력 상태'에는 신자유주의 시대의 무한경쟁 체제에서 도태되어가는 자신을 자학하는 자괴감이 섞여 있다. 우리는 이를 흔히 '잉여'라고 부른다.
　오늘날 한국 사회에서 언급되는 잉여인간은 경제학적 차원에서 단순히 자본 투자로부터 획득한 이윤이 아닌, 사회적 차원에서 '쓸모없는wasted' 인간을 의미한다. 잉여인간은 바우만(Bauman, 2004/2008)이 사용한 용어로, 근대화가 진행되는 과정에서 버려진 인간을 가리켰다. 하지만 사회적으로 잉여인간의 범주는 시장에서의 생산 기능뿐만 아니라 가정이나 사회적 공간 전반에서 제 기능을 상실한 사람들 모두를 포섭하며 점차 확장되고 있다. 특히 교육이나 자기계발, 취업을 위해 서울로 이주한 여성청년들은 자신의 삶을 발전시키고자 하는 욕구가 강한 주체들이다. 그들은 자신이 잉여인간으로서 사회의 공적 공간 밖으로 배제되거나 도태될지도 모른다는 두려움을 통해 자기 관리를 시작하고 자아 통치를 엄격하게 행한다.

> **현민** 일단 제가 막 그렇게 자기 관리나 어떤⋯ 지나치게 신경 쓰는 거를 별로 안 하는 스타일인데, 그냥 어쩔 수 없이 하게 됐어요. 그렇게 해야 안정적으로 살 수 있고, 그래서 그거를 되게 좋겠다, 아니면 빨리 철이 들었다고 생각하시는, 말하는 사람도 많았는데, 피곤한 것 같아요. 물론 독립적이기를 원하지만 피곤한 건 사실이니까.

> **혜령 이주 후 가장 많이 변화한 지점은?** 구차하게 되지. 그니까 그냥 막 자기가 원더우먼인 것처럼 살아야 하는 엄마 같은 그런 모습들이 뭐⋯ 너무 일찍 나한테 찾아오는 경우가 나는 많다고 생각하거든. 자기 방어적인 모습이라고 나는 생각하지만, 죽지 않기 위해서, 내가 살아남기 위해서 이런 방법을 어떻게 할 수 없으니까. 자

꾸 뭔가를 챙기게 되고, 자꾸 뭔가… 그치.

서울은 자신의 교환가치를 높여줄 수 있는 기회의 공간이다. 여성청년들은 자신의 시간과 경제력을 투자한 도시 공간에서 철저히 자기 발전을 위해 노력해야 하는 자아 통치의 주체로서 의무감을 갖고 생활한다. 그들은 외부의 엄격한 시선으로부터도 자유롭지 못하지만, 내면화된 자기 관리로부터도 자유롭지 못하다.

현민 크게 아프고 난 후부터 운동을 시작했고. 밥을 챙겨 먹기 시작했어요. **아, 이전엔 그러지 않았는데?** 밥은, 좀 망나니 같이 살았죠. 밥도 챙겨 먹고, 과일도 먹고, 그리고 영양제를 샀어요. (웃음) 지나친, 약간 건강에 약간, 갑자기 건강검진 막 받고… 내가 스스로 챙겨야 된다는 느낌?

지현 **혼자 살면서 제일 많이 먹는 건 뭐예요?** 20대 때는 정말 라면. 라면, 김치, 3분 뭐시기 요리. 아니면 즉석 국. 엄청 먹었지. 그래서 내가 병 들었나 봐. 그리고 실제로 아프고 나서는 지금도 그새 까먹었는데, 내가 내 몸을 스스로 안 돌보면 안 되는구나. 내가 너무 막 살았구나, 반성을 하게 되는 부분이 있는 거 같아. 그런 것들을 또 미디어에서 맨날 이야기하잖아. 요즘은. 혼자 먹어도 잘 먹어라. 혼자 먹어도 식재료 다 사라. 혼자 먹으면 오히려 더 잘 챙겨 먹어야 된다. 혼자 있더라도 니 방 잘 꾸며라, 혼자 있더라도 섹시해야 된다. 밤에도 옷 잘 챙겨 입어라, 속옷도 잘 챙겨 입어야 된다, 심지어. 모든 마케팅이 그런 식으로, 혼자 있더라도 스스로 잘 해야 한다. 스스로를. 이렇게 하게 하니까 약간 죄책감을 느끼게 하는 그런 것도 있는 거 같아.

현민과 지현은 건강에 있어 자기 관리를 철저히 하는 인터뷰 참여자였다. 인터뷰 참여자 대다수가 이주 후 건강을 잃을지도 모른다는 두려움을 갖고 있었다. 이는 사회적 관계가 단절되어 고립된 여성청년 주체들이 '잠재적 고독사 가능성'에 대한 염려가 내재화되어 나타나는 것으로 해석된다. 혼자 아팠던 경험은 그들에게 외로움이나 고립감을 더욱 증폭*시켰고, 그로 인해 건강 관리(특히 식습관 관리)를 철저히 하게 만들었다. 특히 미디어는 건강 관리를 포함한 자기계발에 있어 감시와 통제의 장치들을 제공한다. 지현이 미디어가 재현하는 '혼자 사는 사람'이 어떠해야 한다는 삶의 방식을 열거하면서 그것들이 자신에게 부여하는 의무와 이를 지키지 못했을 때 느끼게 되는 죄책감에 대해 언급했듯이, 여성청년 주체들은 미디어 콘텐츠 수용을 통해 자신의 행위를 인식 대상으로 삼

---

* 　미혜: "혼자 살면서 가장 힘든 점이 뭐야? 힘들었던 점요? 음… 아플 때? 이런 거 아닐까요? 생리통 이런 거라고 해도, 그냥 뭔가 집에 있으면 '너무 아파' 이렇게 말이라도 할 수 있잖아요. 근데 혼자 그냥 음… 그렇게 말이라도 던질 사람이 있는데, 그게 없으니까. 알아서 약 사 먹거나 그냥 가만히 있거나. 특히 발목 다쳤을 때가 제일 심했거든요, 저는. 병원을 이제 혼자 왔다 갔다 하니까. 그때 좀 서럽다[고 생각했죠.]"
민영: "살면서 혼자 아팠던 기억이 있는지? 혼자 아팠던 적 있었어요. 혼자 아팠던 적이 있는데, 그때는 남자친구도 없었는데, 되게 많이 아파가지고. 일도 못 나갈 정도로 아팠거든요. 그런데 아픈데도 죽 하나 사줄 사람도 없으니까, 되게 눈물도 많이 나고. 그런데 엄마한테 말하기에는 엄마 또 걱정하실까 봐 엄마한테도 말씀 못 드리고. 하여튼 서글프다고 해야 하나. 서글프고 그때도 되게 좀 우울하고."

고 스스로를 규율하고 평가하며 변화시키는 실천 대상으로 간주한다.

TV 프로그램의 중심 소재로 급부상하고 있는 '1인가구'에 대한 조명은 여러 가지 사회경제적 요인을 통해 형성되는 1인가구의 다양성을 지우고 그들의 단편적인 삶을 비춘다. MBC의 〈나 혼자 산다〉, tvN의 〈식샤를 합시다〉와 같은 예능 프로그램과 드라마는 1인가구의 현실을 실상 그대로 재현하기보다는 가족이라는 울타리를 벗어난 싱글족들의 삶을 표피적으로 들여다보고, 수용자들에게 그들의 라이프 스타일이 마치 보편적 1인가구의 삶인 것처럼 제시한다. 특히 블로그나 SNS에서 포스팅되는—보편인으로 상정되는—혼자 사는 사람들의 인테리어, 식사, 건강 관리에 관련된 게시물은 그들과 자신의 삶을 비교하게 만들면서 스스로를 문제시하고, 자신의 장단점을 분석하며 좀 더 나은 나로 발전하게 만드는 '자기계발'의 메커니즘으로 작동한다.

이처럼 미디어에서 재현되는 사회적 담론과 다양한 형태의 위협—잉여인간으로서의 삶, 특히 도태에 대한 두려움과 공포, 건강을 잃을지도 모른다는 우려 등—은 그들에게 자신을 대상화하여 살펴보고, 진단하고, 통제하고, 행동하게 만드는 '자기 통치self-government'의 기제가 된다. 이러한 자기 통치의 작동 방식은 개인이 자신의 자아실현을 위해 자율적으로 선택하고 주체적으로 행위하는 것처럼 보이기 때문에 개인의 의지와 열정을 강조하며 구조적 불안정성을 감추는 역할을 한다(김수정, 2010, 19).

자기 통치와 자기 감시는 성찰이나 반성, 자유 같은 단어를 차용하면서 인터뷰 참여자들의 일상에 내면화되어 나타난다. 그들은 현민이 언급했듯 주체적인 자기 관리를 통해 삶을 발전시켜야만 하는 주체로 위치 지어지는 것에 대한 피로감을 느끼기도 한다. 자신의 가능성을 발현시키고 자기계발을 하는 주체는 그 반대편에 위치한 잉여인간이 되지 않기 위해 ─ 이것은 생존과 직결된다 ─ 끊임없이 노력한다. 지현이 언급했듯 대중문화는 미디어를 통해 사회에서 지배적인 삶의 형식 ─ 혼자 있더라도 끊임없이 자기를 관리하여 전시해야 한다 ─ 을 재현하며 수용자들에게 자기계발적 사회 규범을 재인식시킨다.

여성청년 이주민들은 자기계발적 관리와 감시뿐만 아니라 자신의 섹슈얼리티에 대한 자기 검열과 감시도 행했는데, 이는 여성들이 공적인 시선으로부터 자유롭지 않다는 것을 스스로 인식하면서 비롯된 것이다.

영지 엄마가 항상 조심하라고 얘기해. 몰래 카메라 같은 거 설치했을 수도 있다고. 항상 가리고 하라고. 그런 얘기 많이 해. 이 오빠랑 헤어졌을 경우에 그런 걱정은 들지. 집에 막 들어올까 봐. 비밀번호 다 아니까. 밤에 혼자 잘 때 한번씩 무서울 때가 있어. 무서운 거 보고. 귀신 이런 건 아직 무섭거든. 아니 나 옛날에 인터넷에서 그런 거 몇 번 봤어. 한번씩 남자 귀신들이 접신을 한대. 혼자 사는 여자들한테. 그걸 자기가 경험했다는 걸, 내가 몇 번을 봤다니까. 그런 무서움이 아직 있어. **꿈에서 섹스하는 거?** 꿈인지… 그 사람들은 꿈이 아니래. 실제로 그게 있대. 하려고 하는. 옛날 글들 찾아봐봐. 진짜. 귀신 이런 거 해가지고. 그런 거 있다니까. 자기들이 경험했대.

명린 내 주위의 일이라는 생각이 많이 들고, 조심해야겠다는 생각이 많이 들어서, 사실 대로변에 집을 구한 것도 있어요. 예전에 살던 동네에는 골목골목을 타고 들어가야 집이 있었거든요. 저도, 무서움을 많이 타고 그런 건 아닌데, 새벽에 들어갈 때는 그 골목으로 들어가는 100미터가 너무 길게 느껴지더라구요. 너무 무섭고. 그런데 이제 여기 이사 오면서는 그건 아예 없어졌고, 그렇지만 엄마는 항상 그런 걸 뉴스로만 접하시니까, 그런 뉴스가 나면 바로 전화를 하세요. 괜찮냐고. 너무 걱정을 해서 저는 그런 거 없다고, 맨날.

미혜 아빠 엄마가 하숙방을 먼저 권하셨거든요. 저도 거기에 대해서 불만도 없었고. 성폭행이나, 창문 뜯고 들어온다거나, 그게 무서워서. 방을 본다 해도, 진짜 보안. 특히 미디어가 더 조장하는 거 같아요. 두려움과 공포를 더 조장하고, 나한테도 일어날 수 있을 거 같다는 생각이 들어요. 저는. 그래서 저도 최대한 방은 보안도 그런데, 아까도 말했지만 작은 골목길 안 들어가는 거를 보거든요. 무조건 큰 골목에서 바로 있어야 되고.

미셸 푸코는 자신이 언제든지 노출될 수 있다는 사실이 각 개인으로 하여금 자기 감시와 자기 규율을 행하게 한다고 주장한다. 그는 《감시와 처벌》에서 "무기도, 신체도, 물질적 구속도 필요 없다. 단지 시선뿐이다. 각 개인은 검열의 시선이 지닌 무게에 짓눌려 자기 자신이 자신을 감독한다는 것을 내면화하는 순간에 이르기까지 자신을 감시한다"(Foucault, 1977, 155; Valentine, 2001/2014, 46 재인용)고 서술했다. 실제로 존재하는지 여부와 상관없이, 거대한 시선을 일상적으로 의식하는 것은 공포감을 조성하고 복종적인 신체를 만들어낸다. 대표적으로 영지의 사례는 일상생활에 존재하는/존재하지 않는 감시 카메라의 시선을 항상 의식하고 행동하는 모습을 보여준다. 이는 부모의 훈육에 의한 것이기도 하지만 동시에 사회의 보편적 담론을 습득하여 내면화한 행동이기 때문에 집단적이고 구조적인 효과의 결과물이기도 하다. 특히 그녀는 미디어를 통해 접한 다양한 형태의 섹슈얼리티 위협에 대해 언급했는데 '귀접鬼接'이라고 하는, 실존하지 않는 대상에 대한 막연한 집단적 공포는 혼자 사는 젊은 여성에게 쏟아지는 성적 시선에 대한 두려움과 불안감을 극단적으로 보여주는 사례라고 할 수 있다.

　명린과 미혜 또한 혼자 사는 여성을 대상으로 미디어가 조장하는 위협과 공포를 막연히 내면화하고 있는 인터뷰 참여자였다. 미디어에서 재현되듯 언제든지 자신의 영역이 '침범당할 수 있고', '성폭행을 당할 위험'이 존재하는 위치의 여성청년들은 현실에서 잠재적 피해자가 된다. 미디어는 전형적인 젠더 피해자(여성) 내러티브를 통해 여성청년들로 하여금 잠재적 피해를 일상적으로 예방하게 만든다. 여성청년들은 위협을 감각하거나 인지하는 것뿐만 아니라 품행을 관리하는 방식으로 자신의 섹슈얼리티를 규율한다.

> **혜령**　나는 별로 그런 신경을 잘 안 쓰는 것 같아. 왜냐하면 신경 안 쓴다는 게, 어… 항상 나는 24시간 충분히 그런 위협이 내 앞에 있을 수 있음을 자각하려고 하기 때문에. 집에 들어가서 문도 한번에 이렇게 열지 않고, 조용히 열어서 안에 인기척을 살피고 들어간

다. 이런 식의 내가 나름 그런 게 있어. 큰길로 다니면서도 뒤에 항상 누가 오지 않는지 [살피고]. **언제부터 그랬어?** 음… 그런 거는 이 집. 왜냐면 이 집이 다 좋은데, 그게 없어. 대문이. 우리 집 문은 번호를 눌러서 들어가는 집이기 때문에 우리 집 문은 못 딴다 하더라도 집 밖까지는 올 수 있을 것 같은… 어떤 허술함이 있는 집이기 때문에. **대문이 아니라 바로 니 방으로 들어가는 문이 있는 거야?** 그렇지. **현관만 돼 있는 거야?** 그렇지, 그렇지.

민영   그런 거 있어요. 왜냐면 혼자 사는 거에 대해서 그런 거를 노리고 일부러 와가지고 막 그렇게 하는 사람도 있으니까, 그런 것도 되게 무섭고. 그래서 일부러 저는 이제 처음 만나는, 만약에 소개팅을 한다던가, 그러면은 혼자 산다고 안 해요. 친구랑 같이 산다고. 그렇게 얘기해요. 혹시라도 데려다주면서 어떻게 할까 봐. 또 그런 건 항상 있죠. 집에 들어갈 때도 항상 두리번 두리번 옆에 아무도 없는지 다 보고, 또 번호 키도 이렇게 딱 계속 누르면 지문이 묻잖아요. 그러니까 항상 내 번호만 누르는 게 아니고, 옆에 번호 다 누르고, 다시 내 번호 누르고 들어가고 이런 거 있어요.

현민   새벽에 혼자 뭔가 스탠드를 켜고 일을 할 때면, 요 대각선 건물에서 저희 방이 보이거든요? 그래서 그냥 닫죠. 안 보이는 쪽을 열고… 그런 글을 몇 번 본 적이 있어서. 근데 왠지 제 얘기가 아닌 것 같았어요. 왠지 그래도 조심을 하고 있고, 그리고 왠지 우리 집 구조상 내가 침범당하진 않겠지? 뭐 이런 느낌? 난 3층에 살고, 그리고 반대쪽 창가의 시선을 신경 쓰고 있고, 차단하고 있고, 뭐 그러니까? 근데 그런 적은 있어요. 어떤 자취하는 친구가 거의 반지하방에 사는데, 자꾸 어떤 남자가 이렇게, 이렇게 보고 간다고, 근데 그게 자꾸 들어올 것 같다고. 그냥 그런 위협을 느껴서 그 창문에 다는 그 안전… 그거(잠금장치)를 샀다고 해서… 같이 산 적은 있어요. 물론 우리 집에 안 들어오겠지만, 왠지 사야 될 것 같아서.

유수 SNS를 보면 없던 것(공포감)도 생기는 거 같아요. 진짜. 제 집이 구조가 어떻게 되어 있냐면, 큰길이 이렇게 있으면, 골목길이 여기에 있는데, 여기 건물이 있고, 여기에 건물이 있는데, 이렇게 들어오면 이쪽에 건물이 있어요. 이 길이 너무 무서워요. 나는. 여기는 가로등도 없거든요. 이렇게 들어오면. 그러면 여기에 차가 두 대가 대어져 있고, 여기랑 여기서 뭐가 있는지 모르니까 내 시야로 확인이 안 되잖아요. 하루는 집에 있는데, 집에 올 사람이 아무도 없는데, 누가 문을 덜컹덜컹 하는 거예요. 알고 보니까 3층 주인어른 아저씨가 술을 드시고 집을 착각하시고. (웃음) 그런데 순간 너무 무서운 거예요. 오빠도 없고 아무도 없는데 지금. 그래서 예전보다 걸쇠 있잖아요. 이거 해놓고 문 여는 일이 너무 많아요. **택배는 어떻게 받아?** 택배는 일단 택배 아저씨를 내가 알아요. 지역별로 정해져 있으니까 안면이 있잖아요. 엄마도 쓰던 브랜드만 쓰고. 안면이 있으니까. 그래도 일단 바로 밑에까지 들어오는 일은 없어요. 유리문이 잠겨 있어요. 밖에 문이. 그래서 확인하고 얼굴 보고 들어오죠. 저는.

지리학자 시먼(Seamon, 1979, 56)은 사람들이 일상 공간을 어떻게 차지하고 이동하는지를 탐구하면서 그들에게 어떠한 행위가 '자동적'으로 일어나는지, 즉 '신체의 지향성'이 무엇인지를 밝히고자 했다. 시먼은 자동적인 전의식preconscious 행위가 보여주는 시공간의 일상을 밝히고자 했다. 그의 연구는 특정한 공간에서 일어나는 신체에 각인된 행동을 통해 드러나지 않은 공간적 규율을 살펴볼 수 있다는 점에서 의미를 갖는다. 혜령은 자신의 집에 들어서기 전까지의 불안감을 의식하지 않으려고 자신의 신체에 무의식적인 불안감을 각인시키는 이중적인 모습을 보여주었다. 이는 불안감을 내면화하여 이를 자연스러운 감각으로 변환시키려는 자기 규율이 강화된 행동으로 보인다. 그녀는 집 안으로 들어서기 위한 자신만의 행동 규칙을 가지고 있었는데 1) 문을 한번에 열지 않고 조용히 열어 인기척을 살핀 뒤, 2) 뒤를 돌아 누군가가 자신을 따라오고 있지 않은지 확인한 후 집 안으로 들어섰다.

민영은 특히 집 안으로 누군가 침입할지도 모른다는 불안감에 강박적인 행동 양상을 보여주었는데 1) 집 안에 들어서기 전에 주위를 살핀 후 2) 비밀번호를 누를 때는 지문이 남을 것을 예상해 다른 번호도 함께 눌러 이를 감추려고 했다. 현민도 마찬가지로 집에서 개방된 곳—입구(문)나 창—을 경계하며 행동하는 일상을 보여주었는데 1) 반대쪽 창가의 시선을 항상 염두에 두고 2) 새벽에 스탠드를 켤 경우 시선이 닿는 쪽의 창문을 닫는다, 라는 매뉴얼을 만들어 행동하고 있었다. 그녀는 창문을 타고 누군가가 들어올지도 모른다는 공포감 때문에 잠금장치 또한 구비했다. 위와 같은 일상적 실천들은 여성청년들이 항상 침입에 대한 막연한 두려움에 시달리고 있으며 자신을 끊임없이 가두고 감추는 방식으로 자기 검열을 행하고 있음을 보여준다.

이러한 자기 검열 방식은 첫 번째, 남성 중심적 젠더 규범이 공고화된 사회가 독립한 젊은 여성을 어떻게 성적 대상화하고 재현하는가에 대한 인식에서 비롯되었으며 두 번째, 결국 이러한 위협 요인들로부터 자신을 보호할 수 있는 것은 자신밖에 없다는, 잠재적으로 일어날 수 있는 피해 상황에서의 책임을 그들 자신에게 전가하는 사회적 구조에서 기인한 것이다. 이러한 사회적 구조는 역량 강화empowerment 전략, 즉 다양한 국가 기구(가족, 미디어, 학교 등)의 교육을 통해 궁극적으로 여성들이 스스로 문제를 해결할 수 있어야 한다는 사고를 주입시킨다. 개인이 위험을 감지하고 이를 내면화하여 예방하는 것은 자신을 주체적으로 보호할 수 있다는 측면에서 매우 자연스러운 것처럼 보인다. 그러나 스스로를 통제하고 이를 활용하는 자기 관리 기술은 기본적으로 남성 중심적 사회의 젠더 구조에서 비롯되었다는 점을 망각해서는 안 된다. 자기 통제 및 관리 기술은 가부장적 질서를 재생산하고 여성청년 이주민 주체를 억압하는 또 다른 기제가 될 수 있다.

주체적
장소의 생산

◗

집이란?

영지 사랑하는 사람 마음의 집? 사랑하는 사람 마음에 지은 집? 그리고 좋아하는 사람 같이 있고. 누군가와 함께 사는 게 집이다. 사랑하는 사람과 함께 사는 집.

미혜 쉴 수 있는 공간. 편안함과 밖에서 느끼고 온 피로감을 풀 수 있는 공간. 되게 정서적인 거예요. 조건이 맞지 않더라도 상대적으로 느끼면 된다고 생각하는 거죠.

집은 물리적 입지일 뿐만 아니라 '사회관계 매트릭스'(Valentine, 2001/2014, 102)의 일부이기도 하다. 집은 우리의 일상생활이 전개

되는 영역이며 우리에게 편안함이나 따뜻함 같은 감각들을 제공하는 장소이기도 하다. 이러한 감각, 즉 장소감은 집을 구성하는 물리적 요소뿐만 아니라 집 안에서 생활하는 사람들과의 관계에서도 비롯된다. 집은 이를 구성하는 구성원들로 인하여 고립에서 벗어나 친밀감을 형성하는 곳이라는 의미 또한 갖고 있다. 요약하자면, 집의 장소성은 물리적 공간 요소와 집 내부에서 마주치며 살아가는 사람들과의 관계로부터 생성된다.

전통적으로 집의 가족 구성은 이성애적 부부와 혈연관계로 이루어졌다. 집의 장소감은 이러한 관계 내에서의 보이지 않는 희생자, 특히 '어머니'로부터 만들어진 것이었다. 여성들은 전형적인 집의 장소감―위안, 편안함, 친밀감 등―을 제공해야 하는 의무가 있었다. 사회는 이성애 가족을 벗어난 다양한 삶의 방식(1인가구, 한부모 가정, 동성 연인과의 동거)을 정상적인 것으로 고려하지 않는다. 스테이시(Stacey, 1990, 269; Valentine, 2001/2014, 117 재인용)는 가족이 "친밀한 관계를 조직하기 위해 동원하는 다양한 수단을 획일화하고, 친족 관계의 다양성을 왜곡하면서 그 가치를 절하한다"고 주장했다. 이 같은 맥락에서 여성청년 이주민들은 사회가 정의하는 이상적인 집―가족 중심의 집―을 소유하지 못한 채 고립감과 상대적인 박탈감 속에 생활할 가능성이 높다. 특히 우리나라는 여성의 독자적인 주거 공간에 대한 이해가 낮은 편이다. 그러나 1인가구는 빠르게 증가하고 있으며, 여성 1인가구는 2018년 50.8%(통계청, 2019)로 남성보다 높게 나타났다. 그중에서도 서울은 20~30대 여성 1인가구 비율이 44.4%나 된다.

인터뷰 참여자들은 공적 공간에서의 감시와 통제를 경험할 뿐만 아니라 사적 공간 내에서 자기 감시와 통제를 수행하고 있었다. 이러한 억압 기제들은 여성청년 이주민들을 가부장적 질서하에서 통치되는 공간으로 다시 불러들인다. 이처럼 자기 주체적 장소 생산이 불가능해 보이는 구조 안에서 여성청년 이주민들은 대상에서 주체로의 변화를 시도한다. 이러한 변화는 일차적으로 집이 주체에게 부여하는 장소성의 요소들을 분리하고 전유하면서부터 시작된다.

유사가족 만들기

앞서 밝혔듯 한국 사회에서 집은 이성애 가족을 중심으로 형성된다는 인식이 보편적이다. 그러나 집의 장소성과 장소감은 개별 주체의 행위에 따라 가족 관계를 벗어나 생산될 수도 있다. 특히 가족이 제공하는 관계적 장소감*은 친족 관계에 기반하지 않고서도 유사가족 만들기를 통해 획득될 수 있다. 여기서는 관계적 장소감 중 하나인 가족 친밀감이 가족이라 부르지 않았던 대상들에게 어떻게 전이되고, 그 대상이 이주 주체들에게 어떠한 심리적 안정감을 부여하는지 살펴보고자 한다.

---

* 관계에서 발생되는 장소감. 예를 들어 모성은 대표적인 관계적 장소감이다. 우리는 집의 장소감을 '어머니'라는 특정한 가족 관계를 통해 형성하기도 한다.

(1) 친구와 공동체

미혜 [친구들이랑] 일주일에 한 번씩 만나는 거 같아요. 많이 만나요. **왜?** 다 외로우니까. 똑같아요. 저랑 똑같은 케이스. 만나면 서로 밥 먹고. 집에서 라면 먹고, 영화 보다가, 수다 떨다가. 어떤 애들은 과제한다고 해가지고 과제하고. **친구들을 자주 초대하는 편인지?** 그냥 오는 거 같아요. 애들이. **친구들은 뭐 하는 친구들이야?** 학생이거나. 회사 다니거나. 아니면 원래 자취하는 친구들이 있으니까 제가 가는 편이었거든요. 가는 편이었는데. **걔네들도 다 지방에서 올라온 친구들이야?** 네. 고등학교 애들이 좀 많아요. 그게 좀 어떻게 보면 위안이 되면서. 저한테도. 이렇게 혼자 사는 사람들에게 위안이 되고. 찾아가서 같이 자거나, 수다 떨거나. 고등학교 때 기숙사 생활을 했으니까. 알잖아요, 애들을.

민영 친구들 그냥 자주 오죠. 서울에 만약 왔으면 잘 데 없으면 그냥 자고 가기도 하고. **광주에 있을 때는?** 광주에서도 맨날 놀러왔었어요. 광주 친구들이. 고시원이랑 고시텔을. 고스톱 치고. 막. 근데 나름 거기 좁고 놀 데가 못 되긴 한데 그냥 친구들끼리 같이 그냥, 맨날 그때는 대학생 때니까 돈이 별로 없잖아요. 그래서 술 사가지고 와가지고 같이 술 먹고. 내가 너무 외로우니까. 외로우니까 같이 와서 많이 놀아줬죠. 밥도 먹고 라면 같은 것도 끓여 먹고.

지현 그러니까 제일 친한 친구가 초등학교 동창인데, 어렸을 때부터 둘이 영화를 보러 다니고 취향이 같으니까. 그러니까 취향이 같지만 취향이 같다 보면 정치적 색깔도 똑같아지고, 관심 분야도 똑같고. 관심 분야가 같으면 옷 입는 스타일부터 해가지고 말하는 스타일, 이 모든 것들이 공유가 된단 말이야.

유수 사람이 살아가는 데 가장 필요한 것이 있다면 무엇인지? 친구.

인터뷰에 참여한 여성청년 이주민들은 자신의 고립감을 해소하고 외로움을 달래기 위해 친구를 만나거나 자신의 집에 초대하여 일상을 함께 보내는 경우가 많았다. 이러한 사회적 네트워크는 도시의 고립된 생활에 익숙한 여성청년 이주민들에게 친밀감을 제공한다. 특히 같이 '이주'를 경험한 친구인 경우 유사한 상황에 처해 있기 때문에 서로의 일상을 쉽게 이해하고 공유하는 경향을 보인다. 미혜와 민영은 이주를 경험한 친구들과 함께 일상을 보내며 연대감을 쌓았다고 구술했다. 그들은 이주하면서 느꼈던 문제점들을 토론하고 고민하면서 집단 정체성을 생산하기도 한다. 특히 미혜는 친구들과 주기적으로 만나 주말을 함께 보낸다고 답했는데, 이러한 만남은 일종의 '일상 보내기'에 가깝다. 그들은 친구의 집을 간헐적으로 방문하면서 서로에게 위로와 위안의 존재가 된다.

특히 지현은 장기간 이주를 함께한 친구 한 명과 강한 유대관계를 맺고 있었다. 다른 인터뷰 참여자들에 비해 이주 기간이 긴 지현은 주변 친구들이 결혼을 하거나 고향으로 되돌아가면서 점차 멀어졌음을 고백하면서, 현재 대부분의 시간을 함께 보내고 있는 친구가 먼저 가정을 이루게 될까 봐 두렵다고 언급했다. 지현은 친구와 함께 영화를 제작하거나 휴가를 보내는 등 특별한 목적을 가진 만남에서부터 밥을 먹거나 잠을 자는 일상까지 자연스럽게 공유하는 유사가족 관계를 보여주었다. 그녀는 자신의 친구와 보내는 일상이 '부담 없는 것'*이라고 설명했다. 이러한 친구 관계가 확장되어 집단화될 경우 공유된 감성을 통해 자연스럽게 공동체가 형성되는데, 인터뷰 참여자들은 자발적으로 공동체를 만들기도 하고, 특정한 생활 방식을 가진 공동체에 들어가기도 하면서 이주 생활에 적응해나가는 모습을 보여주었다.

혜령 학교 다니면서 만난 애들, 사회생활 하면서 만난 애들, 뭐 취미 생활 하면서 만난 애들. 만나면 어느 정도 위안이 되는 것 같아.

영지 검도를 다녔어. 2학기 때부터. 그래 운동을. 그걸 하면서 내가 완전히 적응했지. 서울 생활에. 1학기 때는 집에 자주 내려갔는데, 2학기 때는 명절 때만 내려가고. 한 달에 한 번? 두 달에 한 번? 검도 사람들이랑 맨날 밥 먹고, 술 먹고, 맨날 밤새고. 기숙사 문 열면 들어가고 그랬던 것 같다. 그 오빠 내가 진짜 좋아했잖아. 그래 가지고 완벽 적응해 나갔었던 것 같다. 생각난다.

명린 저는 영화제 친구들을 제일 자주 만나요. 영화제에서 만난

---

* "미영이 같은 경우, 아무거나 먹으러 가자고 해도 되니까 부담이 없으니까, 부담이 없는 사람한테 뭐 먹으러 가자, 하게 되는 거지."

친구들을. 알아온 시간은, 길게는 3년, 짧게는 1년. 꾸준히 만나요. 길게는 5년인 것도 있네요. 제가 학교 다니면서 자봉(자원봉사)한 것도 있으니까. **만나면서 어떤 부분에서 편안함이나 즐거움을 느끼는지?** 말하기 힘든데, 저도 2주 전에 그렇게 10명이 오랜만에 뭉쳤어요. 그런데 너무 재밌더라구요. 다른 사람들이랑은 다르더라구요. 유대감이라고 그래야 하나? 같이 취향 공동체라고 할 수도 있고, 정말 오랜만에 만났는데도 그때에 그 시절이 기억이 나더라구요.

여와 여(Yeo & Yeo, 1988, 231)에 따르면 협력을 뜻하는 라틴어 Communitatem에서 기원한 공동체는 공통된 정체감과 상호 부조 관계를 내포하며 상호 이익, 참여, 통합이라는 관계적 특징뿐만 아니라 공동 공간 내에서 형성되는 공간적 특성을 갖는다. 특히 유대관계가 특정한 공동 공간 내에서 꾸준히 발생할 경우 공동체는 구성원들의 일상에 중요한 일부가 된다(Valentine, 2001/2014, 149~150). 이처럼 연대와 영역적 응집력에 기초한 공동체는 다양한 형태로 주체의 장소화 과정에 영향을 미친다.

혜령의 경우 자신이 이주한 공간마다 자연적으로 형성된 다수의 공동체와 꾸준히 접촉하고 있었는데, 이러한 공동체는 공유된 활동이나 정서적 교감으로 인하여 그녀에게 안정감이나 안락감을 제공하고, 더 나아가 그녀의 정체성 형성에도 영향을 미친다. 영지도 혜령과 마찬가지로 여가 공동체 활동을 꾸준히 하고 있었으며, 이러한 활동은 이주 초기 그녀의 소외감을 상쇄하는 역할을 했다. 명린은 자신의 이주에 가장 큰 영향을 미쳤던 영화제 사람들과 공동체를 형성하고 있었다. 이처럼 다양한 수준의 공동체 활동은 일시적이고 파편적인 사회관계를 맺는 도시에서의 소외감을 상쇄시킬 뿐만 아니라 활동 주체의 정체성 형성에 중요한 영향을 미친다. 이러한 집단 활동은 친구처럼 강력한 결속을 갖진 않지만 공동체적 소속감을 부여한다는 점에서 집단 응집력을 갖는다. 그들은 가족과는 달리 위계 없이 평등한 위치에서 서로에게 관계적 안전망을 제공하며, 친숙한 접촉과 감정적 교류를 형성한다. 지현의 인터뷰는 공동체가 일체감, 친밀함, 편안함과 같은 장소적 감각을 어떻게 생산하고 이러한 활동이 일상에서 어떠한 상호 협력을 제공하는지 잘 보여준다.

지현　커뮤니티 활동을 계속해왔지. 지금도 아예 안 하는 건 아니야. **몇 년 정도 하셨죠? 커뮤니티 활동?** 대학원에 있을 때도 연계가 되어 있긴 했지만 본격적인 거는 내가 대학원 졸업하자마자 올인, 몰빵 거의 했으니까. 기획 활동에서부터 다양하게 사람들 많이 만나기도 했고, 또 운동 차원에서 일하기도 했었고. 그거는 음… 좀, 개인의 가치를 넘어서는 활동도 커뮤니티를 통해서 해봐서 그 가치를 또 느끼기도 했고, 내 개인적인 관심사를 공유할 수도 있었고, 그 관심사가 사회로 뻗어나갈 수 있다는 그런 가능성 같은 것도 보려고 노력했고. 엄청. 엄청. 나한테 구심점이었고, 내가 미국에 있을 때 나의 향수는 다 그 활동이었어. 내가 이렇게 활발하게 다양한 네트워크 속에서 나의 가치를 서로서로 확인하는 가운데 서 있을 수 있었는데, 그 끈이 갑자기 이렇게 딱 끊기고 나니까, 너무 학교에만, 미국에, 시골에만 있으니까 그게 너무 무의미하게 느껴지는 거야. **그런 정서를 줄 수 있었던 원인은 뭐라고 생각하는지?** 마이너리티 정서가 크지. 그 커뮤니티라는 게 메이저들끼리의 묶음이 아니고 마이너리티고, 어렸고, 그래서 서로서로 사실 불안정한 기반들이 한꺼번에 있고 다들 간헐적인 알바를 하고, 또 간헐적인 집안의 도움에 기대어 있지만, 그 도움에 기대는 것을 항상 불명예스럽게 생각하는 집단이다 보니까 서로서로 그래도 우리 괜찮을 거야, 잘할 수 있을 거야, 왜냐하면 항상 계속 배워나가는 단계였고, 뭔가 새롭게 시도하는 중간이어서 아직 자기 작업이 확고하지 않았으니까. 그 확고히 해나가는 단계에 있어서 정서적 교류라든지 물리적인 나눔이라든지, 뭐 협동, 노동의 나눔에서부터 많은 것들을 도움 받았지. 어우 야, 일주일에 몇 번을 계속 같이 있는지 몰라. 거의 내 일상이 그걸로 돌아갔었지. 나는 그때. 어마어마하게 [의미가] 컸지.

지현의 인터뷰에서 드러나듯이 공동체가 제공하는 우애적인 이해와 서로 간의 돌봄은 새로운(낯선) 공간에서 가족을 대체할 유사가족 친밀성을 형성해낸다. 이러한 친밀성은 주체에게 특정한 소속감을 생산한다. 이러한 소속감을 바탕으로 공동체는 가족을 대신하여 좁게는 개인의 관심사를 공유하고 넓게는 그 관심사를 사회적으로 가시화할 기회를 제공하기도 한다. 특히 불안정한 위치에 놓여 있는 것으로 상정되는 여성청년 이주민들에게 공동체는 관습적인 삶의 방식에 저항하는 힘을 배양하고 새로운 삶의 방식을 개발할 수 있게 만든다.

(2) 연인
여성청년 이주민들이 겪는 정서적 차원의 문제, 즉 소외와 고독,

배제와 같은 부정적인 감각들은 그들이 적극적으로 다양한 유형의 유사가족 관계를 만드는 원동력이 된다. 그중에서도 연인은 결혼과 가장 유사한 관계성을 생산한다. 두 관계 모두 사랑과 친밀성에 기반하고 있지만 연애는 결혼에 비해 상대적으로 관계의 시작과 종결이 자유롭고 개방적이다. 여성청년 이주민들은 자유로운 연애 경험을 통해 결혼과 가족에 대해 다시 사고하고, 다양한 삶의 방식을 경험할 기회를 갖는다.

현민　**남자친구 있어요?** 있어요, 있어요. 있는데, 군인이에요. (웃음) 생각보다 빨리 사귀었어요. 너무 외로워서. (웃음) **언제 사귀었어요?** 진짜 빨리 사귀었어요. 입학하고 한 달? 돼서? **동기?** 아니요. 한 살 선배. **남자친구는 왜 사귀게 된 거예요?** 그냥 말이 잘 통했는데, 그 시기가 너무 외로웠나 봐요. 뭔가 이 사람한테 필요 이상의 애착을 줬다고 해야 되나? 그래서 너무너무 잘 맞는다고 생각했어요. 물론 지금은 오래 사귀어서 그렇게 잘 맞는다는 게 아닌 걸 알고 있지만, 그때 당시에는 '이렇게 찰떡궁합일 수가'라고 생각했던, 착각했던 것 같아요.

지현　스무 살 때는. 거의 20대 시절에는 꾸준히 남자친구가 있었지. 오래 사귄 사람이 있었으니까. **그때 남자친구는 학생이었죠?** 아니, 백수. (웃음) 최상의 조건이네. **그럼 더 많은 시간을 같이 보내셨겠네요?** 응. 동생이랑 같이 살 때는 좀 불가능했는데, 거의 뭐 동거 수준? **남자친구는 서울 사람이었어요?** 아니 걔도 지방인이었는데, 형 집에 같이 있었거든. 그러니까 형이나 형수가 전화 와서 왜 이렇게 안 들어오냐고 욕하고 막 그래서 계속 동거 이렇게는 안 했지만 그냥 오면 너무 떨어지기 싫고, 내가 막 "가지마아" 이러면 이틀 정도 우리 집에 계속 놀다가, 또 밥을 잘 해주고, 정말 파파 같은, 정말 성격 좋은 사람이랑 사귀었기 때문에, 집 안 청소, 개 목욕, 개 산책. **반려견 입양해주셨던 분이 그분이에요?** 응. 아빠. 본 아빠. **그때 정서적으로 위안이 되었는지?** 응. 위안도 되고. 같이 음식 사다 먹고. 해 먹고. 집에서 해 먹고. 같이 텔레비전 보고. 같이 영화 봤다가, 술도 집에서 한잔하고. 그런 거부터 해서, 여러 가지 다. 좋았지.

영지 난 너무 행복해. 지금. **아프거나 이럴 때 힘들진 않았어?** 별로. 아프기도 자주 아팠어. 그런데 그때마다 오빠가 옆에 있어줬고. 누가 항상 옆에 있어줬어. 그런 건 감사하지. 복이 있는 거 같애. 아프다고 해서 엄마 아빠한테 아프다고 기댈 나이는 아니니까. 오빠가 아빠 같애. 아빠한테 못 받은 사랑을 오빠가 주는 것 같아. 우리는 가족이라고 맨날 그 얘기해. 가족들이랑 같이 있으면 그렇다고. 헤어지고 싶어도, 남자친구랑, 이 밀려오는 외로움이 진짜, 옆에 계속 같이 있는 사람이 없다 보면 당장, 배드민턴을 쳐도 같이 칠 사람이 없고.

여성청년 이주민의 집은 사회적 시선으로 바라봤을 때 집의 구성 요소를 갖추지 못한 불완전한 공간이다. 여기서 집의 구성 요소란 구체적인 건축물과 같은 물질적 요소뿐만 아니라 가족 구성원과의 관계에서 생산되는 정서적 요소도 포함된다. 가족으로부터 독립하여 다른 가족을 만들지 않고 살아가는 사람의 집은 외롭고 고독하며 소외된 공간이기(으로 보이기) 때문에 '애정적 보살핌'의 기능을 다할 수 없다는 것이다. 그러나 애정적 보살핌은 사회적으로 규정된 가족 관계를 벗어나서도 생성될 수 있다. 이러한 집의 정서적 측면을 가장 강하게 느낄 수 있는 대표적 관계가 바로 '연인'이다. 여기서의 연인은 이성애적 연인 관계와 동성애적 연인 관계 모두를 포함한다. 이러한 연인 관계는 '이성 간의 성관계, 결혼, 출산이 자연스럽고 정상적이라는 이데올로기'(Thorne & Yalom, 1982/1991)에서 벗어나 있다는 점에서 정상가족 이데올로기에 부분적으로 저항적인 측면을 갖는다.

현민은 서울로 이주하여 외로움 때문에 남자친구와 사귀게 되었다고 말했다. 결혼 제도로 진입하지 않은 여성청년 이주민들은 자신의 삶에서 이주가 매우 독립적이고 주체적인 과정이라고 인식하고 있으며, 가부장적 질서를 스스로 이탈한 존재들이기에 자신의 독립성을 지키고자 하는 의지가 상대적으로 강하다. 그러나 서울로의 이주는 고독과 외로움, 소외감을 동반하기도 해 행위적인 측면에서는 독립적이면서도 정서적인 측면에서는 보완적일 수 있는 관계를 형성하고자 하는 경향이 생겨난다. 지현도 현민과 마찬가지로 자신의 고유성을 훼손하지 않으면서 삶의 과정 속에 친밀한 관계 형성의 욕망을 배치시키는 방식(박은주, 2002, 22), 즉 연인 관계로 정서적 결핍을 채워나간다.

이러한 연인 관계는 친밀함을 심화시켜나가는 과정에서 서로의 일상과 장소를 공유하기도 한다. 실제로 영지는 남자친구가 본가로 돌아가는 주말을 제외하고 자신의 집에서 일상을 함께 보내는 부분적 동거를 경험하고 있었다. 사람들은 가족과 떨어져 육체적으로 아프거나 정서적으로 힘들 때 누군가의 물리적이고 정서적인 보살핌을 기대하게 된다. 그리고 이러한 기대감을 채워줄 수 있는 가장 강력한 형태의 정서적 관계는 '연인'이다. 영지는 일상적인 친밀감을 나누면서 의지할 수 있는 사람으로 자신의 남자친구를 꼽았고, 남자친구를 자신의 '가족'으로 호명했다. 특히 그녀는 어릴 적 아버지로부터 받지 못한 사랑이나 보살핌을 자신의 남자친구를 통해 보상받으려는 심리가 강했는데, 이는 사회가 정의하는 '가족' 바깥에 정서적 유대의 대상이 존재할 수 있음을 보여주는 것이라고 할 수 있다. 실제로 영지는 자신의 가족보다 남자친구와의 정서적 유대가 상대적으로 더 강한 인터뷰 참여자 중 한 명이었다. 이러한 정상가족 바깥의 가족으로서 연인과의 관계가 제공하는 애정과 보살핌에 대한 언급은 보라의 인터뷰에서도 찾아볼 수 있다.

> **보라**　형호(남자친구)를 사귀고부터는 걔가 현지에 대해서 너무 잘 알았기 때문에 집 구하고 이런 것도 모든 일을 다 같이 했기 때문에, 걔가 다 도와줬어. 난 말도 안 했어. 가만히 있었어. 난 옆에서 팔짱 끼고 있고, 걔가 이건 뭐 얼마고, 이런 거 다 해줬기 때문에 그때부터는 편했어. 되게 재밌는 게, 중국에 있으면서 내가 중국 쪽에 살다가 편하기 시작한 게 남자친구 사귀고 나서부터잖아. 그런데 얘는 중국에 엄청 오래 있었던 애잖아. 걔한테 중국 색채를 느낀 게 아니라 걔를 통해서 내가 한국의 편안한 걸 느낄 수 있었어. 걔가 이제 오래 있었기 때문에 인프라가 이제 한국 관련된 음식, 집에 가정부 있잖아. 한국 음식 해줘. 해주지, 한국 TV 있지, 그러니까 내가

개 집에 가면 한국을 느낄 수 있는 거야. 오래 있었던 이민자를 만나니까. 그래서 내가 개가 편했던 거야. **이주 때문에 내면에 스트레스가 많이 쌓이지는 않았어?** 있지. 그래서 혼자 있으면 우울해지는 건 좀 있는데, 그걸 그때는 남자친구한테 많이 풀었고, 같이 얘기하면서 많이 했고. 그만큼 내가 남자친구한테 기대고, 의지하고 나 힘든 모습, 즐거운 모습 다 보여줬어. 맨날. 울고불고. 엄마한테 안 했어. 그걸. **그래서 남자친구 없었던 기간들이 굉장히 짧은 거지?** 응 계속 있었지. 어 그냥 중간중간에 2개월 정도 텀이 있을 수 있는데, 항상 있었어. 그래서 그때 당시 중국에 있을 때 남자친구는 거의 가족보다 더, 나한테 또 잘해줬고. 엄마는 나한테 잘 못 해줬잖아. 따뜻하게 잘 안 해줬어. 그런데 개는 나한테 잘 해줬어. 되게. 물적으로도, 심적으로도 그렇고 내가 너무 편했어. 개랑 있으면. 그래서 엄마 아빠한테 연락할 필요가 없었어.

특별한 유대(혈연)를 통해 구성된 사람들의 집단에 개인을 배치시키는 사회의 전형적인 '가족' 제도는 구성원들에게 실질적으로 자연스럽거나 정상적이지 못한 경험들을 안겨주기도 한다. 보라의 경우 가부장적 질서를 내면화한 어머니의 존재는 그녀에게 항상 '공포'와 '두려움'의 대상이었다. 어머니로부터 벗어나기 위해 중국으로 유학을 떠났던 그녀는 유학 시절 정서적으로 가장 위안이 되었던 존재가 남자친구였다고 언급했다. 남자친구는 그녀에게 보호자였으며, 한국에서의 느낌을 제공하고 집의 장소성을 전달하는 매개체였다. 특히 이성애적 연애 관계에서 여성청년들은 스스로 전형적인 여성성을 경험하길 원하기도 한다. 예를 들어, 남자친구에게 자신의 보호자로서의 역할을 기대하거나 그로부터 보살핌을 바라는 정서는 이성애적 연애 관계가 기존의 가족 개념에서 크게 벗어나지 않는 관계성을 제공한다는 사실을 보여준다. 그러나 동시에 연인이 생산하는 관계적 장소감은 이전까지 결혼 제도로 편입해야만 제공받을 수 있을 것이라고 예상되었던 정서적 유대가 다른 관계로 확산되거나 전이될 수 있다는 것을 보여준다. 특히 이성과 동성을 포함한 다양한 애정 관계에서 생산되는 가족과 유사한 정서적 유대는 이성애 결혼으로 맺어진 가족 관계가 다양한 가족 구성 중 하나에 지나지 않는다는 것을 깨닫게 한다.

하지만 다른 한편으로 인터뷰에 참여한 여성청년 이주민들은 연인 관계를 통해 개인적이고 주체적인 삶에서 벗어나 상대방의 간섭과 지배를 경험하기도 하고, 상대방에게 의존하는 모습을 보이기도 하면서 지속적인 관계-주체 갈등을 겪기도 했다.

민영 남자친구에게 거의 올인이죠. 내 생활 자체를 거의 애한테 올인하다시피 하는 거니까. 집착도 많이 하게 되고.

리지 나는 혼자 사는 게 힘들지는 않은데, 혼자 살면서 내가 연애를 하는 게 힘든 거 같아. 그러니까 너무 내 생활 중에 남자친구가 나에 대해서 모르는 게 하나도 없는 거야. 그러니까 집에서 어떻게 있는지, 집은 어떻게 생겼는지, 집에서 뭐 하는지 다 알고, 밖에서 뭐 하는지도 당연히 아니까 백 프로 오픈되어 있다가, 그러면 완전히 이별이 왔음을 감지했음에도 불구하고 내가 헤어져야 되고 내가 싫어서 짜증나는데도 못 헤어지는 거야. 이 사람이 없어지면 삶의 절반이 이렇게 훅, 가니까. 기대심리? 기대서 사는 것들이 너무 강해져. **의존적이게 된다는 거지?** 한 사람한테만. **다른 친구들한테 돌릴 수도 있었을 텐데?** 이상하게 그런 거 같애. 내가 여러 명이랑 친구를 하는데, 여러 명한테 그런 걸 기대할 수는 없어. 예를 들어서 내가 아플 때 이 친구가 반드시 와야 한다는 걸 기대할 수는 없지. 그런데 남자친구니까 그런 거를 기대를 하는데, 만약에 내가 부모님이랑 같이 사는 집에 살면 남자친구한테 그런 거 기대 안 하겠지. 못 오니까. 그런데 그런 것들을 강하게 기대하게 되고, 안 했을 때 서운함이 막 배로 있는 거 같아. **이때까지 연애를 쉬어본 경험이 있는지?** 거의 없는데. **10년간 쭉 남자친구가 있었다?** 왜냐면 없는 걸 견디지 못했어. 어렸을 때는. **왜?** 방금 말했듯이, 항상 누군가가 돌봐주는 개념이 있었던 거 같아. 남자친구가.

여기서 관계-주체 갈등이란 자신의 개인적 삶을 최대한 영위하면서 고유성을 지키며 온전히 살아가는 주체적 삶의 방식과, 연애 관계에서 비롯되는 의존 지향적이고 관계 중심적 삶의 방식 사이의 갈등을 의미한다. 관계에 종속된다는 것은 안정적인 감각을 제공하지만 그로 인해 관계에 쉽게 함몰될 수 있다. 민영과 리지는 때때로 이러한 관계 지향적인 자신의 성향을 성찰하고 내적 갈등을 겪기도 했다. 민영은 이주 과정에서 비롯된 심리적 불안감과 소외감을 남자친구라는 대상을 통해 해소하려 했다며 자신의 이러한 성향을 '집착'이라는 단어를 통해 표현했다. 한편 리지는 연애 과정에서 드러나는 자신의 비주체적 성향을 부정적으로 표현했는데, 그녀는 친밀한 감정과 정서적 유대를 통해 상대방과의 일체감을 지나치게 강조하는 연인 '관계'가 자신의 주체적인 삶의 방식을 바꾸게 될까 봐 두려워했다. 그러나 사회적 관계의 단절에서 비롯된 애착 관계에 대한 여성청년 이주민들의 욕망은 이러한 관계를 쉽사리 포기할 수 없게 만든다.

연인을 통한 유사가족 관계를 경험한 여성청년들은 자신의 주체적 선택을 통해 가족이라는 형태가 다양하게 변동 가능하고 유연한 개념이라는 사실을 깨닫게 된다. 특히 연인 관계는 사랑과 보살핌을 기반으로 한다는 점에서 상대적으로 가장 가족에 근접한 정서적 유대를 제공한다. 그중에서도 이성애적 연인 관계는 가족 관계―여기서 가족은 사회가 규정한 제도로서의 가족을 의미한다―로 발전될 가능성을 갖는다는 측면에서 기존의 집과 매우 유사한 관계 장소성, 혹은 관계 장소감을 발생시킨다. 이는 여성청년 이주민들이 주체적으로 생산하는 유동적 장소감과 기존의 가족 구성원 내에서 생산되는 고착적 장소감 사이를 넘나드는 장소감으로서, 매우 '유연하면서 간헐적으로 고정'되는 형태의 대안적 장소감이라 말할 수 있다.

(3) 반려동물

오늘날 인간과 반려동물의 관계는 위계적이지 않고 인간과 인간의 관계만큼이나 평등한 것처럼 보인다. 유기되고 있는 반려동물의 보호를 위한 조례 제정 등 반려동물을 대하는 사회적 태도 변화는 이러한 인식을 대변한다. 반려동물은 가족, 친척, 친구 등 인간만이 친밀한 관계를 맺을 수 있다는 전통적인 사회 인식을 변화시키고, 사람들의 정서적 결핍을 완화시켜줄 수 있는 친밀한 감정적·정서적 교류의 대상이자 상대가 되어가고 있다. 특히 반려동물은 집에서 함께 생활하며 일상에서의 다양한 상호작용을 통해 여성청년들에게 감정적 변화를 불러일으킨다.

> **지애**　**반려묘랑은 얼마나 같이 살았죠?** 대학원에 다니면서 만났으니까. 한 5년 됐죠. **있을 때와 없을 때의 차이점은 뭐예요?** 그 전에는 친구들이 많았고, 지금은 오직 고양이밖에 없다는 거? **고양이랑 잘 놀아줘요?** 응. 고양이랑 대화도 나누고. 고양이랑 인간의 대화를 하는 게 아니라 고양이의 대화를 하려고 노력해요. 고양이가 나한테, 내가 생각을 해봤는데, 워낙 내가 촉감을 좋아해요. **혼자 촉감을 느낄 수는 없는 거잖아?** 응. 그런데 고양이는 워낙 부드럽고 따듯하고, 강아지하고 다르게 진짜 따뜻하고 부드러운 애예요. 강아지는 뼈가 있지만, 얘네들은 뼈가 없는 느낌이랄까. 연골 느낌이에요. 그래서 걔를 안고 있고 이렇게 있으면 그 고양이 울음소리가 좀 애기 목소리 같잖아요. 그냥 나한테는 이게 양육하는 어떤 경험을 나한테 주는 것 같아요. **마더링mothering이나 케어링caring?** 응. 응. 그런 대리 만족을 나한테 주는 것 같아요.

지애는 이주 후 5년 동안 고양이를 키워온 인터뷰 참여자였다. 그녀는 반려동물과 함께 살아가는 동안 기존에 경험한 적 없었던 새로운 역할, 즉 보살피는 사람으로서의 역할을 획득하게 되었다고 구술했다. 지애는 일상생활에서 자신이 양육하고 있는 고양이와의 대화를 통해 감정적인 교류를 시도하면서 보살핌을 수행하고 있다. '보살핌caring'의 넓은 의미는 다른 사람의 안녕에 관심을 갖는 감정이라 할 수 있는데, 그 안녕을 돌보는 일은 실제적이면서 심리적인 측면을 모두 갖는다. 특히 보살핌의 감정은 혼자서는 생성될 수 없으며 적어도 한 대상과의 관계를 필요로 한다. 이처럼 반려동물로부터 발생하는 보살핌의 감정은 가족으로부터 떨어져 살아가고 있는 여성청년 이주민들에게 정서적 위안이 된다.

> **지현** 반려견을 키웠어요. 유학 가기 전까지. 스물한 살부터. 꽤 오래 키웠어. 남자친구가 데려왔어. **반려견을 키우면서 제일 좋았던 부분은?** 집에서 외로움을 덜어주는 게 제일 큰 거지. 제일 크지. 나를 반갑게 여겨주고. 내가 살뜰하게 돌봐줄 보살펴줄 대상, 외로움을 덜어줄 애착 관계가 있고. 그 대상도 나에게 보상을 해주고. 이런 것들이 제일 크지 뭐.

> **유수** 근데 서울에 왔을 때는, 부모님도 부모님이지만 내가 진짜 친한 친구가 있는데 그 친구가 재수를 하게 됐나? 그래가지고 그게 제일 무서웠어요. 그래서 부모님이 내려가는 날, 나한테 개를 입양해주고 가셨어요. **키우면서 위안이 많이 됐는지?** 그럼요. 진짜 편하고 좋죠. 집에 가면. 내가 잘 때, 그때는 혼자 잤는데, 항상 옆에서 자요. 고양이들은. 딱 여기 아니면 여기. 그런데 온기라는 게 되게 위안이 되잖아요. 언제든지.

반려동물을 양육하는 경험은 집에서 느끼는 일상적 고독과 외로움에서 벗어날 수 있게 해준다. 지현과 유수는 자신의 반려동물을 외로움을 덜어주고 위안이 되는 존재로 소개했다. 이러한 반려동물은 일상생활 속에서 다양한 차원의 의미 있는 변화를 불러일으키는데 친구와 커뮤니티, 연인이 사람과 사람 간의 애정을 기반으로 유사가족 관계를 형성했다면, 반려동물은 주인으로 하여금 그들의 생활 일부분을 책임지는 역할을 획득하게 만듦으로서 유사가족 관계를 형성한다. 모성애적 보살핌은 전형적 여성성이 가장 두드러지는 노동이다. 여성청년 이주민들은 이러한 모성애적 보살핌을 통해 즐거움과 위안을 얻고 다양한 역할을 경험할 기회를 갖게 된다.

현민 고향 집에 고양이가 있어요. 고양이가 있는데… 이제 근데 여기서 못 키우잖아요. 몰래 키우면야 키울 수 있겠지만 개가 막 아프면 내 재정이 박살 나는 그런 상황? 불안정성 때문에 못 키우고. 그리고 또 제가 맨날 집에 있는 게 아니니까, 애들이 외로워하니까 못 키우고. 그래서 지능이 없는 걸 골랐어요. (웃음) **어디서 데려왔어요?** 그냥 인터넷에서 연락을 해서 분양받았어요. 가서 데려왔어요. **한 마리?** 다섯 마리를 데려왔는데, 한 마리는 죽고 네 마리가 살아 있어요. **커요?** 그 식용달팽이 아시죠. 아직 성장기긴 한데 잘 크고 있어요. 성장긴데 한 이만 해요. **어떨 때 걔네들 보면서 즐겁다거나 이런 게 있는 거예요?** 너무 자주 들여다보면 스트레스를 받더라구요 애들이. 밥 줄 때 주면 바로 먹거든요. 그럴 때. 하루에 5분? 정도 들여다보고 다시 닫아서 넣어놓고. 하루에 5분밖에 못 봐요. **그걸 반려동물이라고 부를 수 있다고 생각해요?** (웃음) 애완… 저는 애착을 주고 있는데, 그들은 저의 존재를 모르죠. **혹시 음식을 못 주게 될까봐 겁이 나거나 이러진 않아요?** 어… 그냥 하루 일과가 생기긴 했죠. 늦게 주면 어쩌나, 이런 건 있어요. 사 오면 되니까 괜찮은데, 얼마 안 하고. 그런데 시간 맞춰서 줘야 되니까, 그렇기 때문에 빨리 집에 들어가는 성격이 있어요. 달팽이 밥 주러.

리지 반려견/반려묘를 키우는지? 반려견 키운 지 한 달. **같이 있으면서 위안이 되는 지점들이 많아?** 엄청 많아. 엄청 만족하고 있어. 일단 내가 깜짝 놀란 게 애가 애교가 되게 많은 개야. 물론 모든 강아지들이 주인이 오면 막 난리 난리가 나는데, 그게 내가 회사에서 되게 안 좋은 일들이, 일어나는 일들이 많아. 기분이 진짜 상당히 엿 같이 돼서 회사에서 귀가를 하든, 남자친구랑 싸워서 귀가를 하든, 안 좋은 일이 일어나서 오늘은 진짜 완전 쉣더퍽이다, 술이나 한잔해야 되겠다 하고 집에 딱 들어갔는데, 얘가 계속 난리를 쳐, 헥헥거리면서 꼬리를 흔들면서. 그러면 결국에 웃음이 나와. 화를 더 이상 못 내고 있겠어. 너무 이쁘잖아. 결국은 개 때문에 기분이 그냥 10분 만에 풀려. 굉장한 위안인 거 같아. **외로움도 덜고?** 응. 그리고 굉장히 집으로 빨리 들어가려는 경향이 강해졌지. 왜냐면 내가 회사를 출근을 하면 11시간, 12시간 혼자 집에 있거든. 걱정되는 거야. 그리고 내가 데리고 온 시기가 겨울이다 보니까 그래서 내가 보일러를 항상 몇 시간 정도 가동되고 꺼지게 해놓고 가. 그런데 오늘 기온을 딱 봤더니 너무 추운 거야. 우리 집 같은 경우에는 보일러 안 돌리면 되게 춥거든. 걱정되고. 밥은 먹었나? 이러면서. 거의 평일에는 무조건 칼퇴하고 집에 가는 거 같아. 강아지 때문에.

인터뷰 참여자들은 반려동물 기르기를 통해 새로운 역할을 획득할 뿐만 아니라 행동 및 인식의 변화를 경험하고 정서적인 안정을 찾게 되는 등 개인적인 삶에 변화를 경험하게 됐다고 말했다. 현민과 리지는 반려동물 양육에 대한 책임감으로 인해 집에 일찍 들어가게 되었다고 언급했다. 그들은 사회생활이나 공적 공간에서 받았던 스트레스가 집 안에 존재하는 반려동물로 인해 해소되는 경향이 있다고 구술했다. 이는 감정적 교류가 명확히 드러나는 개나 고양이 같은 반려동물뿐만 아니라 현민이 키우고 있는 달팽이와 같이 지속적으로 보살핌 행위만 주는 동물과의 관계에서도 발생할 수 있는 것으로 보인다. 이처럼 반려동물은 사회에서 교환가치에 의해 거래되는 하나의 상품이기도 하지만 정서적 차원에서 가족의 일원이 될 수도 있는, 즉 감정적 교류와 일상적 상호작용을 통해 공간과 시간을 공유할 수 있는 유사가족 대상으로서의 의미를 갖는다.

친구와 커뮤니티가 주는 평등한 관계에서의 소속감과 유대감은 자신이 갖고 있는 관심사나 정치적 성향 등을 자유롭게 표현하고 이를 사회적으로 가시화할 수 있는 가능성을 제공하며, 사랑을 기반으로 한 연인 관계에서 비롯되는 강력한 감정적 교류는 결혼이라는 제도에 편입되지 않더라도 부분적인 안전과 안정감, 그리고 애정적 보살핌을 제공한다. 이와 달리 반려동물은 여성청년에게 누군가를 돌보는 즐거움과 어떤 대상에게 책임감을 가지게 되는 기회를 제공한다. 요컨대 여성청년들은 이주를 통해 가족 제도에 편입되지 않고도 다양한 가족 역할을 수행할 수 있는 기회를 갖게 되는 것이다.

이처럼 친구, 커뮤니티, 연인, 반려동물 등은 혈연으로 맺어진 가족들만 줄 수 있을 것으로 가정되었던 유대나 정서적 교류를 대신 제공할 수 있으며, 인터뷰에 참여한 여성청년 이주민들은 실제로 그 대상들과 유사가족 관계를 형성하고 있었다. 특히 이러한 유사가족 관계는 자신이 원하는 사람들과 가족 관계를 맺고 원하는 형태의 가족을 구성할 수 있는, 정상가족 모델과는 다른 가족을 구성할 수 있는 대안적 선택지를 제시*한다. 특히 여성청년 이주민에게 대안적인 형태의 유사가족 관계에 대한 경험은 이전까지 당연하다고 생각해왔던 이성 간의 성관계, 결혼, 출산에 대한 이데올로기에서 벗어날 수 있는 계기가 되기도 한다.

> 유수 내가 여자를 만나잖아요. 그래서 그런지 모르겠는데. **지금도 여자친구 만나고 있지?** 네. 할머니 할아버지가 이북에서 오셨거든요. 이북에 보면 그런 거 있잖아요. 하모니카 집이라고 해서 지붕은 하나인데 방이 여러 개라서 여기 가족 살고, 여기는 다른 가족 살고. 이런 집. 그래서 옆집 살던 분도 같이 남한으로 내려와서 연락이 됐어요. 그러니까 엄마는 그분들 동서까지 다 챙기는 스타일이었어요. 생일에 꽃도 보내고. 그런 걸 보니까 나는 그런 게 너무 좋다고 생각을 했어요.

---

* 　이러한 상황은 그들이 사회가 생각하는 정상적인 가족 형태, 즉 '이성애적 핵가족'과 거리를 둔 채, 분리─여기서 독립이라는 단어를 쓰지 않는 것은 독립이 주체성을 가지고 이루어지는 행위이기 때문이며, 서울로의 이주는 꼭 주체적이고 자발적인 형태로 이루어진 것이 아니라는 사실을 연구 결과를 통해 알게 되었기 때문이다─되어 혼자 이주를 감행한 상태에서 대안적 관계(친구, 커뮤니티, 연인, 반려동물 등의 관계)가 차지하는 중요도가 상대적으로 크기 때문이다.

기틴스는 "동일한 가족 유형 하나만을 가정하게 되면 계급, 젠더, 연령 등의 관점에서 볼 수 있는 중요한 차이를 부정하게 되며 가족the family보다는 가족들families로부터 생각을 시작하는" 것 (Gittins, 2001, 박은주, 2002, 14 재인용)이 중요하다고 지적했다. 양성애자인 유수가 인터뷰 도중 언급하고 있는 대안적 가족들families에 대한 묘사는 기존의 결혼을 통한 가족 관계 형성이 자연스럽거나 당위적인 것이 아니라는 사실을 보여준다. 가족 구성원들 간에 권력 위계를 경험한 여성청년 이주민들에게 가족 이외의 사회적 관계와 존재가 주는 정서적 보살핌, 소속감, 애정, 안전 등의 감각은 기존의 가족 개념과 연관성을 가지면서 이러한 가족 개념이 언제든지 변경 가능한 것임을 깨닫게 한다.

'집' 밖의 '집' 만들기

장소와 장소감의 근원에는 지리적 공간이라는 물리적 위치가 존재한다. 지리적 공간은 인간과 인간, 혹은 인간과 동물이 지속적으로 관계를 맺고 관계적 장소감을 생산할 수 있는 장소적 기반이 된다. 색은 '장소란 인간이 만든 무언가이며, 어떤 공간을 점유하고 의도적으로 경계를 만들 때 발생한다'고 언급했다(R. D. Sack, 2004, 243). 이는 장소화에서 인간의 주체적 행위성이 중요하다는 것을 의미한다. 이러한 맥락에서 집의 장소감은 집이라는 영역에서만 생성되는 것이 아니라 인간의 일상적 행위가 지속되는 집 밖의 공간, 그리고 공간과 공간 사이에서도 생성될 수 있다.

명린 제가 이사 와서 처음 한 게, 동네 목욕탕 찾는 거였거든요. 목욕을 좋아해요. 저는 집에서도 하던 버릇이 있어가지고. 일주일에 한 번은 힘들고 2주에 한 번, 3주에 한 번은 꼭 가려는. 되게 작은 길에 있어요. 보이지 않는. 그래서 되게 찾아다녔어요. 목욕탕 찾으려고.

명린은 기존의 집에서 습관적으로 해오던 행위인 '목욕탕 가기'를 지속할 수 있는 새로운 공간을 찾고 이를 수행함으로써 장소성을 만들어낸다고 언급했다. 그녀는 이사 후 가장 먼저 '목욕탕'을 찾았다. 이는 인터뷰 참여자가 이동 후 낯선 공간에서 습관적 행위를 통해 장소를 점유해가고 감각을 찾게 되는 과정을 의미한다. 앤더슨은 장소가 의도된 경계 짓기에 의해서 만들어진다고 말하면서, 이러한 경계 짓기는 어떤 장소와 용도를 특정 방식으로 규정하고, 자기 자신이 누구인지도 정의 내리는 행위라고 주장한다(Anderson, 2010/2013, 76). 앤더슨의 주장에 따르면 명린은 낯선 공간에서 행위의 지속성을 통해 자기만의 장소를 구성하고 있는 것이다.

지현 예전 살던 동네에는 내가 진짜 맨날 다니는 쇼핑하는 장소도 있었고, 내가 좋아하는 빵집도 있었고, 내가 좋아하는 술집, 이를테면 내가 친구를 만났을 때, "4번 출구 앞 스타벅스로 와" 하면 모든 게 통했던 그런 접근성들을 내가 항상 유지하고 있었던 거지.

또 다른 예로 지현은 물리적 탐색과 지리적 인식을 통해 낯선 공간을 어떻게 주체적으로 장소화하는지 보여준다. 지현은 새롭게 이주한 공간 내에서 친밀한 장소를 만들어내기 위하여 물리적 위치들을 기억하고 반복적으로 방문한다. 이를 통해 만들어진 장소들은 각자 독특한 장소감을 갖게 되며 주체로부터 애착이라는 감정을 불러일으킨다. 특히 '단골집'이라고 불리는 곳은 집에서의 일상적 행위를 집 밖의 특정 공간에서 수행하면서 주체가 장소 내 다양한 요소와 상호작용하며 심리적 소유감과 애착 관계를 생산할 수 있도록 만든다.

> **명린** 혼자 밥을 잘 못 먹어요. 혼자 못 먹어서, 제일 처음 와서 목욕탕을 찾았고, 그리고 혼자 먹을 만한 밥집을 찾았어요. 이 동네는 아니고, 저희 집에서 오빠(남자친구) 집 가는 길에 있는, 예전에 자주 가던 스시집인데, 바처럼 이렇게 생겼어요. 혼자서는 바처럼 생긴 데 아니고는 안 가요. 못 가요. 혼자 밥 잘 못 먹어요. **누가 마주 보는 테이블 앞에서는 절대로 못 먹겠다?** 절대로는 아닌데, 조금씩 연습을 하고 있는데, 혼자 잘 못 먹겠더라구요. 제가 자주 가는 스시집에 가면, "아우, 오늘도 혼자 오셨네요"라면서 엄청 인사를 해줘요. 그래서 저는 제 단골 가게를 만드는 게, 제 이주 경험과 밀접한 관계가 있어요. 그 동네에 익숙한 공간을 만드는 것. 밥집이든, 술집이든, 카페든. 이 동네는 다 있어요. 집 같은 존재를 만드는 거죠. 저를 알아봐주는 가게가 있는 거죠. 이 동네에 다. 그걸 되게 좋아해요. 이 근처에 커피 집이 하나 있는데, 되게 자주 가는 데가 있어요. 거기 가면 맨날 사장님이랑 이야기하다 가고, 놀다가 오고.

리지 내가 단골로 삼는 집은 항상 혼자 가도 되는 술집이거든. 예전에 오뎅바는 사장님이랑 개인적으로도 되게 친해가지고. 그 가게 때문에 아는 사람인데, 친해져가지고 뭐 가서 혼자 술을 마신 적도 많이 있긴 하지만, 그런데 거기는 바가 있으니까 옆에 있는 사람들이랑 얘기하게 되고 이런 거잖아. 거기는 진짜 이렇게 사각형으로 바가 있었거든. 그러면 여기 건너편에 앉아 있는 사람이랑 얘기하게 되고, 그 사이에, 그 중간에 사장님이 들어가 있어. 사장님이랑 같이 얘기하고. 진짜, 집 앞에 있었고 또. 그때 내가 근처에 살 때라서. 자주 가서 밥만 먹고 올 때도 많았고.

단골집은 '늘 정해놓고 거래를 하는 곳'이라는 뜻을 갖고 있다. 기본적으로 경제 행위가 일어나는 공간이지만 '단골+집'이라는 두 단어의 조합대로 장소와 주체 간의 친밀한 관계가 형성되는 공간이기도 하다. 단골집은 물리적으로 자신이 소유한 집은 아니지만 심리적으로 소속되어 있다는 감정을 느끼고, 그것을 심지어 집이라 부를 만큼 집에 가까운 장소감을 형성하고 있다. 이는 방문 주체와 장소 사이에 어떤 물리적이고 심리적인 연결고리가 존재한다는 것을 뜻한다. 특히 명린은 단골집을 만드는 행위 자체가 자신의 이주 경험과 매우 밀접한 관계가 있다고 이야기했다. 그녀는 자신이 살고 있는 동네에서 혼자 가도 어색하지 않은 장소들을 심리적으로 소유하고 있었다. 명린은 이와 같은 장소를 '집 같은 존재'라고 불렀다. 리지에게도 명린과 마찬가지로 습관적이고 일상적으로 자주 찾는 장소들이 존재했는데, 그 장소는 낯선 사람들과의 만남뿐만 아니라 익숙한 사람들과의 관계를 제공함으로써 그녀에게 특별한 애착이나 소속감, 그리움 등의 감정을 부여했다.

　이러한 '단골집'은 그 장소를 방문하는 사람들에게 심리적 안정감을 부여하기도 하고, 새로운 인적 관계를 만들어나가는 계기가 되기도 하며 일상적 행위를 지속할 수 있도록 다양한 요소를 배치해놓고 있기도 하다. 이러한 장소 내의 요소는 '방문하는 주체'를 말 그대로 '반겨준다.' 이는 혼자 살아가거나, 같이 살아가는 사람이 있다 해도 가족의 유대감을 느끼기 힘든 여성청년 이주민에게 장소 소속감을 제공하는 기제가 된다. 장소 소속감이란 어떤 장소에 대하여 친근감을 느끼거나 특별한 관계를 맺고 있다고 느끼게 되는 감정을 의미하는데, 이러한 감정은 개인과 특별한 장소 사이에 발생했던 경험이나 상호작용으로 유발되는 감정 모두를 포함한다(Jones, et al, 2000).

　유수　TS를 알고 나서는 내 친구랑, 친구 집이 이제 우리 집은 반지하인데 친구 집은 깨끗하게 잘 되어 있었거든요. 그래서 설 음식을 해서 TS에서 먹었어요. 잡채랑 수수볶음이랑, 두부전이랑. **TS는 언제부터 출입하게 된 거야?** 스물한 살, 8월. **누가 처음 데려온 거야?** 친구 서연이. 서연이가 데리고 간 거예요. 걔가 뭐라드라. 어느 날 바를 가재요. 어, 그래서 내가 나 술 별로 안 좋아한다고. 그때 당시까지 내가 술을 별로 안 마실 때예요. 많이. 술 거의 안 마셨어요. 술맛을 별로 안 좋아했어요. 그런데 사장님만 계시는 거예요. 저는 그때 전혀 서울 말을, 지금도 그렇지만 저는 서울 말을 쓸 수 없는 상태였어요. 막 이것저것 이야기를 하는데, 사장님도 지방 사람이니까 알아듣고 그러는데, (중략) 그때부터 갔었던 거 같아요.

유수는 펍(TS)에서 만난 바텐더였다. 그녀는 TS의 사장과 동향 출신이었는데 실제로 이 공간을 자주 찾는 사람들은 사장과 동향 출신이 많았다. 처음에 고객으로 방문하여 단골이 된 그녀는 나중에 학교를 휴학하고 TS에서 바텐더 일을 자발적으로 도맡을 정도[*]로 그 장소 구성원과 친밀한 관계를 맺고 있었다. 유수는 고향으로 내려가지 않고 TS 사람들과 명절을 보낸 경험을 이야기하면서 익숙한 공간에서 음식을 먹고 이야기를 나누는 일상적 행위가 주는 안정감과 소속감에 대해 언급했다.

> **유수** 약간 제가 생각을 해봤는데, 지금 TS를 가는 거는 거기엔 사람들이 좀 많아도 괜찮잖아요. 사장님이나 오라버니(남성 동료)나 이 일을 하는 사람들은 본능적으로 사람을 살피잖아요. 그러니까 내가 굳이 많은 말을 하지 않아도, 이 공간에서는 편해요. 그리고 내 친구들도 오랜 시간을 봤기 때문에 편해요.

유수는 지리적인 공간과 자신이 맺고 있는 연결 관계를 규정하고, 왜 그곳이 편안하고 즐거운 장소로 작동하는지 이야기했다. 그 장소가 주는 지리적인 친숙함 이외에도 장소 내에 존재하는 사람들, 그리고 그곳에서 발생하는 환경과의 감정적 상호작용은 유수에게 심리적 안정감을 부여한다. 특히 그녀가 특정 장소(TS)에

---

[*] "돈이 그렇게 필요한 건 아닌데, TS에서 인턴을 했었어요. 그때 돈을 안 받았었거든요. 왜냐면 나는 솔직히 뭔가를 할 줄 알아서 들어온 게 아니잖아요. 그러면 굳이 사장님 입장에서는 귀찮단 말이에요. 내가. 그런데 나중에 사장님이 넷북을 주셨어요. 사서. 돈 안 받고. 다른 데서 일할 때는 돈을 제대로 받고 하죠."

더 큰 소속감을 욕망하면서 주체적으로 구성원의 위치를 획득하게 되는 과정은 집 이외의 다른 공간에서 발생되는 장소감이 주체의 정체성에 중요한 영향을 미치며 자아 인식과 밀접한 관련을 맺고 있다는 것을 보여준다. 캐시(Casey, 2001, 684)는 "자아와 장소가 단순히 이어지기만 하는 것이 아니라 융합된다"고 주장한다. 이는 개인과 장소의 관계가 "특별한 경험뿐만 아니라 삶을 영위하는 장소, 일상적으로 일어나는 평범한 실천을 통해 발전"(Anderson, 2010/2013, 81)하게 되는 것을 의미한다. 이처럼 집 밖의 공간이 장소가 되는 과정은 주체의 행위와 밀접한 관계를 맺고 있다. 이러한 논리는 주체의 행위를 통해 장소가 생산될 수 있다는 사실과 더불어 집이라는 장소가 한곳에 고정되어 있는 것이 아니라 유동하며, 집과 떨어져 존재하거나 다중으로 존재 혹은 전유될 수 있음을 시사한다.

> **혜령** 나는 솔직히 자주 내가 자주 가게 되는 곳. 그곳이 집인 것 같아. 자주 가게 되는 곳. 자주 가는 카페도 집 같아. 그런 생각 들 때도 있어.

혜령은 인터뷰를 통해 집이 다중-위치를 가질 수도 있음을 언급한다. 이는 기존의 집이 장소감을 상실했다는 것이 아니라, 집의 장소감이 다양한 요소를 중심으로 유동하거나 주체가 이동하면서 이를 경험하는 것이 가능하다는 것을 의미한다. 이주 전 가부장적 질서 아래 감시 대상으로 존재하던 다수의 인터뷰 참여자들이 집을 주체적인 장소로 느낄 수 없었던 것처럼, 장소감은 집과 무관하게 거리, 공간과 공간을 이동하는 순간, 그리고 사람들과의 지속/간헐/순간적인 만남으로부터도 생성될 수 있는 것이다. 장소를 갇히는 경험으로 이해하게 되면 그 가운데 위치한 설명되지 않는 다양한 감각을 담아낼 수 없다. 낯선 공간에서 느끼는 친밀함도, 친밀한 공간에서 느끼는 소외감도 설명해낼 수 없는 이유는 이전까지의 장소와 장소감이 매우 갇힌 경험의 수준에서만 논의되었기 때문이다. 인터뷰에 참여한 여성청년 이주민들은 자신의 경험과 그 경험을 구술하는 과정을 통해 자연스럽게 장소와 장소감의 유동성에 대해 설명하고 이를 구체화한다.

미디어 수행을 통한
'장소' 만들기

인간은 사회적 장벽으로서 물리적 거리를 인식하며, 한때 하나의 상황으로부터 다른 상황으로, 혹은 하나의 위치로부터 다른 위치로의 이동은 이러한 물리적 거리의 이동을 수반했다. 물리적 이동과 관련된 인간의 입장과 의식, 그리고 의례들은 공식적이든 비공식적이든 하나의 행위 패턴으로부터 다른 행위 패턴으로의 규칙적인 이행들을 감안하여 형성되었다. 특히 이동을 하면서 물리적으로 느껴지는 공간의 다양한 경계는 이동하는 주체에게 장소에 대한 접근을 허용하거나 거부하기도 하면서 장소성 생산에 중요한 영향을 미쳤다. 그러나 최근 통신 매체의 급격한 발달은 공간과 공간의 연결들을 매우 복잡하게 만들면서 면대면 만남이나 장소에 대한 접근 방식을 변화시키고 있다.

이처럼 인간과 전자적 미디어의 상호작용 결과에서 비롯된 장소성의 발생 가능성이 점차 커지고 있다. 이는 이전까지 인간의 잦은 이동이나 유동적 상태로 인하여 소멸되고 있다고 간주되었던 불변적이고 고정적 형태로서 거주하기의 감각, 즉 집의 장소성이 인간의 전자적 미디어 실천과 수행을 통해 끊임없이 움직이는 가변적이고 유동적인 생성becoming의 형태로서 발생할 수 있다는 것을 의미한다.

(1) 미디어 접속과 사회적 관계 형성

디지털 미디어의 중요한 기능 중 하나는 연결성이다. 디지털 미디어는 미디어 수행 주체의 온라인 접속을 통해 시공간에 대한 미시적 조정과 다중적 상호작용을 가능하게 한다. 특히 다른 이들과 지속적인 연결을 가능하게 해주는 미디어는 가상적 상호작용 이외에도 다른 사람과의 직접적인 접촉 및 만남의 촉매 역할을 하기도 한다.

> **지현** 컴퓨터를 제일 많이 했고. 그때는 PC통신 이런 것도 있었던 시절이고, 내가 또 통신 생활을 엄청 즐겼거든. 동호회 이런 활동을 많이 해가지고 커뮤니티, 나는 뭐 학교랑은 전혀 무관하게 내가 좋아하는 거 하는 사람들이랑 어울리는 걸 너무 좋아해서, 그런 걸 주로 했지.

> **유수** **서울에 익숙해지기까지 얼마나 걸렸는지?** 6개월 넘게 걸렸

는데요, 저는. 불안하기도 하고, 그때는 혼자 못 갔어요. 그래서 새로 생긴 친구가 매일 와서 같이 자거나. 그 친구도 저희 집 바로 옆이었거든요. 그래서 걔 집에서 자거나. 그러고 나서 얼마 안 돼서 보미라고, 걔랑 고등학교 때 잠깐 친하다가 살짝 멀어졌는데, 대학교 와서 더 많이 친해진 거예요. 걔는 혼자 살았어요. **걔랑은 어떻게 친해진 거야?** 싸이를 하다가. 서로 혼자라는 걸 알게 됐어요. 둘 다 친구를 넓게 사귀는 편은 아니에요. 그리고 둘 다 서울 사람이 어렵고, 낯설고 그런데, 서로가 그래도 걔가 고등학교 기숙사 같이 살았던 친구거든요. 그러니까 서로가 가까웠던 무언가를 찾은 거죠. 싸이를 하다가.

현대 사회에서 디지털 미디어는 사회적 네트워크를 유지하고 커뮤니케이션을 관리하는 역할을 도맡고 있다. 여성청년 이주민들은 물리적으로 떨어져 있는 가족이나 가까운 친구, 친지와 만나기 힘들며, 이로 인해 그들과의 실질적 유대감을 지속하기 힘든 상황에 놓여 있다. 이러한 그들에게 미디어적 실천은 낯선 공간에서 새로운 인간관계를 형성하고 구성할 기회를 제공한다. 지현의 경우 PC 통신을 통해 새로운 사람들과 취향 공동체를 구성할 기회를 제공받았다. 그녀는 이주를 경험하며 느꼈던 개인적 외로움을 인터넷을 통해 해소하고 그곳에서 만난 다양한 사람들과 친밀한 관계를 구축하고 있었다. 유수 또한 서울로 이주한 뒤 '싸이월드'라는 개인형 블로그를 운영하면서 자신과 동일하게 이주를 경험한 친구와 연락하면서 직접적인 만남의 기회를 제공받을 수 있었다. 결론적으로 이주를 경험한 여성청년들은 디지털 미디어를 통해 다양한 사회적 관계망을 형성하면서 기존의 친밀성을 회복하거나 새로운 유대감을 형성할 수 있게 된다.

민영 [네이버] 밴드. 친구들끼리 하는 밴드가 있어요. 밴드도 있고, 단체 카톡방도 있고. 그걸로 많이 이제 하죠. **어떤 대화를 나누는지?** 오만 얘기 다 하죠. 남자친구 얘기했다가, 집안 얘기했다가. 그리고 친구 중에 이제 결혼한 애도 있어가지고 그 친구 얘기도 있거든요. 거의 애 사진으로 도배가 되어 있죠. 밴드 가 있으면.

현민 처음에 이주했을 때 집에서 뭘 많이 했어요? 거의 컴퓨터를 많이 했죠. 기숙사에도 침대, 옷장, 책상이 구성이니까 제가 매일 침대에 누워 있을 순 없고, 옷장 앞에선 할 일이 없으니까 거의 컴퓨터를 많이 했죠. **컴퓨터로 뭐 했어요?** SNS를 하거나 친구들 소식을 보고, (웃음) 그리고 지방이니까 제 친구 대부분들은 다 지방에 있는 대학에 갔어요. 그것도 비슷한 대학에 밀집되어 있죠. 그니까 걔네들은 맨날 만나고 같은 과에 간 친구들은 말할 것도 없고, 그렇게 다들 모여서 만나니까… 나 너무 외롭다고 막 징징대고. 그렇죠. 여기서 완전한 마음을 터놓을 수 있는 친구를 찾기 전까지는 거의 한 학기는 친구들이랑 카톡 하고, 페이스북 하고… 지금도 크게 다르진 않아요. 고등학교 때 제일 친했던 친구들이랑 단체 카톡방을 만들어서, 근데 그것만으로 부족해서 전화를 많이 했어요. 여기 너무 외롭고, 우울하고, 말도 안 통하고, 아후 막 표준어 못 쓰겠는데 애들이 막 사투리 시키고, 재수 없다고 막 그랬던 것 같아요.

유수 전화는 무제한으로 바꿨죠. 그래서 제가. 전화를 많이 하고. 위안이 되죠. 내가 기댈 수 있고. 내가 급격히 불안하거나 하면 어쨌든 전화하니까. 저는 진짜 전화 많이 하거든요. 잠을 진짜 많이 깨는데, 악몽 꾸다가 깨면 바로 전화해요 저는. 그게 2시건 3시건 전화를 해요.

미디어를 통한 전자적 커뮤니케이션은 가상적인 공간에 심리적인 친밀감을 연결시키기도 한다. 특히 디지털 미디어는 물리적으로 떨어져 있는 사람들과의 연결을 가능하게 하여 공-현존적 참여co-present immersion를 통해 친밀성을 회복할 수 있게 만든다. 처음 이주를 경험한 여성청년들은 낯선 공간과 사람들과의 만남에서 스트레스를 받거나 불안한 감정을 느끼게 된다. 그러나 디지털 미디어를 통한 기존 인적 네트워크와의 커뮤니케이션은 이러한 감각들을 상쇄하고, 친밀성의 회복을 통해 여성청년들이 안정감을 느낄 수 있게 만든다. 이러한 상황은 전화, 라디오, 텔레비전, 혹은 컴퓨터로 소통할 때 물리적으로 어디에 존재하는가가 더 이상 중요하지 않게 된 것을 의미한다.

민영의 경우 고향 친구들과 '밴드'라는 모바일 채팅방을 통해 심리적 유대감을 지속하고 있었는데, 이주를 경험한 뒤에도 친구들과 가상의 공간에서 이야기를 나누고 사진을 공유하면서 일상적인 상호작용을 유지했다. 현민 역시 웹사이트와 휴대전화를 통해 오랜 기간 친분을 쌓고 두터운 관계를 유지하던 친구들과 소통하면서 낯선 공간에 대한 불안감을 지워나간다. 이는 미디어를 통한 가상적 연결이 물리적 연결을 대체하면서 미디어 주체의 심리

상태나 행위에 영향을 미치는 것을 의미한다. 앞서 밝혔듯 유수는 이주 과정에서 장기화된 우울증을 겪고 있는 인터뷰 참여자 중 한 명이었다. 그녀는 집이라는 공간에 고립되어 느끼는 소외감이나 공포 등의 감정을 휴대전화를 통해 해소하고 있었다. 가족과 떨어져 혼자 사는 여성들이 집이라는 공간 내에서 거주하는 감각을 쉽사리 회복하지 못하는 것은 앞서 살펴본 다양한 억압 기제들(사회적 감시, 성적 대상화, 불안감이나 공포감 등의 부정적 정서 등) 때문인데, 이러한 억압 기제는 여성청년들을 물리적으로 고립시키거나 그들에게 부정적 정서를 불러일으켜 거주 감각을 불안정하게 만든다. 그러나 인터넷이나 휴대전화로 매개된 다양한 만남은 사회적 상호작용을 통해 낯선 공간에 친밀성을 불러들임으로써 장소감을 회복한다.

명린 혼자 있으면 뭐라도 쓰고 싶은데, 그게 SNS랑 밀접한 연관이 있는 것 같아요. 벽에다 대고 얘기하는 것 같지만.

혜령 그냥 일차적으로 나의 욕구인 것 같은데, 내가 누군가에게 나의 상황과 이런 거를 이야기하고 싶은 마음… 현실은 너무나 바쁘고 각자 삶이 바쁘기 때문에 그 사람들을 일일이 만날 수 없잖아. 근데 다른 장소, 같은 시간에 그거를 내가 노출을 할 수 있음으로써 그들 모두에게 내가 이 이야기를 해준 결과가 되니까. 나의 소식을 여러 사람, 다각적으로 알릴 수 있다는 측면에서 이제 그들과 좀 더 더 많은 이야기를 실제로 한 것 같은. 그들의 삶을 내가 좀 더 아는 것 같은 그런 착각에 빠지는 거지. **그거에 대한 리액션을 원하는 거**

야? 아님 필요 없이 말하는 거에… 어, 아니 나는 말하는 거라고 생각은 안 해. 리액션을 염두에 두고 올리는 글이 훨씬 많고. 그 이외에는 그럴 만한 가치가 있는 것만 올리니까. 사람들이 보고 '와, 재밌다' 혹은 어떠한 감정을 일으킬 만한 것들을 나는 많이 쓰기 때문에 그런 것도 궁금하기도 하고.

앞서, 디지털 미디어가 닫힌 형태의 관계 대상만을 목표로 하여 커뮤니케이션을 수행했다면 명린, 혜령, 현민의 인터뷰가 보여주는 미디어적 실천은 매우 개방적인 관계 대상에 대한 미디어적 연대감과 이로 인한 장소성 생산 가능성을 보여준다. 명린의 경우 집에 혼자 있는 동안 SNS를 통한 발화에 대한 욕구를 느꼈다고 고백했다. 그러나 동시에 명린은 SNS에 쓰는 글들이 발화만 되고, 수용되지 않는 느낌 ─ 이를 들어줄 사람이 없을지도 모른다는 느낌("벽에다 대고 얘기하는 것 같지만") ─ 을 동시에 받았다.

이는 디지털 미디어를 통한 커뮤니케이션 대상에 대해 그녀가 복합적인 감각을 갖고 있음을 의미한다. 미디어 수행 주체는 대상에 대한 목표가 구체적이지는 않을 수는 있으나 타인의 반응에 대한 일정 수준의 기대감을 갖고 있다. 이는 대화 상대가 군이 의미 있는 타자가 아니라고 할지라도 누군가에게 자신의 발화가 드러날 가능성이 존재하고 즉각적으로 커뮤니케이션할 수 있는 잠재성이 있다면 그것 또한 미디어 수행 주체에게 사회적 관계를 통한 친밀함의 감각을 제공할 수 있는 기제가 될 수 있음을 보여준다.

혜령의 경우 SNS를 통한 개방적인 커뮤니케이션 방식을 구체적으로 언급했는데, 누군가에게 자신의 상황이나 위치, 그리고 심리적 상태를 말하고 싶은 1차적 욕구를 미디어 공간에 서술함으로써 자신의 경험을 노출하고, 미디어를 통해 이것을 공유하는 현상이 실제로 많은 사람들과 이야기를 나눈 듯한 심리 효과를 낳게 된다고 주장했다. 이러한 미디어 공간과 공간 내의 개별적인 발화 순간은 물리적 거리로 인한 단절감과, 의미 있는 타자와의 관계가 박탈되었던 여성청년 이주민들에게 '스스로-편안함'을 느낄 수 있는 장치가 된다. 위텔(Wittel, 2001)은 커뮤니케이션의 목표가 타인과 지속적으로 링크되는 네트워크에 도달하고 유지하는 것이라고 주장하면서 이를 '네트워크 사회성'이라고 이름 붙였다. 미디어를 통한 상호적 자기 폭로의 실천은 네트워킹을 유지하게 만들며 심리적으로 누군가와 공존함을 지속적으로 감각하게 만드는 기제가 된다. 이렇게 생산되는 편안함의 감각은 대화적 커뮤니케이션에서 유인되기보다는 위텔이 주장했듯, '거기 누군가가 존재하고, 나에게 반응해줄지도 모른다'는 네트워크 자체에서 비롯되는 친밀감이라고 할 수 있다.

> **명린** [SNS에] 집 사진을 많이 올렸어요. 이사 오고 나서. 밥 먹는 거나 이런 것도 많이 올려요. **위치 지정은 하고 올리시는지?** 많이 하죠. **하는 이유는?** 내가 여기 있다. 여기 왔다. 약간 내 위치를 알리고, 여기가 좋다, 너도 와라, 약간 알리는 목적도 있구요. 이제는 습관이 되어버렸어요.

명린은 SNS에 자신의 집과 일상적인 행위를 사진으로 찍어 전시하고 상태를 업데이트하는 경우가 많았는데 그녀는 이러한 것들이 지금, 현재의 자신을 구성하는 일부라고 생각한다고 밝혔다. 탁(Tagg, 1988)은 카메라의 존재가 오랫동안 주체성의 지위에 대한 동의의 표시로서 받아들여져왔음을 주장한다. 다시 말해 '나' 혹은 '나와 관련된 대상'이 사진에 찍히거나 촬영될 가치가 있는 무언가라는 사실은 '내가 특별한 개인으로서 존재한다'는 근대의 증명을 구성한다는 것이다. 최근 수십 년 동안 변화한 것은 친밀한 사회적 상호작용들의 이미지 순환이 더 이상 개인의 범위 내에서 포착되지 않고 열린 미디어 회로를 따라 일상적으로 배포되는 범위가 확장되었다는 것이다. 이제 개인의 친밀한 이미지들의 축적으로 이루어지는 감정은 새로운 사회적 통화가 된다. 이러한 사회적 통화로 사람들은 서로 소통하고, 혼자 있지 않음을 느끼며 동시에 주체의 존재성을 보증하게 된다.

> **현민** 음… 나 말고 혼자 사는 사람들 얘기를 많이 캐치할 수 있어서 좋아요. 일단 SNS에서도 물론 제 친구들은 다 통학하지만, 서울로 대학 간 친구들의 일상을 볼 수 있고… 그냥 친목용인 것 같아요. **하루에 몇 번 정도 SNS를 하는지?** 페이스북은 좀 생각보다 많이 봐요. **알람 설정돼 있어요?** 아뇨, 아뇨. 그렇진 않은데 그냥 휴대폰을 만질 때 거의 늘 클릭하는 정도? 습관적으로. 아무리 한 번도 카톡 안 해본 친구라도 적어도 남자친구가 누군지, 헤어졌는지, 남자친구가 군인인지 아닌지, 뭐 간호학과면 실습 나갔는지, 이런 거 다 알죠. 뭔가 그래서 오랜만에 만나서 뭐 해? 요즘 뭐 해? 라고 묻기가 좀 애매해요. (웃음) 이미 다 아는데 뭐.

　　현민의 경우 앞선 인터뷰 참여자들과 달리 소셜미디어를 통한 관계성 유지가 주로 발화보다는 '듣기'에 집중되어 있음을 볼 수 있다. 미디어의 다양한 장치가 제공하는 인적 네트워크와의 만남이 듣기로 유지되는 것은 듣기가 가지고 있는 상호적, 체화된 본성 때문이다. 듣기의 개념은 우리에게 온라인 주목attention의 다양한 어퍼던스를 가능하게 한다(Crawford, 2009). 그녀는 온라인으로 매개된 친구들의 일상을 보고, 이해하고, 그것을 '들음'으로써 그들과의 연결 관계를 유지한다. 디지털 미디어를 통해 누군가의 일상에 접근한다는 것은 '앰비언트 인티머시ambient intimacy*'의 감각을 갖게 하는 데 기여하는 것이다(Reichelt, 2007).

　　이처럼 미디어가 제공하는 사회적 관계는 그 경계가 매우 단단하기도 하고 느슨하기도 하며 그 중간 어디쯤을 점유하고 있기도 하다. 이러한 관계가 일어나는 공간의 경계도 마찬가지로 고정되어 있기보다는 유동적이다. 미디어로 매개된 사회적 관계들은 가상적 공간에 존재하기도 하지만 실질적인 만남을 유도한다는 점에서 물리적 공간에도 존재하며, 이러한 가상적 공간과 물리적 공간 사이에도 존재한다. 이 때문에 미디어가 매개하는 사회적 관계가 장소성을 형성할 때는 그 경계가 뚜렷하지 않다. 그러나 미디어로부터 유인되는 다양한 층위의 친밀성, 특히 '혼자만의 방'에 고립되어 있는 여성청년 이주민들에게 제공되는 유대감과 소속감은 장소의 질서와 경계를 희미하게나마 '느끼게' 해준다. 특

---

*　　시공간의 제약으로 인하여 면대면 만남이 불가능한 사람들과 주기적으로 친밀하게 연락을 지속할 수 있는 상태를 의미한다.

히 여성청년 이주민들이 일상적으로 미디어 수행을 지속하며 '자신이 누구이고, 어디에 속해 있는가'를 인식하는 과정은 미디어의 일상적 행위가 주체의 장소감 형성에 영향을 미친다는 사실을 보여준다.

미디어적 일상과
미디어-장소성

인터넷으로 대표되는 뉴미디어 환경은 쌍방향적 커뮤니케이션을 제공한다는 점에서 인간의 사회적 접속 방식에 큰 변화를 가져왔다. 이러한 쌍방향적 커뮤니케이션은 끊임없는 접속perpetual contact 감각을 통해 장소성 형성에 영향을 미친다. 그러나 전통적 미디어가 갖고 있는 일방향적 커뮤니케이션 특성 또한 미디어 사용 주체에게 장소감을 제공할 수 있다. 특히 외부 공간과 단절된 사적 공간(집)으로의 진입에서 오는 고립감과 사회적 관계와의 단절감은 여성청년 이주민이 미디어를 일상적으로 사용하게 만드는 기제가 되는데, 이러한 미디어 수행은 굳이 단단하거나 느슨한 형태의 사회적 관계를 생산하지 않더라도 자신을 구성하고 낯선 공간 구조를 변형시킬 수 있는 행위자성agency을 제공한다.

> **영지** 드라마? 10시 드라마. 딱 집에 오면 그때 하기 때문에. 8시 뉴스 많이 보고. 아침에 항상 MBC 뉴스 틀어놓고. 화장할 때. 그건 이제 날씨 하고 있을 때쯤 나가면 시간이 딱 맞거든. 스마트폰 갖

고, 이제 나가는 거지. 지하철 타면서 애니팡 하고. 회사 가서는 아
침에 가면 파스쿠치에서 아이스 라떼를 라지 사이즈로 딱 먹고. 그
게 내 아침이야. 정신이 딱 깨. 일하고, 농담 좀 하다가, 쇼핑몰 좀 보
다가. 인터넷 쇼핑몰 좀 보고. 그러고 나서 퇴근하고 운동. 그럼 오
빠가 데리러 와. 강남역에서 만나서 같이 가는 거지.

영지의 사례는 일상적인 미디어 사용이 얼마나 관습적인지를
보여준다. 영지의 생활 세계는 정박되어 있든 이동하는 동안이든
습관적으로 미디어에 둘러싸여 있다. 정해진 시간에 일어나 일상
적으로 미디어를 접하는 것은 그녀에게 정서적으로 안락함을 느
끼게 만드는 기제가 된다. 영지의 물리적 환경을 차지하는 여러 요
소는 공간이 변화하며 바뀌지만 반복적인 미디어 사용은 행위의
연속성을 만들어낸다.

지애 〈수백향〉 보고, 〈무한도전〉 보고, 날마다 달라요. 그게 〈무한
도전〉은 매일 하는 거 아니잖아요. 평일은 그렇게 드라마. **왜 봐요?**
궁금해서. 오늘은 또 어떤 희한한 일이 벌어질까. (웃음) 〈만물상〉도
봐요. 〈이영돈의 먹거리 TV〉 이런 거 보죠. 만물상 정말 대단하신
거 같아요. 나는 워낙 원래도 할머니를 되게 좋아하고, 그냥 아주머
니들, 나이 많으신 분들이랑 이야기하는 걸 되게 좋아하는데, 사실
그럴 기회가 없으니까.

일상화된 미디어 환경의 좀 더 구체적인 예를 살펴보기 위하
여 매일 한 시간 이상 텔레비전을 시청한다고 밝힌 지애에게 일상

적으로 시청하는 텔레비전 프로그램에 대한 질문을 던졌다. 지애의 경우 미디어를 굳이 소통의 매체로 활용하지 않는다 하더라도 방송 프로그램에 집중함으로써 일시적으로 혼자 있음, 혹은 외로움의 감정에서 '떠나갈 수 있음'을 언급했다. 특히 그녀는 삶의 지혜를 배울 수 있는 나이 많은 사람들과의 소통을 원하곤 했는데, 라이프 스타일 프로그램은 그녀에게 유사-만남의 기회를 제공하고, 이를 통해 유사-소통 감각을 느끼게 해주었다. 이처럼 집에서의 텔레비전 시청 행위는 시청자에게 방송에 출연하는 사람과 상호작용하고 있다는 환상을 제공할 수 있다. 1950년대에 홀턴과 월(Horton & Wohl, 1956)은 미디어를 통해 커뮤니케이션이 간접적으로 일어날 때 이전까지 존재하지 않았고 존재할 수 없었던 독특한 관계가 생성된다고 주장했다. 이러한 관계를 홀턴과 월은 '파라-소셜 인터랙션para-social ineraction'이라고 칭했다. 그들은 관계가 전자 미디어를 통해 매개된다 할지라도 심리적으로는 면대면 인간관계와 유사하다고 주장한다.

파라-소셜 인터랙션은 감정적 연대를 바탕으로 하여 가상적 인간관계를 만들어낸다. 가상적 인간관계란 관계 자체가 실제가 아닌 상상에 가깝다는 것을 의미한다. 텔레비전 프로그램 시청자들이나 블로그 글을 구독하는 미디어 이용자들은 실질적으로 미디어에 등장하는 사람들과 커뮤니케이션하지 않더라도 그들과 교류하고 있다는 상호 소속감을 갖고 감정이입, 유사성, 매력, 우정의 감정 등을 생산한다. 특히 블로그나 인스타그램 등과 같은 소셜미디어 플랫폼은 상대적으로 사적인 이야기가 주를 이루기 때문에 텔레비전과 같은 미디어가 제공하는 파라-소셜 인터랙션보다 훨씬 더 두텁고 단단한 형태의 연대감을 제공한다. 이러한 상호작용은 1차적으로 사적인 실제 만남을 전제로 하지 않으며, 가상의 공간에서 실질적인 상호작용도 일어나지 않기 때문에 매우 탈물질화된 차원의 일상적 상호작용을 생산한다. 이렇게 탈물질화된 일상적 상호작용은 그 목표 대상이 실질적으로 존재하지 않더라도 언제든 미디어를 작동시키고, 그것에 집중하기만 하면 생산된다는 점에서 주체의 행위자성에 더 큰 방점을 두게 된다.

민영 항상 TV랑 같이 밥 먹었어요. **TV가 있었어?** 네. 진짜 작은 거. 이만 한 거 있잖아요. 그거 하나 있어가지고, TV 보면서 항상 밥 먹었어요. 지금도 습관이에요. TV 보면서 밥 먹는 거. **안 틀어놓으면 이상한가?** 느낌이 이상하잖아요. 그 적막감이. **혼자 있을 때, 한 번도 미디어를 보유하지 않은 적은 없는지?** 없어요. 항상 집에 가면 먼저 TV 켜고, 핸드폰도 항상 보고. TV는 안 봐도 켜놔요. 그 적막이 싫으니까. 뭔가 시끌벅적함. 혼자 있으면 너무 적막하니까 시끌벅적하게 조금이라도 그런 게 덜 불안하다 그래야 하나.

미혜 **집에서 가장 많이 사용하는 미디어는 무엇인지?** 스마트폰. 라디오도 많이 들어요. 스마트폰 앱으로 라디오 많이 들어요. 저는 그냥 틀어놔요. 아침에 그냥 준비하다가 틀어놓고 듣고. 가끔 잘 때, 잠 안 올 때 컴퓨터 그냥 틀어놓고 잠들고. **미디어가 혼자 살고 있는 자신에게 어떠한 영향을 미친다고 생각하는지?** 이제 스마트폰이나 이런 거는 시간을 채워주죠. 시간을 킬링해주는. 재밌게 그냥 보낼 수 있고. 내가 하고자 하는 일에 대해서 도움을 주는 수단이잖아요.

정보나. 특히 스마트폰이랑 똑같은 거 같은데, 덜 외로운 거 같아요. 라디오나 이런 걸 켜놓고 있잖아요? 그럼 뭔가 떠들어주고 노래 틀어주고 하니까.

지현 텔레비전을 그냥 뭐 켜놓기도 많이 켜놔. 그냥 소리 들으려고. **왜 그러시는 것 같아요?** 너무 적막강산이면 너무 어색하니까. 아니면 음악이라도 켜놓고. 컴퓨터로는 음악 랜덤 파일 플레이를 해놓거나 아니면 티비를 켜놓으면 뉴스 같은 거, YTN 같은 거 계속 뉴스 하는 거 틀거나.

유수 아침에 일어나서 일단 TV를 켜든 미드를 켜든 소리 나는 걸 켜요. 항상. 하나 켜고, 그다음에 일단 어제 이불 같은 거 정리를 하겠죠. **미디어를 항상 켜놓는 이유가 뭐야?** 그게 안정적이에요. 그냥 생각해본 적이 없다기보다는 왜 그러냐고 물어봐서 대답을 하는 건 있는데, 소리가 아무것도 안 나면, 뭐라고 해야 하나, 아무 소리도 안 나는 거에 대해 집중을 하게 돼요. 내가. 아무 소리도 안 난다는 사실에. 그러면 그게 싫어요. 혼자 있으면. 잠도 안 와요. 소리가 나면 내 주변에 일상적인 생활을 하고 있는 나 말고 다른 사람들이 있는 거예요. 그래서 나는 다른 사람들이 괜찮구나, 하고 자는 거예요. 나는.

지애 **일상생활에서 필수적인 매체는 무엇이라고 생각하는지?** 음악이요. 그래서 핸드폰. 음악 나오는 것들. 예전에는 그래서 아이팟을 늘 끼고 살았고, 아이팟은 그런데 사실 스피커 연결을 안 하면

소리가 안 나니까. **왜 음악이라고 생각해요?** 나를 즐겁게 해줘요. 음악은 나에게 공기 같은 거예요. 이동하거나, 집에 있을 때 다 들을 수 있고. 음악은 그런 거 있잖아요. 텔레비전은 켜기만 하면 그냥 이렇게 소리가 나잖아요. 그런데 우리 집에는 그런 기기가 없으니까 사실. 나한테는 플레이리스트 만들어가지고 그걸 틀기만 하면 되는, 음악이 나한테는 텔레비전이랑 비슷해요. 어떤 소리를 만들어주는, 나 말고 소리를 만들어주는 게 있다는 거, 그런 거 같아요. 게다가 아름다운 소리를.

그런데 이처럼 탈물질화된 일상적 상호작용이 시간을 거쳐 더욱더 일상화되고 관습화되면, 어느 순간 주체와 미디어의 상호작용이 사라지는 시점이 온다. 다시 말해 미디어 자체가 '거기 있음'에서 비롯되는 다양한 형태의 장소감이 존재하는 것이다. 인용한 다섯 명의 인터뷰 참여자는 일상적인 미디어 수행과 관련해 유사한 발언을 했는데, 미디어가 다른 행위성의 배경이 되어 존재하는 것만으로도 장소감을 생산한다는 것이다. 이는 '미디어가 장소가 될 수도 있다'는 가능성을 제공한다. 미디어의 '작동(미디어를 켜거나 끄는 행위)', 그것에서 흘러나오는 '소리(여기서 소리는 집중하지 않고 분산된다는 점에서 소음에 가깝다)', '모니터에서 쏟아져 나오는 영상(이 또한 집중을 요하지 않기 때문에 불빛과 같은 시각적 현상에 가깝다)'이 반복되면서 그것이 주는 편안함과 안락함의 감각들이 발생하는 것이다.

미디어를 켜고 그것에서 흘러나오는 무언가에 집중하지 않은 채 그대로 두는 행위는 미디어가 제공하는 정보를 움켜쥐지 않고 무의식적으로 흘려보내는 경험이다. 그러나 정보를 수용하지 않는다고 해서 감각을 제공받지 않는 것은 아니다. 인터뷰 참여자들은 집에 혼자 있거나 일상적인 행위를 할 때 미디어가 켜져 있지 않는 순간들이 매우 어색하고 불안하다고 응답했다. 이런 관점에서 미디어를 공간 내에 켜두는 행위는 장소적 요소에 가까우며 이러한 행위 자체에서 느끼는 감각들은 편안함, 친밀함, 안정감 등 집이 제공하는 감각과 유사하다. 일상 속에서 습관적이고 능숙한 미디어 사용은 사용자와 대상, 즉 인간과 미디어를 결합시킨다. 이러한 결합은 반복적 행위를 통해 육체의 도식을 재배열한다는 점에서 신체의 연장이면서 감각의 확장이라 말할 수 있다. 결과적으로 반복되는 미디어 수행은 인간에게 체화되어 거주와 주거의 감각을 불러일으킨다. 이처럼 미디어를 통해 만들어지는 유의미한 장소감을 '미디어-장소성' 즉, '장소화된 미디어, 미디어화된 장소성' 이라고 부를 수 있다.

지애 집에서 뭘 해 먹었을 때, 좀 찍어놓기도 하고. 우리 고양이 찍어놓기도 하고. **왜?** 고양이 사진은 찍어두는 거에 의미가 있고. 왜냐면 나중에 혹시 고양이가 없어졌을 때, 그런 생각을 해서 미리 찍어두는 것도 있고. 밥 해 먹은 거는 그냥 기특해서. 자기 자신이 기특해서. 내가 이런 것도 해 먹었구나. 그래서 그런 거, 여행, 내가 장기간 떠나거나 이동해야 할 때는 그거 보면서 가기도 해요.

민영 식당을 혼자 이용해본 적이 있어? 네, 있어요. 그냥 배고프면, 저는 배고픈 걸 잘 못 참아가지고, 배고프면 그냥 혼자 들어가서 먹어요. **밥 혼자 먹는 건 언제부터 해봤어?** 아, 처음엔 대학교 때는, 좀 그런 게 남들 눈이 많이 신경 쓰이긴 했는데, 그냥 뭐 어차피, 지금 그냥 나이 들다 보니까 그런 거는 이제 눈에 안 들어오더라구요. 그래서 그냥 혼자 가서 밥 먹는 게 되게 익숙해요. 대신에 식당에 혼자 가면은 계속 또 핸드폰 만지면서 밥을 먹죠. 핸드폰 보면서 밥 먹고.

보라 덜 외롭다. 나의 전부지. 내 인생의 전부. 거의. 혼자 있을 때 내 인생의 전부는 스마트폰, 그러니까 영상, 방송 이런 거. 미디어지. 다른 거 안 하니까. 혼자 사색하는 시간, 책 보고 이런 거보다 훨씬 더 뭔가 시간을 TV를 보면서 때우는 경우가 많기 때문에. 그리고 내가 이동을 많이 해야 하잖아. 출장 갈 때도 많고. 서울 나올 때도 이동을 많이 하고. 그때마다 얘로 검색을 하거나 영상을 보면 시간이 빨리 가니까.

이처럼 미디어-장소성이 생성되기 시작하면 인간 주체가 집이라는 장소에 정박되어 있지 않더라도(즉 여행이나 이동, 혹은 이주를 경험하게 되더라도) 장소성을 상실하지 않을 수 있다. 스마트폰으로 자신과 친밀한 대상(반려묘, 자신의 집, 음식 등)의 사진을 찍어놓고 장기간 여행을 떠나거나 이동할 때 이러한 사진을 보면서 친밀감을 느끼는 등의 미디어-장소성을 경험했다고 말한 지애와 마찬가지로 민영은 생소한 공간에서 식사를 할 때마다 미디어 사용을 통해 그 공간을 장소화하고 불안감을 해소했다고 밝혔다. 잦은 출장으로 지속적인 이동을 경험하는 보라 또한 미디어 사용을 통해 외로움을 해소하고 낯선 공간이나 이동 중인 공간을 장소로 만들어가는 장소화 과정을 수행하고 있었다. 장소는 인간이 환경 속에서 일상적으로 경험하여 획득한 것이다. 이러한 장소 개념은 경험이자 현상이며 동시에 가상으로 확장될 수 있는 '범위'이다. 특히 미디어 수행을 통한 장소성의 확립은 주체의 감각적 경험이 일상적으로 일어나는 가운데 구성된다.

민영 거의 심심할 때마다 핸드폰을 보는 것 같아요. 근데 핸드폰이 요즘에는 이제 인터넷도 되고 하니까, 인터넷도 되고, 게임 같은 것도 되게 잘 되어 있고 하니까, 진짜 핸드폰 없이는 하루도 살 수 없는 그런 존재?

유수 일상생활에서 필수적인 매체는 무엇이라고 생각하는지? 폰. 폰이 꺼졌다는 건 집에 가야 된다는 거예요. 저는 그래서 일단 급하게 전화번호 열 개 정도는 외워요. 공중전화, 그게 쓸모 있다니까요. 의외로.

명린 미디어는 나에게 친구 같은 존재. 정말 1분 1초 옆에 있는 친구 같은 느낌. **혹시 꺼지면 불안하고 그래요?** 불안하죠. 저는 그 아이폰 충전기? 보조 충전기? 항상 들고 다녀요.

혜령 미디어가 큰 영향을 미친다고 생각하지. **어떤 면에서?** 기본적으로 이제 혼자 살면서 또 소통적인 부분? 도 있고. 그다음에 감정에 있어서 조금 더 뭔가… 내 의견을 많이 나누고 주고받을 수 있는 그런 공간적인 부분을 준다는 그런 거에서도 숨이 조금 트이는 부분도 있고. 위안을 받는 측면도 있고.

미연 세상을 알게 되는… 그러니까 단절되어 있지 않다는 느낌을 확실히 주는 거 같아요. 뭐, 드라마 이런 게 아니더라도 항상 일어나는 일들에 대해서 제일 근접하게 알 수 있고, 내 주변에 대해서도 알 수 있으니까.

미디어를 통해 장소성을 획득하는 과정을 경험한 여성청년 이주민들은 미디어―더 구체적으로는 미디어 사용―를 자신의 삶에 매우 큰 부분으로 받아들이고 있었다. 민영의 경우 '스마트폰 없이는 하루도 살 수 없는 존재가 된 것 같다'며 미디어적 일상이 너무나도 자연스럽고 당연한 것이 되었음을 언급했다. 유수의 경우 스마트폰이 꺼지는 순간 집에 가야 한다고 응답했는데, 이는 미디어 장소성과 집의 경험적 장소성을 동일한 것으로 여기는 인터뷰 참여자의 무의식이 발화된 순간이라 할 수 있을 것이다. 명린은 미디어가 독립하여 주체적으로 살고 있는 자신에게 '친구'와도 같은 존재라며 미디어를 인간화된 대상으로 인식하고 있음을 피력했다. 혜령 또한 미디어가 만들어내는 사회적 관계망과 소통, 그리고 미디어 공간에 자신을 전시하는 데서 오는 안정감과 위안의 감각 등을 언급했다.

이처럼 미디어는 이동하는 주체에게 장소성을 생산해낼 가능성을 제공하고, 유동적인 세계에서 거주하는 방식을 새롭게 만들어낼 수 있는 잠재력을 갖는다. 비장소 혹은 무장소성에 대한 지리학자들의 주장은 장소성이 균질적이라는 전제에서 비롯된 것이었다. 감각이라는 측면에서 장소성은 균질적으로 존재할 수 없기 때문에 이전까지의 이동하는 주체들에게는 장소가 주어지지 못했던 것이다. 그러나 이동하는 주체, 특히 인터뷰 참여자인 여성청년 이주민들은 물리적 공간과 가상적 공간에서 다양한 사회적 관계를 구성함으로써 가족과 유사한 연대감과 소속감을 느끼고, 일상적 미디어 수행을 통해 공간에 대한 안락함과 편안함을 구축해나간다.

인간을 '호모 비아토르Homo Viator'라고 하는데 이는 길 위의 사람,

혹은 떠도는 사람을 의미한다. 길 위의 인간은 본질적으로 길을 가

는 사람이다. 이는 공간의 이동뿐만 아니라 시간의 이동을 또한 의

미한다. 호모 비아토르는 삶의 의미를 찾아 떠나는 여행자, 한곳에

정착하지 않고 방황하며 스스로 가치 있는 삶을 찾는 존재를 가리

킨다.

— 류시화(2013년 10월 2일, 페이스북 타임라인에서 발췌)

이 책은 88만원 세대라는 용어의 사용이 현 청년 세대의 정체

성을 정치경제학적으로 고정시키는 것이 아닌가 하는 비판적 성

찰로부터 시작했다. 특히 청년 세대의 거주 공간에 대한 사회적 관

심이 폭발하고 있는 상황에서 이주나 이동을 경험한 청년 세대들

이 거주하는 집을 불안한 공간으로 서술하는 경향에 대해 늘 문제의식이 있었다. 그리고 이러한 집의 장소화 과정이 젠더적 감수성에 따라 어떻게 서사화되는지, 여성청년 이주민의 입장에서 살펴보고자 했다.

수많은 공간과 장소 중에서도 여성청년 이주민들의 집에 주목한 것은 집이 가지고 있는 일상성에서 비롯된 것이다. 일상이란 반복적이고 습관적이며 자연스러운 것처럼 보이기 때문에 심층적인 연구 대상에서 배제될 가능성이 높다. 그러나 일상에서 형성되는 보이지 않는 균열들은 일상의 주체들에게 조금씩 어긋남의 감각들을 제공한다. 여성청년들에게 이주 전 경험했던 집은 여성과 남성 간의 불균등한 사회적 관계를 재현하는 곳이었다. 안식을 제공하는 장소로 간주되는 경향이 있는 집은 여성청년들에게 다양한 층위의 감각들을 제공하는데, 이러한 감각들로 인해 여성청년 이주민들은 집에서 경험하는 일상을 낯설게 느낄 수 있으며, 가족 간의 유대감조차도 인위적일지 모른다는 의문을 가질 수 있다. 여성청년들은 가족 내에서 일상성의 파열을 경험하며 이주를 결심하게 된다.

이 책은 여성청년들의 경험담을 중심으로 그들이 이주를 경험한 후에 겪는 집의 장소화 과정을 서술하고 있다. 집의 소유 주체가 젠더 편향적이었던 것은 역사적인 사실이다. 예를 들어 여성이 가족으로부터 독립한다는 것은 결혼이라는 또 다른 사회적 제도로의 편입을 의미했다. 이와 같이 아버지에 대한 종속에서 남편에 대한 종속으로 전이되는 여성의 사회적 독립은 그 자체로 영구적이지 않고 순간적일 뿐이었다. 이러한 위치에 놓여 있던 기존의 여성청년들이—물리적인 단위의 집을 소유할 수 있는 경제력이 없다 하더라도—자기만의 집을 갖게 되는 과정은 분명히 남성의 것과는 이질적이며 차별적인 의미를 갖는다. 그들은 서울로 진입하여 낯선 공간을 경험하고, 이동과 이사를 반복하면서 독립의 경험을 만들어낸다. 그들이 이주 후 경험하는 집의 장소성은 기존의 가부장적 질서가 내재화된 사회 구조와 경합하거나 복속되는 이중의 과정으로서 존재한다.

이주 전 여성청년들은 가부장제로부터의 탈출 욕구와 자아 발전에 대한 욕망을 함께 느끼면서 이주를 감행한다. 보수적이고 가부장적인 집에서 벗어나 자신의 주체성을 실험하고 역량을 발전시킬 수 있는 곳으로서 '서울'을 상상하고 기대한다. 특히 전통적 미디어에서부터 디지털 미디어에 이르기까지 공간을 상상하게 만드는 다양한 기제는 여성들을 실질적 이주로 이끈다. 그녀들은 기존의 집에서 '혼자만의 방'을 통해 부분적인 독립을 경험한다. 이러한 단편적인 경험은 여성청년들에게 이상적인 주체가 되고자 하는 욕망을 불어넣는 촉매 역할을 하며, 이 같은 욕망에 따라 여성들은 남성 중심적인 장소에서 벗어나 이주를 하게 된다.

여성청년들에게 이주는 두 가지 스케일에서 일어나는데, 하나는 자신이 살고 있던 지역을 벗어나 새로운 도시로 이주하는 것이며, 또 다른 하나는 가족과 함께 살아가던 공동체적 집에서 벗어나 개인적인 집으로 진입하게 되는 것이다. 그녀들은 스케일이 다른 두 공간에서 낯섦을 느끼고 이를 익숙한 장소로 만들기 위해 다양한 감각적 경험을 하게 된다. 긴장과 불안을 야기하는 낯선 도시로의 이주를 경험한 자는 스스로 새로운 공간에 익숙해지기 위해 당연하게 여겨왔던 주변적인 요소들을 재배열하게 된다. 여성청년들은 이주 초반 낯선 공간에서 느끼는 감각들을 견디지 못하고 고향의 집으로 회귀하는 행위를 통해 장소감을 회복하지만, 시간이 흐를수록 기존의 집에 비해 새로운 집의 장소감이 높아져 회귀를 불필요하게 느끼게 된다.

여성청년 이주민들은 집을 유동적인 것으로 생각하고, 자신에게 해방과 자유를 제공하는 것으로 이해하기도 하며, 동시에 여전히 단단한 가부장적 질서가 내재화된 혹은 고립과 소외로 인해 부정적 정서로 가득 찬 장소로 감각하기도 한다. 그렇기 때문에 여성청년 이주민들이 집에서 경험하는 장소성은 기존의 집이 제공하는 장소성과 서로 겹쳐지거나 단절이 반복되는 형태로 나타난다. 이처럼 변화하는 집의 장소성은 정박되어 있기보다는 유동적이다. 유동은 기존의 집의 장소감에 부합하지 않는 감각이다. 여성청년 이주민들은 불안의 감각들을 메우기 위하여 주체적으로 장소를 생산해나가려는 모습을 보이기 시작한다. 이러한 주체적 장소 만들기의 과정은 크게 사회적 관계 형성을 통한 유사가족 만들기, 미디어 수행과 이를 통한 미디어 장소성의 구성을 통해 나타난다.

유사가족 관계가 갖는 심리적 유대감은 여성청년들에게 혼자 살아가는 것이 고립과 소외만을 의미하지 않는다는 사실을 알려준다. 이들은 적극적으로 친구 또는 커뮤니티를 통해 소속감과 유대감을 형성하고, 더 나아가 그러한 평등 관계에서 애정과 친밀함을 축적하는 법을 깨닫는다. 특히 이주 후 연인과의 관계는 연애의 낭만성과 거주의 독립성을 보존하는 방법을 제시한다. 여성청년들에게 결혼이 가사노동과 출산의 부담을 지운다면, 그들에게 연인과의 동거는 다양한 성적 실험과 주체적 자아를 보존할 수 있다는 점에서 대안적인 형태의 가족 관계다. 또 다른 유사가족으로서의 반려동물은 여성청년들에게 돌봄의 의무와 책임을 부여한다. 그리고 그녀들은 의무와 책임감이 가족의 역할 중 하나이며 소속감의 바탕이 되는 것이라는 사실을 알아나간다. 이 같은 유사가족 관계를 구축해나가는 과정에서 여성청년들은 이전까지 당연시해왔던 혈연 가족 이외의 다양한 가족 형태를 생각해보고 그것을 이루기 위해 실천에 옮길 수 있다.

유사가족과 같은 사회적 관계를 통한 장소감 형성 외에도 공간에 정서적 애착을 부여함으로써 장소감을 형성하는 경우가 있다. 여성청년들은 낯선 공간을 장소화하는 과정에서 특정 공간에서 특정 행위를 습관적으로 반복하기도 한다. 대표적으로 단골집을 만들어 그곳에 자주 방문하는 행위는 집 안에서 이루어지던 애착감과 정서감의 축적을 외부로 옮겨놓는 것으로 해석할 수 있다. 방문 주체와 물리적 위치, 그리고 그곳에서 일어나는 행위의 반복은 집이 아닌 곳에서 안식을 느끼며 장소를 구성하는 요소들과 관계 맺음을 통한 장소화 과정을 보여준다.

마지막으로 미디어를 통해 장소성을 생산해내며 거주 감각을 형성하는 여성청년 이주민들의 미디어 경험을 살펴보았다. 주체는 미디어 수행을 통해 다른 누군가와 접속함으로써 홀로 있다는 고립감을 극복하고, 그러한 타자와의 실질적인 연결을 통해 안정감과 친밀감을 획득한다. 그러나 미디어 수행을 지속할 경우, 실질적인 행위 없이도 미디어가 '켜져 있다'는 사실에 안도하는 순간이 발생한다. 미디어를 켜두지만 정작 정보는 받아들이지 않는 행위,

그로 인해 만들어진 불규칙한 소음이나 이미지를 흘려보내는 행위 또한 여성청년들에게 하나의 장소화 경험이며 장소성을 느끼는 방식이다.

이주 후 발생한 집의 새로운 장소성은 이전까지 남성 중심적으로 서술되어온 기존 집의 장소성과는 분명히 다른 지점을 갖는다. 여기서 '새로운'이라는 형용사는 집의 장소성이나 개념이 사회문화적으로 변화하고 있다는 것을 뜻할 수도 있고, 이전까지 집의 장소성 서술이 젠더 편향적이었기 때문에 생겨난 균열을 의미하는 것일 수도 있다. 그리고 실제로, 이 둘은 종종—사실은 거의 모든 면에 있어서—동시에 일어난다. 새로운 집의 장소성이 생성되면서 개념의 균열이 더욱 커지면, 기존의 비가시적이었던 요소들이 사회적 표면 위로 떠오르게 되기 때문이다.

인터뷰 참여자들이 서술한 집의 장소성에 대한 젠더 경험은 집이 하나의 정박된 장소성을 가진 물리적 영역이 아니라는 것을 이해할 수 있게 해준다. 이주 전의 집이 여성청년들에게 가부장적 질서하에 단단하게 정박된 형태의 장소성을 제공했다면(그래서 여성들은 장소의 주체가 될 수 없었다면), 새로운 집의 장소성은 주체의 일상적 행위나 실천에 따라 변화할 수 있는 유동적인 성질(따라서 여성들도 장소의 주체가 될 수 있는 가능성)을 갖는다. 집은 주체에 따라 다른 장소성을 갖고, 그 장소성은 획일화될 수 없는 감각의 차원으로 존재한다. 집의 장소성이 하나가 아니라 다양할 수 있다는 것은 기존의 획일화된 집의 장소성에 균열의 감각을 느꼈거나 느끼고 있는 여성들의 경험에 의해 구체화될 수 있다.

'정주' 혹은 '정박'의 관점에서 서술되던 '집'의 장소성은 이주를 경험한 여성청년들이 겪는 크고 작은 물리적 이동과 미디어 경험으로 인하여 '유동'과 '이동'의 요소를 함께 갖게 된다. 이러한 장소감은 장소가 단순히 지리적 영역의 수준이 아닌 물리적 실천, 더 나아가 미디어 실천으로도 구성될 수 있음을 보여준다.

　가족과 분리되어 이주를 수행한 여성청년들의 집은 기존의 집의 장소성에서 벗어난 다양한 감각과 경험의 요소로 이루어져 있으며, 이러한 요소들은 끊임없이 진행 중 혹은 발생하고 있는 상태로 존재한다. 결론적으로 여성청년 이주민들의 집은 유동하는 형태, 정박되지 않은 상태이다. 이는 집의 장소성이 주체의 이동과 일상적 경험에 따라 다양한 형태로 존재할 수 있다는 것을 의미한다. 그것은 물리적 차원일 수도 있고, 정서적 차원일 수도 있으며 주체의 행위의 차원일 수도 있다. 인터뷰 참여자들이 집에서 느끼는 장소의 감각은 닫힌 상태가 아닌, 열린 상태로 존재한다. 이는 이주 후 집에서 발생하는 장소적인 특수성일 수도 있지만, 이전까지 장소의 본질에 대한 재인식이 필요할 수 있음을 상기시키는 경험적 지표이기도 하다.

　집의 장소성이 유동적으로 변한다는 것은 여성청년이 속한 청년이라는 특정 세대의 특성일 수도 있고, 시대가 변화하면서 생산된 새로운 특성일 수도 있다. 만약 이것이 세대 문제일 경우, 여성청년 이주민 주체가 시간이 지나 청년 범주에서 벗어나거나 결혼이라는 제도에 진입하면서 다시 자신의 집을 정박된 장소로 만들 가능성도 있다. 집의 장소성은 사회문화적인 구조와 개별 경험이 결합되어 계속해서 변화하기 때문에 그 변화 요인을 하나로 단정하기 힘들다. 실제로 인터뷰 참여자 중 한 명(영지)은 인터뷰 이후 결혼해서 남편과 함께 살 집을 장만했으나 남편의 직장 때문에 지방으로 이주하여 이사를 지속하고 있다. 다만, 그녀가 결혼 이후 자신의 집을 장소화하는 과정에 대해서는 인터뷰에서 다루지 않았기 때문에 집의 장소성 변화를 단정하는 데에는 무리가 따른다. 이러한 상황은 후속 연구가 필요하다는 것을 알려주는 하나의 사인이기도 하다.

*

워홀은 두 시공간이나 동일 시공간 두 곳을 잇는 시공간의 좁은 통로를 의미한다. 블랙홀과 화이트홀을 연결하는 우주의 시간과 공간 벽에 난 구멍을 뜻하는 워홀은 여행자들에게 매우 순간적인 형태로 한 공간에서 다른 공간으로의 이동을 제공한다. 하지만 블랙홀은 회전하면서 물체를 모두 파괴시키기 때문에 워홀을 통한 여행은 수학적으로만 가능하다. 여성청년 주체가 이주를 통해 장소성을 느끼는 과정은 워홀을 통해 여행하는 것과 유사한 과정을 겪는다. 그들은 이주를 통해 집과 새로운 관계를 맺고, 그 관계를 통해 안정감과 안락함, 친밀성과 같은 장소감을 갖게 된다. 그러나 워홀의 끝은 블랙홀일 수도 있으며, 화이트홀일 수도 있다. 이는 워홀을 여행하는 대상이 어떻게 워홀을 빠져나오는가의 문제가 되는 것이다. 여성청년 이주민의 장소화 과정도 이와 유사하다. 그들이 장소성을 느낄 수 있는 요소들은 언제든 주체의 행위와 의미화 과정에 부착되어 있다. 그들이 미디어를 어떻게 사용하는지, 친구 혹은 커뮤니티와 어떤 관계를 맺는지, 어떻게 단골집을 만들어 그곳에 집의 장소감을 분리하여 옮겨놓는지, 연인과는 어떤 행위를 하는지. 그리고 이 모든 행위를 제공하고 그것을 선택할 수 있는 것으로 만들어놓은 것은 여성청년 이주민들의 '집'이다.

결론적으로 여성청년 이주민들은 이주 후 집의 장소화 과정에서 다양한 경험을 통해 자신만의 장소성을 만들어낸다. 이러한 장소 경험은 젠더 질서를 흩트리기도 하지만 그대로 유지시키기도 하며, 젠더 질서와 무관한 형태로 경계 위에서 부유하기도 한다. 그러나 여성청년 이주민이 이주를 거쳐 새로운 집에서 겪는 장소화 과정과 일상적 행위는 무엇보다도 여성의 주체적 장소성을 만들어낼 수 있는 기본적인 환경을 제공한다는 점에서 중요하다. 여성청년들의 집은 하나의 완성된 형태로 존재하지 않고 분절되어 있다. 여성들은 이처럼 분절된 집의 장소성을 다양한 형태로 재조합해나간다. 집은 안정감, 친밀함, 따뜻함만을 제공하지 않는다. 집은 모든 감각을 가지고 있고, 그 감각들을 느끼게 해줄 수 있는 경우에 한해서 인간에게 중요한 '장소'가 될 수 있는 것이다.

인터뷰 참여자의
자기 집
그리기

이 책은 시각자료분석법visual method을 부차적으로 활용하여 인터뷰 참여자들의 집에 대한 심리적 장소성을 파악하고자 하였다. 시각자료분석법은 시각적인 대상과 사람 사이의 상호작용을 관찰하는 방법을 뜻한다. 시각자료 분석법은 다양한 사람들이 시각화할 수 있는 대상들의 사회적 의미를 글이나 숫자가 아닌 시각 자료를 통해 보여줄 수 있다는 점에서 의미가 있으며(Banks, 2001) 기존의 질적 연구에 폭과 깊이를 더하며 좀 더 참여적인 연구를 지향하게 한다(이상규·홍석경, 2014, 103). 이러한 방법론은 시각적 대상의 물리적인 성격뿐만 아니라 이를 바라보는 인간의 감각들의 상호작용을 표현할 수 있다고 간주된다.

인터뷰를 마친 뒤 인터뷰 참여자들에게 자신의 집을 조망하는 (먼 곳을 바라보는) 방식으로 그림을 그려줄 것을 요청했다. 그림을 그리지 못하겠다고 응답한 몇몇 인터뷰 참여자들에게는 집 안에서 자신이 중요하다고 생각하는 부분을 사진으로 찍어줄 것을 요청했다. 이는 연구자의 입장에서 그들의 집을 관찰하는 방식이 아닌, 인터뷰 참여자가 연구에 직접 참여할 수 있는 형태의 참여 관찰로, 연구자가 일방적으로 준비한 질문에 답하는 것을 넘어 인터뷰 참여자 스스로 자신의 집을 표현할 수 있는 방식을 첨부한 것이다. 특히 그들에게 자신의 집을 떠오르는 대로 스케치하도록 유도함으로써 객관적인 형태가 아닌 주관적인 형태의 집의 장소성을 파악할 수 있도록 했다. 이러한 과정에서 그림을 그리거나 사진을 찍지 못하겠다고 한 인터뷰 참여자들에게는 이를 강요하지 않았으며, 시각 자료(그림이나 사진)를 제출하지 않은 행동에 이유가 있을 거라고 생각했다.

지애

지애의 경우, 인터뷰 당시 살고 있던 집에서 11년간 생활했다. 그녀는 자신의 방을 그리는 것에 대해 흥미로워했고, 당시 연구자가 갖고 있던 색연필로 더 자세히 그리려고 노력했다. 지애는 강남에 소재한 직장에 다니면서 장거리 출퇴근을 한 경험이 있을 정도로 자신이 살고 있는 집, 그 장소가 너무 익숙해 떠나고 싶지 않았다고 밝힌 바 있다.

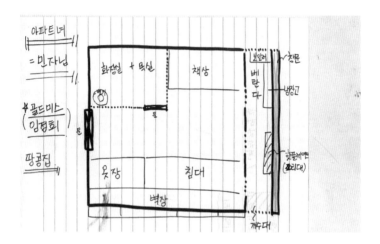

영지

영지는 그림을 그리는 대신 사진을 찍어 보내준 인터뷰 참여자 중
한 명이다. 그녀가 집에서 가장 중요하게 생각하는 부분은 옷이 잔
뜩 걸려 있는 방 벽면이었다. 인터뷰 당시 자신의 정체성을 '소비
로 찾는 경향이 강하다'고 밝힌 바 있는 여성청년 이주민 중 한 명
이다.

미혜

미혜는 원룸에 혼자 사는 것이 인터뷰 당시 처음이라고 말했다. 집에서는 잠을 자거나 과제를 하는 시간이 대부분이라고 밝혔는데, 침대가 실제 방에서 차지하는 것보다 크게 그려진 것을 확인할 수 있었다.

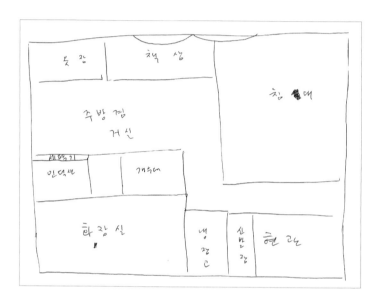

지현

지금까지 살았던 공간 중에 가장 만족스러운 집이라고 밝힌 지현은 집 안을 꾸미는 걸 좋아하는 인터뷰 참여자였다. 집을 '자신의 표현'이라고 수사한 지현은 그림을 가장 크게 그린 인터뷰 참여자였으며, 디테일한 부분까지 그려넣으려고 노력했다.

> "그냥 기성품을 사다놓는 건 아니고, 구제 가게나 이런 곳에서 찾고, 아니면 내가 만든 것도 있었어. 나의 방 풍경은, 그걸 꾸며도 내 취향이 좀 많이 담긴 것들이야"

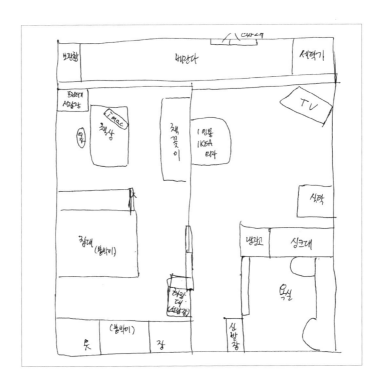

명린

명린은 인터뷰 참여자들 중 룸메이트가 있는 여성청년 이주민이었다. 그녀는 복층 원룸을 사용하고 있었는데, 침실을 빼놓고 자신의 방을 그렸다. 실제로 그녀는 밤늦게 퇴근할 때면 남자친구 집에서 잠을 잔다고 밝혔다.

> "편하게. 친구 집에 눈치를 보지 않고, 내 집처럼 편하게 있을 수 있는 공간? 남자친구 집은 편했으니까요."
>
> "늦게 마친 날 오빠네 가요. 저의 이상한 법칙인데, 새벽 2시 이후에 마치면 오빠 집에 가요. **가서 뭐 해요? 자요, 그냥.**"

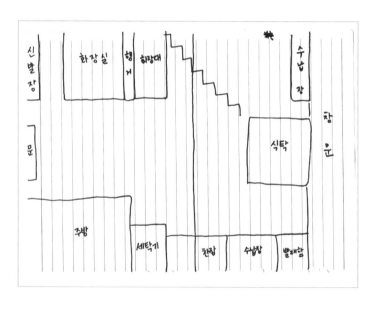

보라

보라의 경우 인터뷰 당시 회사 기숙사에 살고 있었다. 그녀는 정확히 룸메이트의 공간과 자신의 공간을 분리하여 그림을 그려주었다.

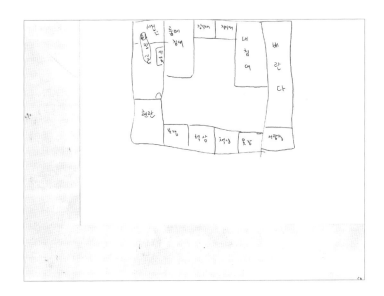

혜령

혜령은 간단한 집 도면을 그려주었다.

"작은 방은 내 작업실, 큰 방은 내 잠자리. 명확하게 나는 공간을 구분해서 사용을 했었고, 그게 나한테는 되게 큰 좋은 점이었어. 그게 나한테는 주는 독립적인 그런 어떤 만족감이 컸었고."

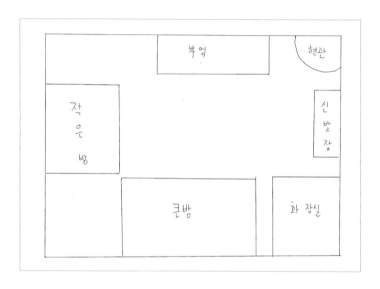

현민

자신의 '집'에 대해 소유욕이 강했던 현민은 그 전에 살던 방이 마음에 들지 않아 철저한 조사를 거쳐 현재 살고 있는 집을 구했다고 밝혔다. 그녀는 다른 인터뷰 참여자에 비해 자신의 집을 그리는 데 많은 시간을 들였다. 서울에서 대학생 주거 관련 특강을 찾아다니며 들었다는 그녀는 자신의 집에 대한 애정이 남달랐다.

> "지금 사는 데는 철저한 조사를 거쳐서. (웃음) 개별 난방이고, 전부 개별 시스템으로 돼 있어요."

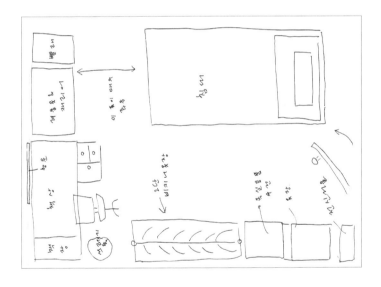

미연

현재 자신이 살고 있는 집이 자신이 생각하는 '집'과는 다르다고 생각한 미연은 다른 인터뷰 참여자에 비해 자신의 방을 매우 작게 그려주었다.

> "어쨌든, '홈'이라는 그런 이미지도 있긴 있는 거 같아요. 돌아오면 쉴 수 있는 곳과 그런… 온갖 바깥에서 받은 그런 이야기들을 쉽게 할 수 있는 곳? 인 거 같고. 지금은… 현재의 집은… 아닌…"

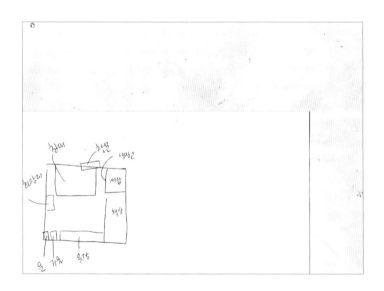

국내 문헌

강학순, 〈볼노의 인간학적 공간론에 있어서 '거주'의 의미〉, 《존재론 연구》, 제16권, 2007, 5-32.

공병혜·박순애, 〈질적 연구 인터뷰에 대한 철학적 배경〉, 《질적 연구》, 제10권 2호, 2009, 77-85.

권상철, 〈한국 대도시의 인구이동 특성: 지리적, 사회적 측면에서의 고찰〉, 《한국도시지리학회지》, 제13권 3호, 2010, 15-26.

김동윤, 〈정보테크놀로지, 전자감시, 그리고 프라이버시 위기: 푸코와 루크스의 권력 개념을 중심으로〉, 《사이버커뮤니케이션학보》, 제18호, 2006, 43-68.

김동환 외, 〈게임 속 아바타의 이동에 따른 게임 공간의 변화와 여정〉, 《한국HCI학회》, 2014, 241-244.

김민정 외, 〈국제결혼이주 여성의 딜레마와 선택: 베트남과 필리핀 아내의 사례를 중심으로〉, 《한국문화인류학》, 제39권 1호, 2006, 3-28.

김복순, 〈군사주의 젠더 전유양상과 여성 만보객: 《야행》 소설과 영화〉, 《대중서사연구》, 제12집 12호, 2004, 227-256.

김수정, 〈글로벌 리얼리티 게임쇼에 나타난 '자기통치'의 문화정치: 《프로젝트 런웨

이》와《도전! 슈퍼모델》프로그램을 중심으로〉,《한국방송학보》, 제24권 6호, 2010, 7-44.

김지윤,〈장기배낭여행자의 문화 경험과 정체성 형성에 관한 연구: '전지구화' 논의의 관점에서〉, 2008, 연세대학교 커뮤니케이션 대학원 석사학위 논문.

김춘수,〈1960~1970년대 여성 노동자의 주거 공간과 담론〉,《역사연구》, 제15호, 2005, 101-160.

김은미·양소은,〈'디지털 네이티브'의 시민성〉,《한국언론학보》, 2013, 제57권 1호, 305-334.

김혜성,〈고독사: 한국의 고독사에 대한 이해와 실천 방향에 대한 모색〉,《한국가족사회복지학회 학술발표논문집》, 제1호, 2014, 77-96.

나미수,〈일상생활에서 인터넷의 문화적 의미: 전업주부의 인터넷 이용을 중심으로〉,《한국방송학보》, 제16권 3호, 2003, 260-293.

노미선,〈고학력 30대 비혼 여성의 성별/나이의 위치성에 관한 연구〉, 2007, 이화여자대학교 여성학과 석사학위 논문.

박은주,〈여성의 경험을 통해 본 동거 양상과 대안적 가족 개념의 모색〉, 2002, 한양대학교 대학원 여성학 석사학위 논문.

설혜심,〈여성과 소비의 역사〉,《한국여성사학회》, 제20권, 2014, 255-285.

신현아,〈세대론과 청년담론을 통해 본 문학적 글쓰기와 주체성의 변화〉, 2011, 동아대학교 국어국문학과 석사학위 논문.

안숙영,〈젠더와 공간의 만남을 위한 시론〉,《여성학연구》, 제21권 2호, 2011, 7-37.

유선영,〈식민지민 디아스포라의 불가능한 장소성: 이동성의 한 유형으로서 유동성의 존재양식〉,《사회와역사》, 제98집, 2013, 191-227.

윤택림,《한국의 모성》, 미래인력연구센타, 2001.

이경숙 외,《젠더, 이주, 모바일 놀이》, 한울아카데미, 2008.

이동후,〈카메라폰을 통한 여성의 문화적 의미 만들기〉,《미디어, 젠더&문화》, 창간호, 2004, 7-39.

이병기,〈선별이농이 농촌사회에 미친 영향〉,《농촌사회》, 제9호, 1999, 219-249.

이상규·홍석경,〈'강북' 청소년들의 일상생활 문화와 계급 정체성 형성에 대한 영상방법론적 연구〉,《한국언론정보학보》, 제68호, 2014, 87-129.

이재경,〈여성의 경험을 통해 본 한국 가족의 근대적 변형〉,《한국여성학》, 제28권 3호, 1999, 181-217.

임인숙,〈대량실업 시대의 가족변화〉,《경제와사회》, 제40호, 1998, 167-190.

임지연,〈1960년대 초반 잡지에 타나난 여성/청춘 표상: 「사상계」와 「여원」을 중심으로〉,《여성문학연구》, 제16권, 2006, 211-240.

장경섭, 《가족·생애·정치경제: 압축적 근대성의 미시적 기초》, 창비, 2009.

장세룡, 〈공간과 이동성, 이동성의 연결망: 행위자-연결망 이론과 연관시켜〉, 《역사와경계》, 제84권, 2012, 271-303.

전상진·정주훈, 〈한국 후기 청소년 세대의 발달경로와 성장유형〉, 《한국사회학》, 제40권 6호, 2006, 261-285.

전혜진, 〈미혼 공장 여성 노동자의 경험을 통해 본 근대적 여성성 형성에 관한 연구〉, 2003, 연세대학교 사회학과 석사학위 논문.

정민우·이나영, 〈청년 세대, '집'의 의미를 묻다: 고시원 주거 경험을 중심으로〉, 《한국사회학》, 제45집 2호, 2011, 130-175.

정현주, 〈공간의 덫에 갇힌 그녀들?: 국제결혼이주여성의 이동성에 대한 연구〉, 《한국도시지리학회지》, 제10권 2호, 2007, 53-68.

정현주, 〈이주, 젠더, 스케일: 페미니스트 이주 연구의 새로운 지형과 쟁점〉, 《대한지리학회지》, 제43권 6호, 2008, 893-913.

조은, 〈신자유주의 세계화와 가족 정치의 지형〉, 《한국여성학》, 제24권 2호, 2008, 5-37.

최병두 외, 《지구·지방화와 다문화 공간》, 푸른길, 2011.

하재영, 《친애하는 나의 집에게》, 라이프앤페이지, 2020.

한국염, 〈이주의 여성화와 국제 결혼, 국제 결혼을 통한 전북지역 이주여성의 올바른 지원 방안 모색을 위한 워크샵〉, 《전북여성단체연합》, 2006, 3-17.

기사 및 인터넷 자료

대학생주거권네트워크, 〈청년 주거 실태 조사보고서〉, 2012.

〈수도권, 청년층 인구? 경제 '블랙홀'〉, 《전민일보》, 2014. 1. 23.

〈여성 자취·유학은 문란?…결혼정보회사의 '황당한 감점'〉, 《세계일보》, 2013. 11. 28.

〈'유학경험'은 결혼상대로서 男'감점' 女'가점'〉, 《이데일리》, 2017. 6. 13.

Reichelt, L, Ambient intimacy. Disambiguity, posted 1 March, 2007.

해외 문헌

Adey, P. (2010). Mobility. Routledge: New York.

Agnew, J. (1993). Representing space: space, scale and culture in social science In Duncan, J. & Ley, D.(eds), Place/Culture/Representation. Routledge: London.

Anagnost, A. (2000). Scenes of misrecognition: Maternal citizenship in the age of transnational adoption. positions: east asia cultures critique, 8(2), 389-421.

Anderson, J. (2010). Understanding Cultural Geography Places and Traces. London and New York: Routledge. 이영민·이종희 옮김,《문화·장소·흔적》, 한울아카데미, 2013.

Appadurai, A. (1996). Modernity at Large: Cultural Dimensions of Globalization. Minneapolis: University of Minnesota Press.

Augé, M. (1995). Non-lieux. verso.

Baacke, D. (1999). Die 6-bis 12jährigen: Einführung in die Probleme des Kindesalters (Vol. 5). Beltz.

Banks, M. (2001). Visual methods in social research. Sage.

Bauman, Z. (2000). Liquid Modenrnity. Cambrdige: Polity. 이일수 옮김,《액체 근대》, 강, 2009.

Bauman, Z. (2004). Wasted Lives. "Modernity and its Outcasts." Cambridge: Polity. 정일준 옮김,《쓰레기가 되는 삶들》, 새물결, 2008.

Berry, J.W. (1997). Immigaration, acculturation, and adaptation, applied psychology. An International Review, 46(1), 5-68.

Bollnow, O.F. (1989). Mensch und Raum. Stuttgart, Berlin, Koln. 이기숙 옮김《인간과 공간》, 에코리브르, 2011.

Boys, J. (1984). Is there a feminist analysis of architecture?. Built Environment (1978-), 25-34.

Brettell, C. B. (2003). Anthropology of migration. Blackwell Publishing Ltd.

Butler, J. (1999). Gender trouble. Routledge. 조현준 옮김,《젠더 트러블》, 문학동네, 2008.

Casey, E. S. (2001). Between Geography and Philosophy: What Does It Mean to Be in the Place-World?. Annals of the Association of American Geographers, 91(4), 683-693.

Carsten, J., & Hugh-Jones, S. (Eds.). (1995). About the house: Lévi-Strauss and beyond. Cambridge University Press.

Clifford, J. (1997). Routes: Travel and Translation in the Late Twentieth Century. Cambridge, MA: Harvard University Press.

Cloke, P. J., Philo, C., & Sadler, D. (1991). Approaching human geography: an introduction to contemporary theoretical debates. Guilford Press.

Cosrove, D. (1993). Commentary: on 'the reinvention of cultural geography' by Price and Lewis. Annals of the Association of American Geographers, 83, 515-517.

Crang, M., & Thrift, N. J. (Eds.). (2000). Thinking space (Vol. 9). Psychology Press. 최병두 옮김, 《공간적 사유》, 에코리브르, 2013.

Crawford, K. (2009) Following you: Disciplines of listening in social media, Continuum: Journal of Media & Cultural Studies, 23(4), 525-535.

De Blij, Harm J., & Peter O. Muller. (1988). Geography: regions and concepts. Wiley.

de Certeau, M. (1984). The practice of everyday life. (trans. M. B. Smith). Berkeley & London: University of California Press.

de Souza e Silva & Frith, J. (2012). Mobile Interfaces in Public Spaces. New York: Routledge.

Dobash, R. P., & Dobash, R. E. (2004). Women's Violence to Men in Intimate Relationships Working on a Puzzle. British journal of criminology, 44(3), 324-349.

Domosh, M. (1991). Toward a feminist historiography of geography. Transactions of the Institute of British Geographers, 95-104.

Douglas, M (1966). Purity and Danger: An Analysis of Concepts of Pollution and Taboo. 유제분 옮김, 《순수와 위험》, 현대미학사, 1997.

Durkheim, E. (1893). De la division du travail social: étude sur l'organisation des sociétés supérieures. Presses Universitaires de France. 민문홍 옮김, 《사회분업론》, 아카넷, 2012.

Elwood, S. A. (2000). Lesbian living spaces: multiple meanings of home. Journal of Lesbian Studies, 4(1), 11-27.

Engliand,. K. (1991). "Gender relations and the spatial structure of the city." Geoforum, 22, 135-147.

Foucault, M. (1977). Discipline and punish: The birth of the prison. Random House LLC.

Furedi, F. (2006). Culture of Fear: Risk Taking and the Morality of Low Expectation, Continuum International Publishing Group, 박형신·박형진 옮김,

《우리는 왜 공포에 빠지는가?》, 이학사, 2011.

Gennep, A. V. (1960). The Rites of Passage, (trans. MB Vizedom & GL Caffee), Chicago.

Gittins, D. (1993). The family in question: Changing households and familiar ideologies. 안호용 외 옮김,《가족은 없다: 가족 이데올로기의 해부》, 일신사, 2001.

Gordon, A. (1997). Ghostly Matters: Haunting and the Sociological Imaginiation. Minneapolis: University of Minnesota Press.

Grosz, E. (1994). Volatile Bodies: Toward a Corporeal Feminism. Bllomington: Indiana University Press.

Hanson, S. (2010). Gender and mobility: new approaches for informing sustainability. Gender, Place and Culture, 17(1), 5-23.

Holloway, S. L., Valentine, G. & Bingham, N. (2000). Institutionalising technologies: masculinities, femininities, and the heterosexual economy of the IT classroom. Environment and Planning A, 32(4), 617-634.

Hondagneu-Sotelo, P. (2000). Feminism and migration. The ANNALS of the American Academy of Political and social Science, 571(1), 107-120.

Horton, D. & Wohl R. (1956). "Mass communication and para-social interaction: Observations on intimacy at a distance." Psychiatry 19(3), 215-229.

hooks, b. (1991). Yearning: Race, Gender, and cultural Politics. London: Turnaround.

Humphreys, L. (2007). Mobile social networks and social practice: A case study of Dodgeball. Journal of Computer-Mediated Communication, 13(1), 341-360.

Jones, C. D., Patterson, M. E. & Hammitt, W. E.(2000). Evaluating the construct validity of sense of belonging as a measure of landscape perception. Journal of Leisure Research, 32(4). 383-395

Kirby, K. (1996). "Cartographic vision and the limits of politics." In N. Ducan(ed.). Bodyspace: Destabilising Geographies of Gender and Sexuality. Lodon: Routledge.

Klinenberg, E. (2012). Going solo: The extraordinary rise and surprising appeal of living alone. Penguin. 안진이 옮김,《고잉 솔로: 싱글턴이 온다》, 더 퀘스트, 2013.

Kowaleski-Wallace, E. (1997). Consuming Subjects: Women, Shopping, and Business in the Eighteenth Century. Columbia University Press.

Lasén, A., & Casado, E. (2012) "Mobile telephony and the remediation of couple intimacy." Feminist Media Studies. 12.4: 550-559.

Leach, W. R. (1984). Transformations in a culture of consumption: women and department stores, 1890-1925. The Journal of American History, 319-342.

Lefebvre, H. (1992). Elements de rythmanalyse. 정기현 옮김, 《리듬분석》, 갈무리, 2013.

Ling, R. (2004). The mobile connection: The cell phone's impact on society. Morga Kaufmann.

Massey, D. B. (1994). Space, Place and Gender. Minneapolis: University of Minnesota Press.

McDowell, L. (1999). Gender, Identity and Place: Understading Feminist Geographies. University of Minnesota Press. 여성과 공간 연구회 옮김, 《젠더, 정체성, 장소》, 한울아카데미, 2010.

McQuire, S. (2008). The Media City: Media, Architecture and Urban Space. London: Sage

Meyrowitz, J. (1985). No Sense of Place. Oxford University Press.

Meyrowitz, J. (2005). The rise of glocality. New senses of place and identity in the global village in K. Nyiri(Ed.) A sense of place: The global and the local in mobile communication. Vienna: Passagen, 21-30.

Meyrowitz, J. (2009). We liked to watch: Television as progenitor of the surveillance society. The Annals of the American Academy of Political and Social Science, 625, 32-48.

Morely, D. (2000). Home Territories: Media, Mobility and Identity. London: Routledge.

Moores, S. (2000). Media and everyday life in modern society. Oxford University Press.

Moores, S. (2012). Media, Place and Mobility. Palgrave Macmillan.

Pain, et al,. (2001). Introducing social geographies. Routledge. 이원호·안영진 옮김, 《사회지리학의 이해》, 푸른길, 2008.

Papacharissi, Z. (2010). A private sphere: Democracy in a digital age. Polity.

Papacharissi, Z. (2012). Without you, I'm nothing: Performances of the self on Twitter. International Journal of Communication, 6, 18, 1989-2006.

Jin, P. S. (2007). Educational manager mothers: South Korea's neoliberal trans-formation. Korea Journal, 47(3), 186-213.

Penman, R. & Stoack, Y. (1983). Not the Marring kind, Austrailia: Penguin Books.

Perrot, M., BOTTMANN, D., & JOFFILY, B. (2009). História da vida privada. Editora Companhia das Letras. 이영림·이은주 옮김,《방의 역사》, 글항아리, 2013.

Relph, E. (1976). Place and Placelessness, London: Pion. 김덕현 옮김,《장소와 장소 상실》, 논형, 2005.

Rose, G. (1993). Feminism & Geography: The limits of Geographical Knowl-edge, UK: The Polity Press. 정현주 옮김,《페미니즘과 지리학: 지리학적 지식의 한계》, 한길사, 2011.

Rubin, G. (1989). "Thinking sex: Notes for a radical theory of the Politics of sexuality" in Vance, C.(ed), Pleasure and Danger, London: Pandora.

Rutherford, J. (1990). Identity: Community, Culture, Difference, London: Law-rence and Wishart.

Sack, R.D. (2004). Place-making and time. In Mels, T.(ed.), Reanimating places: Re-materialising. Cultural Geography Series. Ashgate: Aldershot, 243-253.

Samers, M. (2010). Migration (Key Ideas in Geography). Routledge, New York. 이영민 외 옮김,《이주》, 푸른길, 2013.